大展好書　好書大展
品嘗好書　冠群可期

大展好書　好書大展
品嘗好書·　冠群可期

武術特輯 161

太極內功心法全書

（下卷）

錢惕明｜著

大展出版社有限公司

國家圖書館出版品預行編目資料

太極內功心法全書（下卷）/錢惕明著.
——初版——臺北市，大展，2019 [民 108.10]
面；21公分—（武術特輯；160-161）
ISBN 978-986-346-264-4（上卷：平裝）
ISBN 978-986-346-265-1（下卷：平裝）
1.太極拳
528.972　　　　　　　　　　108013136

太極內功心法全書 下卷

著　　者/錢惕明
責任編輯/張建林
發 行 人/蔡森明
出 版 者/大展出版社有限公司
社　　址/臺北市北投區（石牌）致遠一路2段12巷1號
電　　話/（02）28236031，28236033，28233123
傳　　真/（02）28272069
郵政劃撥/01669551
網　　址/www.dah-jaan.com.tw
E-m a i l/service@dah-jaan.com.tw
登 記 證/局版臺業字第2171號
承 印 者/傳興印刷有限公司
裝　　訂/眾友企業公司
排 版 者/菩薩蠻數位文化有限公司
授 權 者/北京人民體育出版社
初版1刷/2019年（民108）10月

定價/450元

作者近照

1987 年，作者攜長子錢新天
向師叔郝家俊祝壽

與李宏、吳志泉在武當山
紫霄殿合影

研讀《太極圖詳解》

成為美國《太極》雜誌 2005 年第 1 期
封面人物

作者在美國《太極》
雜誌上發表論文

演練游身八卦太極拳的「行步平圓」式

示範太極擺蓮腿

演示武當活步快太極的「飛馬穿掌」

1991 年，在武當山首屆武當
武術文化節上應邀示範太極
陰符棍

太極推手一瞬間

師徒共練

2006 年 4 月，國家主席胡錦濤訪問美國，當地愛國華僑社團紛紛刊登廣告表示熱烈歡迎。圖為國際武當武術協會刊登在《西城時報》上的歡迎廣告

這是作者發表在西雅圖中文報紙《西城時報》上的文章。作者作為華僑代表與胡錦濤主席握手致意，特撰文抒懷

美國華盛頓州於 2006 年 12 月 16 日舉行「華州中國統一促進會」成立大會。
圖為作者出席成立大會留影

2007 年 5 月 6 日，西雅圖華人聯合會舉行第六次全體會員大會。圖為作者出席
大會留影

目錄

第七篇

拳術套路篇

第一章
武當太極拳大架之特點

一、丹派武功的精品

武當丹派以武當劍、太極拳、八卦掌等武功著稱於世，尤其是武當丹派第十代宗師李景林（芳宸）的劍、拳、掌冠絕群倫，馳名天下，被譽為「劍仙」。

李公在談到如何練習武當劍法時指出：「……同時學習內家拳為之基礎，基礎既立，然後練習劍法，方得事半功倍。」（黃元秀《武當劍法大要》）那麼李公平時自身練習的內家拳是哪些?本門太極拳就是其中之一。

武術套路的一招一式是內功心法的載體，衡量一個套路高低的標誌，主要是看它蘊涵的內功心法如何。由於本套路聚集了丹派武功內功心法的精華，實行性命雙修，拳丹合練，容易長勁長功和激發青春活力，因而成了丹派武功的一個精品套路。這一套路，是根據先師楊奎山傳授，加上自己數十年體悟整編而成的，它是師門傳授之結晶。今把它整理成文，公諸於世。

這套太極精品容易學，能在短期內學完，並能由淺入深，步步晉級。不但能修練太極內勁，攻防用法，還能促進修練內丹及修心養性，恢復先天本性，完善人生。行功走架時，身心和諧，內氣流暢，鬆柔飄逸，神采奕奕。可以個人單練，也可雙人對練。筆者在國內及美國施教以來，深受歡迎。

二、七大特點

本套路在招式、內氣、內勁等方面具有七大特點，今分述如下。

特點之一：它是性命雙修的動功

太極拳是性命雙修之學，是性命雙修中的動功。這在「心法篇」中已作了闡述，此處要說的是本套路如何把拳術招式與煉內丹融合為一，練拳過程就是煉丹的過程。

太極拳術和內丹術都深奧玄妙，如何把它們融為一體呢，它們的溶化連接點在哪裡?就在臍輪調息。這是李公景林繼承《武當劍譜・內家丹字真諦》悟出來的大道至簡妙法。

就練氣來說，臍輪調息是一把鑰匙，掌握了這把鑰匙，就可以開啟修練陰陽中和之氣的大門，邁向煉丹的境界。

練氣煉丹，看似玄奧，其實下手並不難。三豐始祖在《道言淺近說》中說道：「凝神調息，調息凝神八個字，就是下手功夫。」又說：「心止於臍下曰凝神，氣歸於臍下曰調息。」據此，李公提出了易知、易練、效果好的獨門修練之法——臍輪調息法。

臍輪，又稱臍窩，俗稱肚臍眼，穴名神闕。它是人處母胎時賴以呼吸滋養的臍帶，出胎後臍帶雖斷，但元陽一點（元氣）尚存，輸氣血、通百脈的功能猶在，是人之「性根」「命蒂」，是內丹練功的重要穴位，也是本門練中和之氣的入門要道。訣曰：「臍輪調息命根旺，陰陽中和靈犀通。」

　　道家內丹經典《黃庭經》，把臍區的區域稱作「黃庭」，奉為修練內丹的經典，而且由臍分散的脈連接到海底（男子會陰），這是生命的基點，如果把這生命基點發動了，就能返老還童。對此「內氣篇」作了詳述。我們練拳時如能做到臍息，就能把練拳與練內丹結合起來，也就是把性命雙修結合了起來。

　　所以，先師授拳第一天起，就命我們意守臍輪，臍輪內斂，命門鼓撐飽滿。他還作示範，讓我們用手指摸他的命門部位是否飽滿。並反覆教導我們，當年先生（對李公景林的尊稱）手把手地教導守臍、斂臍，而且要從無極勢起到收勢止，行拳的全過程都要貫穿始終。

　　此法有守臍，臍吸，斂臍，臍息，命門圓撐，乃至胎息等幾個層次。

　　初學者，在練習拳架時，只要意守臍輪，時刻心想由臍窩呼吸，就算得法，就可逐步登堂入室。

特點之二：單人練與雙人練（拳架與推手）相結合

　　本套路 56 式中，約有三分之一的拳招可以抽出來雙人對練，其中不少招式還可以作為雙人推手的基礎訓練，這就生動地體現了體用一致的原則。

　　所謂雙人對練，是將某一拳式從套路中抽出來，由兩人對練，其形狀像推手那樣。甲乙相互搭手，按照拳式的動作要求，進退往返，左右轉動，以便把那一拳式練鬆，練正，練熟，練出勁來，練出神意來。

　　雙人對練，能促進學員規範動作。例如第三式玉女浣紗，要求手臂鬆軟，滾翻繞圈。個人單練時，很難找到鬆

與不鬆的感覺。雙人對練，甲乙雙方弓步站立，各出一手各自沾著對方前臂，環手繞圈，循環往復，這樣，很容易發現是否鬆柔圓順。

筆者授拳時，常與學員對練，一經接觸，馬上能發現該學員何處僵硬，是何原因，並當場指出改進方法。而且還讓學員摸著自己的手臂，比較肌肉僵硬與放鬆的不同反映，從而使學員明白鬆與僵的不同感覺，找到放鬆的途徑，頓時激發起學員的學習興趣。

雙人推手是太極拳訓練中的一個重要階段，但過去都要在教完全套拳架後一段時間，才開始進行推手的練習。本門這套太極拳，另闢蹊徑，把拳架訓練和推手訓練相結合進行。

從第五式起，就可以開始推手的初步訓練。玉女浣紗的環手繞圈，就是四正手推手中的轉環換手動作，可以培養鬆、黏、轉的意勁。至於第六式金童推手，直接就是太極推手的第一個基本式子──平圓單推手。其他不少拳式，如雲開手、雲合手、風輪手、三角穿掌等，皆可作為太極推手的基礎訓練。尤其是「四正手」「大捋靠」「閃切按」等拳式，更是雙人推手中的四正、四隅的基礎模式，所以本套路在體用結合上有獨到之處。

當然，此處所說的雙人對練（含推手基礎拳式），皆在作為新穎的養生健身活動來進行，只求培養興趣，練習感覺，心到意到就行，不必追求明顯的化勁、發勁。當然，日久功深，要求進一步提高，那是另一個層次了。雙人對練，能在訓練班上練習，又能與朋友練，與家人一起練，如能柔和圓轉，配合默契，則別有一番情趣。

特點之三：劍神、拳韻融合為一

武當丹派以武當劍、太極拳等內家拳械著稱，尤其是武當劍更是盛名於世。第十代宗師李公景林，精益求精，發揚光大，把武當劍的神意融入太極拳，使劍神與拳韻融合為一，別具一格。本套路真實地體現了這一特色。

民國初年，山東國術館編印的《太極拳術》教材，對李公用劍道研發拳術一事有所記載：「現代太極劍專家李公景林，其擊劍之妙，純任自然。近來按運用劍法之精神，研究太極拳劍兩項融化為一，純用神意，不尚身法力氣，與學者演習時，觸者立跌出數丈。與其他太極拳迥然不同，而其理則一也。」

可見，劍道入拳，純用神意，是本門太極拳又一與眾不同之處。

神者，心靈之本也，它與形相對而言；形者，人之形體軀殼也。修練之法，從鬆靜入手，由「虛靜無為心中空」開始，繼而淨化心靈，天人合一，使身心靈全面優化，乃至恢復先天明德。關鍵是心中空，心空則無心，無一切妄念之心。

古人說：「無心即與道合，有心則與道違。」到了無心之境，就能虛靈不昧，神乎其神。《易經‧繫辭傳上》說：「陰陽不測之謂神。」用之於舞劍，則能劍與神合，變幻莫測，於無劍處，處處都是劍；用之於太極，則能「神聚氣合妙無窮」，行功走架時，身心中和，神采飛揚；推手時，虛空靈敏，神氣感應，漸至從心所欲。能知此義，則長生之道可得，太極之功可進矣。

故本套路從無極樁起，就要注意煉氣化神，把「神」

聚斂於體內，貫之於頭頂，凝之於雙目，布之於周身，使精、氣、神三者相聚於內，使身、心、靈三者和合於神。這樣，無論行功走架還是推手化發，都能寧神內斂，澄心明性。

劍道入拳，在形體動作上也有生動的體現，最明顯的是抱球動作的劍形化。一般的抱球，是屈臂環形抱於胸前，而本門的抱球，則是兩臂前伸合抱於身前，氣透指尖，宛如利劍出鞘。本套路第三式「劍形抱球」，就是專門訓練抱球動作劍形化的。

其實劍形抱球已滲透在整套太極拳之中，不少過渡動作是劍形抱球。由於此種抱球要由腰胯旋轉、重心變換及內氣運轉所發出的螺旋勁意，催動手臂在劃弧磨圈中合抱前伸，更有助於煉氣煉神。由於劍形抱球，以及許多拳式的劍形劍意，使本門太極拳迥然不同。

當時，李公的好友孫祿堂等先輩，曾建議李公把本門太極拳稱作劍形太極拳，李公謙遜，未曾更名，但「劍形太極」一說，曾在一定範圍內傳頌。

特點之四：招式獨特內涵多

武當丹派太極拳，經過師祖李公景林的發展，以及先師楊奎山的繼承，內涵日益豐富，再說本人經過五十餘年的修練亦有所小得，因此，反映在本套路的結構上，除有二十多式是本門特有的招式外，其餘的招式都增添了新的涵義。

第一路 15 式中就有 9 式是本門特有的招式，它們雖然動作簡單容易學，卻是含義豐富功效大。例如，第二式

「陰陽開合」，主要修練陰陽二氣相互交感，進行練氣練勁；第五式玉女浣紗，由環手繞臂，訓練腰胯鬆沉旋轉的內勁；第六式金童推手，意在腰胯帶手，捨去雙手都是手；第七式雲擠手，貴在雲化之中加肘一擠，此乃擠法之新變招；第九式風輪手，顧名思義，太極的幾種勁意暗藏於風輪圓圈之中。

　　至於第二路的「雲摩彈」「大鵬展翅」「削掌寸腿」以及第三路的「採捋手」「四正手」「大将靠」「閃切按」「龍捲手」「烏龍盤旋」及「連環三肘」等，更是別開生面。例如「雲摩彈」，它是當年李公景林練勁發勁的絕招，是修練螺旋寸勁的妙法，過去從不傳外，今作為本套路的一招公開出來，以廣澤益。

　　而且，有些招式還借鑑了八卦掌、形意掌中的相近拳式，由太極心法把它們糅合為一，所以內容益加豐富。例如第二路中的「馬後揮鞭」「三角穿掌」及第三路中的「連環三肘」「順水推舟」等，其形神有點像八卦掌的「風輪劈掌」、穿掌、橫肘及團撞掌等招式。第三路中的「炮打捶」「勒馬雙捶」，則顯現出形意拳中的炮拳、馬形的影子，這就增添了本套路豐富多彩的獨特內涵。

　　即使是眾所周知的招式，亦有本門的特色。例如「玉女穿梭」的手勢就有搬、纏、擄、捋、掤、滾、架、穿等八種，步法也有擺、踩、扣、進、跟等八種，形成了獨特的風格，故名「復勢玉女穿梭」。再如「進步摟膝」「換步摟膝」「指襠捶」等，除了步法不同外，手法有貓洗臉掩手的特色。最突出的是「攬雀尾」與「搬攔捶」等招式了，其內涵更為豐富。

「攬雀尾」一般只有掤、挒、擠、按四勢，本門的「攬雀尾」卻有十一勢，故稱為「復勢攬雀尾」。

其行功口訣為：復式雀尾多內涵，一掤外撐氣騰然，二勢刁拿把腕纏，旋胯轉體三下挒，換勁搭手四前擠，五勢分掌墜尾閭，鬆沉退圈六勢採，七勢前按攻腰腿，平挒八勢掌心空，九勢穿化加肘擠，十勢下沉兩邊按，十一環手再前按。

特點之五：步法多樣又靈活

無論是練拳或是舞劍，都必須走活步與行步，這是武當丹派武功的一項標誌性特點，凡得李景林門下真傳者，都能身如游龍，在「行」中使招。所以這一精品套路的步法是多姿多彩的。

除了常見的弓步、虛步、進步、退步、仆步外，尚有一些新的步法，如換步、動態虛步、三角步、擺步、扣步、斜行步等。這些步法的共同特點是沉穩、靈敏、活躍。例如換步，就是退一步，進一步，跟一步（或是跟，退，進，跟），用於「換步摟膝」等拳式，行拳時沉著輕靈，意氣風發。

再如動態虛步，乃是借鑑形意拳的「虎撲」步法，用於「雲摩彈」「炮打捶」「勒馬雙捶」等多個拳式，具有鬆沉穩健、勇往直前、如矢赴的的氣勢。

至於擺步、扣步，原是八卦掌的基本步法，在本套路中常用於轉換身法，即所謂移位換影是也。尤其是翻身、回身等拳招，扣步轉身非常靈活，若背後遇襲，只要扣步轉身就能應付自如，如「回身抹肩」等動作就很有效。

　　三角步，即是三角穿掌的步法，那是斜退、橫步（閃身）、進步取三角之形（步法的軌跡），訓練進退閃轉、以退為進的勁意與步法手法。

　　練習這些步法，可以為今後練習活步快太極奠定基礎。

特點之六：左右皆練得平衡

　　這套 56 式由淺入深的精品套路，有 48 式都是有左右式的，即有右必有左，有左必有右，有正必有反，有反必有正，有上必有下，全面訓練，平衡發展。

　　「金童推手」不僅有左式、右式的練習，而且左右之中還有正反兩圈的訓練，以便在左右順逆的轉圈中，不斷加強「腰胯帶手」的訓練效果。至於上下圈演練的拳式，要屬「似封如閃」這一式了。一般的練法，只做由上而下再向上劃圈的上行之圈，本門既做上行劃圈，又再做下行劃圈，即由下而上的立圈。這一上下正反雙圈訓練，更能促進內氣運轉的變化，以及加強腰胯鬆沉換勁的功能。如此上下左右、正反順逆的進行，皆在促進人體平衡發展，鍛鍊渾然一體的太極整勁。

　　即使不做左式、右式的拳架，也含有整體平衡之意勁。

　　如第一式太極起勢，就有上下左右相顧平衡之意：當舉起左右兩臂，托起雙掌之時，要依內功心法，足下踏勁，掌上吐勁，凝神前視，渾然為一。

　　再說第二式陰陽開合以及最後一式五氣朝元，雖然沒有左右之架式，但兩臂兩掌左右開合，使陰陽二氣相互交

感，中和為一。至於五氣朝元，乃是外採天地之靈氣，內灌陰陽中和之氣，三採三灌，內外合一，以臻「五氣朝元」之佳境。

特點之七：鬆靜飄逸自然美

武當丹派對鬆靜之道有獨到之處。例如只要按照「鬆靜篇」中的放鬆心法六法及放鬆功九式修練，就很容易敲開放鬆的奧秘之門。所以，這套武當太極拳大架，能夠招招鬆柔，式式和諧，輕靈飄逸，剛柔相濟。

應鬆到何種程度？總的是要貫徹「練天地至柔之術」的練功總訣：修練虛靜無為及四鬆四空。

即關節鬆、肌體鬆、內臟鬆、心意鬆，及足空、手空、頂空、心空，進入鬆空虛靈的境界，達到天地間柔之又柔的狀態，即純柔的狀態，純柔則剛，純剛即純柔，所謂剛柔相濟也。

目測太極拳練得是否鬆柔，最容易衡量的部位是四肢，即下肢是否邁步如貓行，上肢是否肩鬆卸、肘垂沉、腕鬆活，尤其是腕與肘更能反映鬆與否。由於「放鬆功」中有專門訓練放鬆手腕的名為「四季常青」的鬆腕四法，很容易使手腕鬆且活。

行拳時，手腕隨著身法轉動而外旋內轉，纏繞裏翻，搬扣銷拿，俯仰柔順，練到好處，柔若無骨，故有「美人手」之喻。再加上內在的謙和守中，神聚氣合，寧靜鬆空，和顏悅色，悠然自得，就能處處呈現出太極拳的自然之美，練一趟拳，就是一次精神享受，旁觀者亦能賞心悅目。

第二章

武當太極拳大架五十六式動作名稱

WuDangTaiJiQuan Big Frame 56 Forms

第一路　Section 1			
	預備勢 （無極樁）	yu bei shi（wu ji zhuang）	preparation（void stance）
第一式	太極起勢	tai ji qi shi	taiji opening
第二式	陰陽開合 （三次）	yin yang kai he	open and close Yin and Yang（3 times）
第三式	劍形抱球 （左右）	jian xing bao qiu	holding ball in sword form（L&R）
第四式	上步掤勢 （左右）	shang bu peng shi	stepping forward ward off（L&R）
第五式	玉女浣沙 （左右）	yu nil huan sha	fair lady winding the thread（L&R）
第六式	金童推手 （左右）	jin tong tui shou	golden boy pushing hands（push-hand）（L&R）
第七式	雲擠手 （左右）	yun ji shou	cloud -hand and push with elbow（L&R）
第八式	倒捲手 （3次）	dao juan shou	reverse curling hand（3 times）
第九式	風輪手 （右左）	feng lun shou	windmill（R&L）
第十式	單鞭 （左右）	dan bian	single whip（L&R）
第十一式	雲開手 （左三右三）	yun kai shou	outward cloud-hands（L3&R3）

第十二式	野馬分鬃（右左）	ye ma fen zong	mustang parting its mane（R&L）
第十三式	雲合手（左右左）	yun he shou	inward cloud-hands（3 times）（LRL）
第十四式	野馬回頭（右左）	ye ma hui tou	mustang turning its head（R&L）
第十五式	白鶴亮翅（右左）	bai he liang chi	white crane spreads its wings（R&L）
第二路　Section 2			
第十六式	進步摟膝（進三步）	jin bu lou xi	stepping forward brush knee & push（3 steps forward）
第十七式	換步摟膝（右左）	huan bu lou xi	changing-step brush knee & push（R&L）
第十八式	琵琶手（右左）	pi pa shou	strumming the lute（R&L）
第十九式	提放手（左右）	ti fang shou	lifting and pushing hands（L&R）
第二十式	馬後揮鞭（三次）	ma hou hui bian	turn-body whipping（3 times）
第二十一式	三角穿掌（三次）	san jiao chuan zhang	trinagular boring（penetratig）palm（3 times）
第二十二式	似封似閉（上下）	si feng si bi	closing and sealing（up & down）
第二十三式	換步雲摩彈（右左）	huan bu yun mo tan	changing-step grinding & spring hands（R&L）
第二十四式	大鵬展翅（左右）	da peng zhan chi	roc spreading its wings（L&R）
第二十五式	削掌寸腿（右左）	xiao zhang cun tui	inch kick with paring palms（R&L）

第二十六式	轉身左分腳	zhuan shen zuo fen jiao	turn around left separation kick
第二十七式	轉身右分腳	zhuan shen you fen jiao	turn around right heel kick
第二十八式	左高踢腳	zuo gao ti jiao	high left dorsal kick
第二十九式	右高拍腳	you gao pai jiao	high right slap kick
第三十式	雙風貫耳（右左）	shuang feng guan er	temples punches（R&L）
第三十一式	右復勢攬雀尾	you fu shi lan que wei	advanced grasping bird's tail form（R）
第三十二式	左復勢攬雀尾	zuo fu shi lan que wei	advanced grasping bird's tail form（L）
第三路　Section 3			
第三十三式	採挒手（右左）	cai lie shou	plucking and splitting（R&L）
第三十四式	四正手（右左）	si zheng shou	four-direction push-hand technique（R&L）
第三十五式	大捋靠（左右左）	da lü kao	big roll back with shoulder strike（L，R&L）
第三十六式	閃切按（右左）	shan qie an	evading，pressing forward with parallel feet（R&L）
第三十七式	撤步龍捲手（右左）	che bu long juan shou	（steeping back）coiling dragon hands（R&L）
第三十八式	烏龍盤旋（左右）	wu long pan xuan	black dragon spiral turns（L&R）
第三十九式	復勢玉女穿梭（四角）	fu shi yu nü chuan suo	（advanced）fair lady working with shuttles（4 corners）
第四十式	退進指襠捶（右左）	tui jin zhi dang chui	（stepping back & forward）groin punch（R&L）

第四十一式	金雞獨立（左右）	jin ji du li	（golden rooster）standing on one leg（L&R）
第四十二式	連環撲面掌（右左左）	lian hua n pu mian zhang	cascading face-striking palm（R，L&R）
第四十三式	翻身撇身捶（左右）	fan shen pie shen chui	turn around chop fist（L&R）
第四十四式	炮打捶（左右）	pao da chui	cannon fist（L& R）
第四十五式	轉身擺蓮腿（右左）	zhuan shen bai lian tui	turn around lotus kick（R&L）
第四十六式	勒馬雙捶（左右）	le ma shuang chui	reining in stallion，double punches
第四十七式	右連環三肘	you lian huan san zhou	right cascading three elbow strikes
第四十八式	左連環三肘	zuo lian huan san zhou	left cascading three elbow strikes
第四十九式	卸勢跨虎（右左）	xie shi kua hu	stepping back to ride the tiger（R&L）
第五十式	獨立打虎（右左）	du li da hu	punching tiger on one foot（R&L）
第五十一式	壓肘搬攔捶（右左）	ya zhou ban lan chui	elbow pressing，parrying, blocking and punching（R&L）
第五十二式	回身白蛇吐信（右左）	hui shen bai she tu xin	snake turns body & sticks out tongue（R&L）
第五十三式	翻身下勢（左右）	fan shen xia shi	turn around creeping down（L&R）
第五十四式	順水推舟（左右左）	shun shui tui zhou	pushing the canoe along the stream（L, R & L）
第五十五式	五氣朝元（三採三灌）	wu qi chao yuan	rejuvenation of internal organs
第五十六式	十字還原	shi zi huan yuan	cross hands closing

註：

1. 本套拳術分作三路，第一路十五式，動作簡易，很容易學會，是入門套路，以後兩路逐步晉級，步步深造。

2. 平日練習可三路一次練完。如果時間緊湊，也可分段演練，例如第一路練完後，可連接最後二式「五氣朝元」，「十字還原」，在起式原地收勢；第二路也可以如此。

3. 武當太極拳大架是武當丹派三套太極拳之一，其餘二套是活步架和游身架，即武當活步快太極拳 108 式和游身八卦太極拳 108 式。

第三章
五十六式拳招心法全解及動作圖解

第一路

預備勢

【拳招釋義】

無極樁，源於「無極而太極」的哲學原理。我們在「哲理篇」中說過，「無極」和「太極」原本都是古代學者在探索宇宙起源過程中使用的哲學概念。無極是指大自然的太初原始階段——無形無象的一片虛空的宇宙實體。而太極，則由無極變化而來。

自北宋理學開山祖師周敦頤在《太極圖說》中把「無

極而太極」列為宇宙生成的第一個序列後，歷代諸多學術領域，莫不受其影響，太極拳學當然也不例外。

太極拳先輩遵循「無極而太極」的原理，設計了「無極樁」為開端功法，列為太極拳的一個初始階段。不過現今各家太極流派，對無極樁的重視程度和處理方法各有不同。

本門太極拳把無極樁作為必修的精功之一，既作為單練功法，又冠於套路之前作為預備勢，認真修練，總的是要把「無極」的哲理內涵變為太極拳的訓練成果，這可以用一句話來概括，叫做「以象喻人」。

所謂以象喻人，就是把無極的自然現象，以擬人的身心狀態，要求練拳者經過長期修練，讓身心像「無極」那樣返璞歸真，回歸到初生嬰兒的初生狀態，即體鬆心和，無憂無慮，心靈淨化，形神相合，恢復天性。這是人體最佳的健康狀態。

平時若能每天站無極樁十幾分鐘，身心就能得到最好的休息、調節和滋養，其樂無窮。

作為預備勢，無極樁是靜功，太極拳架是由靜而動，各項動作和心法均由此而開始。故在練拳之前，應將無極樁站立一至數分鐘，那麼練拳就能靈犀通。

【行功口訣】

無形無象混濛濛，
道法自然萬般鬆。
虛靜無為心中空，
神聚氣合靈犀通。

【站樁態勢】

1. 面南站立

兩腳八字分開，兩腳跟間距 2~3 公分，兩腳間距約 8
公分（或一橫拳寬），宛似八字形。

2. 中正安舒

從頭到腳，上下一線，不偏不倚，不俯不仰，宛如一
棵不老松。為此須遵循下列要點：

①懸頭墜尾，即頭頂虛領，頸項鬆正，胸部鬆舒，背
部微圓，臀部內斂，尾閭下墜並含微微前托之意。

②中心一線，即兩臂自然下垂於體側，掌心向內；身
體重心分置兩腳掌（勿置腳跟）；全身的中心線落於兩腳
中間，從頭頂百會穴至會陰穴，保持一條中心垂直線。

③湧泉入地，即重心分置兩腳心時，要有湧泉穴入地
之意，兩腳好像木樁立地，穩固舒適。

3. 周身放鬆

身體各關節，包括肌肉皮膚，周身上下都要放鬆，其
中最難放鬆的是手臂及腰胯，而這兩處的放鬆，又最能體
現太極拳的特色，所以要格外注意。手臂鬆，就是要鬆
肩、鬆肘、活腕、舒指，術名「鬆肩墜肘」。腰胯鬆，就
是要把髖關節鬆開，讓兩腰有鬆塌的感覺，達到鬆腰開
胯，促進全身放鬆。（參見「鬆靜篇」相關介紹）

4. 祥和入靜

面容祥和，舌抵上齶，雙目垂簾，神光內視臍窩，摒
棄一切雜念，內無所思，外無所視，空空洞洞，如入「無
極」景象。（圖 7-3-1、圖 7-3-1 附圖）

圖 7-3-1

圖 7-3-1 附圖

【呼吸行氣】

本門太極拳的練氣法門，由臍輪調息、拳勢呼吸和一般呼吸三要素組成。它們之間，以臍輪調息為中心，促動一般呼吸和拳勢呼吸，有主有從地協調進行。

無極樁一式，外形上只有鬆靜站立的態勢，並無任何肢體動作，故只須介紹一般呼吸與臍輪調息兩種行氣法，拳勢呼吸從略。

1. 一般呼吸

腹式呼吸，是一種「以意調息」的深呼吸運動。它有逆式和順式兩種吸法，本門僅僅取逆式呼吸一種，即吸氣時，小腹要微微地內斂；呼氣時，小腹要漸漸地向外放鬆。如此鼻子一吸一呼、小腹一斂一鬆的呼吸法能夠調節神經，按摩內臟，促進新陳代謝。此種呼吸，我們稱它為一般呼吸。

但是，在三種呼吸調息中，這種呼吸法，只不過是呼吸與動作配合一致的初級呼吸法。

本式因無外形動作，故不存在與動作一致的問題。雖然如此，仍然要認真地循法一吸一呼，小腹一斂一鬆，不可草率。尤其要注意與「臍輪調息」相合，透過吸氣斂臍的途徑進行腹式呼吸。

2. 臍輪調息

無極樁一經站定，就要意守臍輪。吸氣時，要意想氣由臍窩吸入，而且肚臍微微內斂，所吸之氣一直通達命門，練之日久，命門會有鼓撐圓滿的感覺。呼氣時，要意想氣從命門注入小腹下丹田，同時小腹皮膚徐徐向外鬆開，這樣前面由臍輪吸氣，背面由命門送氣，緩吸緩送，自有妙趣。

但是初學者只要做到意守肚臍，意想由臍窩呼吸就可以了。日久功深，自然會進入練氣、練勁、煉丹的層次。

【 內功心法 】

無極樁是靜功，除了靜站，無任何外形動作，很難把形體動作與內功心法分開來說，但為了閱讀方便，勉為其難地分而述之。

無極樁的心法，可以概括為靜、鬆、和、靈四字。

1. 道法自然萬般鬆

放鬆，是人的先天本性，而緊張與僵硬則是後天的惡習。我們練功放鬆，就是要解除肉體上的僵硬狀態和精神上的緊張憂慮，恢復先天的鬆柔和諧。

首先，大腦要鬆弛平靜下來，繼而骨骼、關節、肌

肉、皮膚、韌帶等要放鬆，連內臟器官等也要用意識去放鬆，達到內內外外、上上下下一切皆鬆，像嬰兒那樣自然柔和。所以口訣說：「道法自然萬般鬆。」

2. 虛靜無為心中空

鬆與靜相輔相成，鬆能入靜，靜能促鬆，鬆靜相生，階及空靈。其間關鍵，在於大腦的放鬆。大腦鬆，則心意靜；心意靜，則全身鬆。所以大腦的放鬆安靜是站樁練拳的核心。

大腦入靜的妙法，始則「一念代萬念」，即心想著臍輪呼吸，用這一意念來排除萬種雜念，講而由有念歸於無念無妄，無象無形，合「無極」意義。再進一步進入「虛靜無為」的境界。

「虛靜無為」既是境界，又是心法。道家認為「虛能應物，靜定生慧，無為而無不為」。

因此，無極樁一經站定，就應萬念俱泯，無所作為，一切釋然，果能如此，則反而能無所不容，合「無為而無不為」也。練至相當火候，能自覺調節大腦皮質的興奮和抑制至最佳狀態，用之於養生，有利於開智益腦，強體延年。用之於拳術，則能增強「守我之靜，待人之動」的定力。

3. 陰陽中和歸一氣

修陰陽中和之氣，是武當丹派的內功總訣之一。我們透過修練，要使體內的陰陽二氣趨於平衡，乃至中和，返歸太極一氣，並循環往復，不斷昇華。同時，要使體內的中和之氣與體外的天地靈氣內外交流，趨於中和，使天、地、人「三和之氣」混渾為一，以臻佳境。

練氣的主要法門是臍輪調息，即按「內氣篇」介紹的

守臍、臍吸、斂臍、臍息、陰蹻息的心法進行修練。但初
站無極樁時，只要能意守臍輪，心想由肚臍呼吸，就算得
法，不必執著，以免弄巧成拙。持之以恆，自能步步提
高，邁向煉丹佳境。

4. 神聚氣合靈犀通

體鬆、心靜、氣和、臍息四者具備，則總歸於神聚。

神聚，即煉氣還神。神者，心靈之本也，與形相對而
言；形者，人之形體軀殼也。兩者相生相成，故而要形神
同修。修練的核心是拋卻煩惱，淨化心靈，超越自我，天
人合一，使身、心、靈全面優化，整體健康。

神聚之法，由淺入深。習練之初，從靜入手，由「虛
靜無為心中空」開始。但「心中空」並非掉進一潭死水，
而是「萬念俱滅，一靈獨存」，提起精神，把「神」聚斂
於體內，貫之於頭頂，凝之於雙目，布之於周身；同時氣
注於臍內，使精、氣、神三者相聚於內，身、心、靈三者
和合於神。能知此義，則長生之道可得，拳術之功可進
矣。

然而，莫要把精神聚斂誤以為精神緊張，兩者截然不
同。神聚是在體鬆、心靜、氣合條件下出現的良性循環，
而緊張則是一種病態，它若不是受外界刺激而產生，就是
習慣使然，或是心理障礙的反映。

所幸者，當這種病態出現時，我們可以用無極樁的健
康意識予以調節乃至消除。例如在日常生活中，無論遇到
什麼情況，勝利還是挫折，歡樂還是憂傷，順當還是曲
折，吉祥還是凶險，都可以用無極功夫迅速平定不良情
緒，恢復寧靜，超越自我。

【實用舉例】

無極樁既能修心養性，和諧生命，又能涵養定力，守我之靜，待人之動。練到「神聚氣合靈犀通」的佳境，則能應萬變於靜定之中，尤其能應對突然襲擊。

1926 年初，李景林駐守天津，時稱「武林驕子」的楊奎山，侍衛李公於天津公館內。一天黑夜，正當楊師按慣例在臨睡前練功入定時，忽然靈感作出反應，似乎看到有一不速之客正在接近公館外牆，圖謀不軌。楊師迅速報告李公，並按李公意圖，迅即飛身上牆，朝那黑影大喝一聲。那個「夜來客」聞聲，立即掉頭鼠竄而去。

先師對筆者等談起此事時，告誡我們，不要小看這無極樁。那次黑夜能夠預感有事，全靠無極樁等靜功練出來的靜定之功，所以師祖要把無極樁作為一項精功，要求門人細心修練。

｜第一式·太極起勢｜

【拳招釋義】

太極起勢由無極樁而來，取無極生太極之意。正如王宗岳《太極拳論》所言：「太極者，無極而生，動靜之機，陰陽之母也。」

王氏此論，標明了太極拳是依據太極學說創立的，它的各招各式，都散發著濃郁的哲學韻味，而「太極起勢」作為開拳第一式，則有啟明破暗之意。以下各式均由此而起，展開了多姿多彩的動勢。

　　無極椿是靜功，太極起勢是由靜而動，但動中寓靜，在動靜之間，練氣長勁，修心養性。

　　此式，本門有兩種練法，均與從前不同。一種是氣貫兩掌，仰掌上托。練至功深，兩掌不用力，卻能托起對方重壓，近乎神奇。另一種練法，在仰掌貫氣後迅即向前上方穿出，有出奇制勝的奇妙作用，稱為「太極起勢劍出鞘」。兩種練法，其理則一。只要掌握了這一種練法，那麼另一種練法就能順理成章了。

【行功口訣】

太極起勢無極生，
靜中觸動動猶靜。
托掌吐勁腳底根，
三蓄三放長內勁。

【動作分解】

1. 開目抵舌

　　承無極式。眼簾收起，雙目稍開，凝神前視，和顏悅色。同時繼續舌抵上齶，以下各式均應如此，直至收勢。

2. 開步啟動

　　兩腿鬆立而不僵，兩膝放鬆而不屈。重心移寄右腿，左膝放鬆微微提起，緩緩向左開步，先腳大趾著地，再依次逐漸全腳踏地，兩腳間距與肩同寬，重心分置兩腿，落實於兩腳的湧泉穴之後，即四號位與三號位之間，切勿把重心放在腳跟。

　　註：常見初學者練此開步之時，往往雙膝彎曲蹲身，

左腳僵直左移，急匆匆地全腳踏實，大失輕靈之態。還有的把重心置於後腳跟，不但有礙重心穩定，甚至會損及後腦。凡此病手，皆應克服，務必輕鬆開步，盡量不露聲色，方為合法。

3. 鬆站守靜

兩腿站穩，周身放鬆，上體中正，頭頂的百會穴虛虛向上，似被懸空領著，所謂「虛領頂勁」是也。

同時兩肩左右持平，不可有高低，微微向下鬆沉；肘部放鬆，自然彎曲；手臂自然下垂，分置體前兩側，掌心向內，手指鬆展，指尖指向地面，此所謂「鬆肩垂肘」是也。

同時，下頜微收，頸項鬆正，不可僵硬；胸部放鬆舒柔，不可故意凹胸，背部意想微微圓撐，不可故意駝背，此即所謂「涵胸拔背」也。

同時，上體中正，脊柱鬆直，臀部內斂，不可翹臀部，尾閭下墜，此所謂「懸頭垂尾」「立身中正」是也。

同時，意守臍輪，身心安靜，凝神前視，守我之靜，待人之動。（圖 7-3-2）

4. 吸臍旋腕

隨著吸氣臍窩內斂，帶動手腕內旋，掌心向後，指尖向下；然後呼氣，帶動手腕外旋，掌心向前，指尖仍向下，虛領頂勁，凝神前視。（圖

圖 7-3-2

7-3-3）

5. 舉臂托掌

　　隨即兩臂徐徐向上托起，同時吸氣吸臍，氣貫兩堂，仰掌上托，托至將要與肩同高之際，隨即呼氣，以氣催肩、催肘，用肘部推動前臂及掌指微微前伸，以中指領勁，氣透掌指，立身中正，凝神前視。（圖 7-3-4、圖 7-3-5）

圖 7-3-3

圖 7-3-4

圖 7-3-5

　　註：「吸臍旋腕」與「舉臂托掌」是武當丹派太極拳特有的練法，請細心體會，注意「內功心法」的相關說明，勿一滑而過。

6. 坐身下按

隨即兩臂向外微開，兩掌內旋，翻腕俯掌，同時臀部緩緩向下坐落，身體像坐椅子那樣坐下去，帶動兩腿適度彎曲，成四平坐馬式；同時帶動兩掌下按，掌指略高於肩，兩肩鬆沉，注意肘尖下墜地面，掌心虛空，十指朝前，懸頭垂尾，上體中正，做到肩與胯合、肘與膝合、手與足合，凝神前視。（圖 7-3-6、圖 7-3-7）

圖 7-3-6　　　　　　　　　　　　圖 7-3-7

順便說一聲，常見一些初學者練習這一動作時，往往忽略「坐身」二字。他們不是用「坐身」來帶動屈膝按掌，而是誤用跪膝來帶動蹲身，致使雙膝前衝，臀部撅起，這種跪膝的不良姿勢，造成全身重量大部分壓在膝蓋上。時間一久，雙膝因長期負荷過重而造成傷害，膝蓋痠痛是常見的一種症狀。這不能不引起注意。

7. 引體上升

承「坐身下按」，百會穴向上虛領，身體冉冉上升，

兩臂兩掌徐徐下落，恢復「鬆站守靜」狀態，接著重複動作四、五、六勢。如此下坐上升，可重複 2~3 次，直至身心靈氣全部進入太極一氣態勢。

【呼吸行氣】

關於修練內氣，「內氣篇」中已作了總的介紹。今從這第一式起，進一步作分式介紹，以說明每招每式的動作如何練氣。

內氣是一個整體，無論是腹式呼吸、拳勢呼吸，或者是臍輪調息，它們之間不能分離。

1. 腹式逆呼吸（以下簡稱一般呼吸）

動作 1 的「鬆站守靜」，可作一次呼吸，如果時間允許，也可重複幾次，目的是繼續無極樁的身心寧靜，以便由靜而動。

動作 2 的「吸臍旋腕」，為一吸一呼。動作 3 的「舉臂托掌」，雖然也是一吸一呼，但其過程有所不同，即在托掌三分之二的時間內是吸氣，而呼氣僅三分之一的時間，比較短些。應當分清這長短之別。

動作 4 的「坐身下按」，兩臂微向外撐時，為吸；坐身下按時，為呼。須注意前者為小吸，後者為長呼。

2. 拳勢呼吸

上述動作 3、動作 4 的動作，呼吸有長有短，當然屬於拳勢呼吸。此外，還可以根據行功走架的需要，調節呼吸頻率。

動作 3 的短呼吸，可以調節為長呼。即在做「以氣催肘，以肘催掌，掌指前伸」的動作時，意想伸向極遠，引

導氣從手指通向無限遠處，這樣的呼就成為深長的呼了。

3. 臍輪調息

「內氣篇」中說到調息之法有二。本式動作 1 的「鬆站守靜」，是由臍返上的一種。動作 2 的「吸臍旋腕」也屬這一種，即由臍窩吸氣，通向命門，再注入下丹田，達於海底，從尾閭而起，緣脊而上，經玉枕、泥丸等穴，過前額、喉結，再由臍輪歸於下丹田。可做一次往返，也可多次往返。

本式動作 4 的「坐身下按」則屬於由上而下的一種，它從呼氣變換為吸氣時，意想內氣由兩掌及祖竅穴吸入，過喉結而下，隨著坐身而抵達臍輪丹田。兩種調息，均要意守臍輪，尤其是由上而下行氣時容易忽略，尤需留心。

【內功心法】

這裡說的內功心法，主要是透過有形的肢體動作，介紹無形的內心的理法法則，即修練意、氣、神、勁、丹、靈的心法，也是由有形之法入無形之法，形神兼備地行功走架。以下各式的「內功心法」，均是此意，不再一一點明。

1. 靜極而動

太極起勢的關鍵在於靜極而動。靜極，即無極狀態。表現在行拳之前進入「虛靜無為心中空」的境界，然後由靜而動，所難者在動的過程中仍然保持著那份靜意、靜態，所謂「靜中觸動動猶靜」。

張三豐在《太極煉丹秘訣》中的「太極＋要訣」中指明了那種動靜關係，說道：「太極拳者，其靜如動，其動

如靜，動靜循環，相連不斷，則二氣即交，而太極之象成。」

2. 踏勁吐勁

動作 3 在做舉臂托掌時，除了深長呼吸外，還應意涵內勁，把內勁和內氣合起來訓練。這並不難，只要意念到就行。當兩臂由下而上舉起之際，要鬆腰坐胯，腳貼湧泉，腳掌暗暗向地面踏勁，意想內勁從腳底而起，緣脊而上，直通兩臂掌指，勁從指尖吐出（以食、中兩指為主），凝神前視。

3. 氣托千金

上節「蹬勁吐勁」中所說「意想內勁從腳底而起……」由於初學者一時難以捉摸，所以要申述一點，即可以理解為「內『氣』從腳底而起」，同時注意吸氣吸臍，氣往下沉，再從腳底而上，意想是靠了由下而上的內氣才把兩掌的千金之壓托起來、送出去的。

4. 其根在腳

氣托千斤的根本在哪裡？在腳。拳論在談到發勁時明確指出：「其根在腳。」就是說要注重修練腳的功夫。如何修練？主要有二法：

一是全腳放鬆，包括腳趾、腳心、腳掌、腳面及踝關節全部要放鬆，不要「五趾抓地」，一抓就緊張了，所以是「五趾黏地，腳掌貼地」。

二是重心配置得當，即重心放置在腳底三號位與四號位之間，切忌重心放在腳跟。

按此二法，就能使雙腳好像立於沙地，穩固舒適，既有利踏勁吐勁，又利於靈活變化。

5. 三蓄三放

上述「坐身下按」動作完成時的姿勢，就像基本功中的「兩儀樁」功法。如果時間充裕，可以多站幾分鐘，能夠促進內勁生長。其法是「三蓄三放」。

所謂三蓄三放，就是在坐身下按呼氣已盡，即將換作吸氣時，意想氣從手指收回，直入臍窩，下抵丹田，蓄氣蓄勁；呼氣時，抄尾閭而上，直達兩掌十指，將勁氣放出。如此往復三次。若將它作為基本功操練，則可多次往返，練之日久，很能長勁。

6. 不忘虛領

此頂勁之頂，並非頂抗之意，而是頭頂虛虛上領之意。任何招式動作均要虛領頂勁，尤其是上述踏勁吐勁、三蓄三放，更須注意百會穴虛虛上領。能虛領，便能煉神，便能氣之所至，神之所往，神勁合一。

【實用舉例】

1. 托掌吐勁

拳友之間可做一小試驗。甲雙掌平托，乙兩掌大力下壓其掌；甲用踏勁吐勁之法，不但能化去來壓之力，還能乘勢把乙向前送出。

2. 若再練第二種「太極起勢劍出鞘心法」，雙臂一抖，即可將對方抖彈而出。

3. 實戰一例

1929 年杭州全國打擂比武（浙江國術遊藝大會）期間，李景林任大會評判委員長。有人想探測李公的武功究竟如何高深，又不好意思直接邀李公比試，就找李公的大

弟子、貼身副官楊奎山，但又不便挑明。

　　一天午後，楊奎山外出購物，正急匆匆行路時，突然警覺一精壯漢子迎面而來，戾氣橫溢，似乎不懷好意。果然，那人上前猛然抓住楊奎山兩臂，意圖把楊奎山摔出去。說時遲，那時快，楊奎山迅捷地將雙臂一抖，哼地一聲，將對方騰空拋出丈許。那人二話沒說，拱拱手，掉頭便走。

　　事隔二十多年後，先師楊奎山向我們傳授太極起勢的內功心法時，曾提起當年杭州遇襲之事。楊師說全靠平時依法修練，才能臨危不亂，抖彈而出。

　　先師告誡我們：抖彈勁是太極內功修練的綜合成果，並非一招一式所能奏效，但起勢、陰陽開合、兩儀樁有重要作用，要多加留心。

第二式・陰陽開合（三次）

【拳招釋義】

　　此勢緊隨太極起勢之後，暗合「是故易有太極，是生兩儀，兩儀生四象，四象生八卦，八卦定吉凶，吉凶生大業」的易理。

　　兩儀，即陰陽。宇宙萬物皆由陰陽二氣化生而來，所以陰陽相濟，乃至陰陽中和，是宇宙萬物生成的本質，也是人體的最佳健康狀態。

　　此式取名「陰陽開合」，意在遵照「二氣交感，化生萬物」的原理，從練氣入手，養生練性，健康長壽，並為練習內勁提供良好開端。

【行功口訣】

陰陽開合一太極，
臍輪調息前後通。
二氣交感生萬物，
內掙外裹混元功。

【動作分解】

1. 馬步抱球

承上式。四平馬步暫時不變，兩掌腕關節放鬆，向外翻轉，變成左右掌心相對，間距與外肩同寬，鬆肩垂肘，兩臂環抱，宛如抱著個混元一氣的大氣球，上體中正，眼神前視。（圖 7-3-8）

圖 7-3-8

2. 開合升降

隨即兩臂帶動兩掌向左右兩側徐徐拉開，開 25°～30°；同時緩緩吸臍，身體徐徐上升，升至鬆站態勢，此為開。接著，雙掌向內徐徐合攏，約合至與內肩同寬；同時緩緩呼氣，身體徐徐下降至原坐身狀態，此為合。要做得開合有度，升降有序，須重複操練 3 次。（圖 7-3-9、圖 7-3-10）

開為陽，合為陰，一陰一陽之謂道，故名陰陽開合。

圖 7-3-9

圖 7-3-10

【呼吸行氣】

此式動作單一，呼吸行氣也只是一開一合，因此不分列一般呼吸、拳式呼吸和臍輪調息來敘述，而是綜合介紹開合呼吸中要注意的法則：

1. 勞宮相對

兩臂環行抱球，尚未開合之前，要意想兩掌之勞宮穴遙遙相對，似有默契，氣蘊掌心。

2. 二氣交感

左掌為陽，右掌為陰。兩掌開合時，要意想陰陽二氣，透過勞宮穴相互交流。

合掌時，好像有兩縷氣流各自射進對方勞宮穴；開吸時再把兩縷氣流從對方勞宮穴拉回自己穴內，但要意想拉回的氣流已變為交感後的中和之氣了。如此往返交感，內氣便逐漸優化。

3. 前吸後通

吸氣時，要意想氣由臍輪（前丹田）吸入，臍窩內斂，直達命門穴（後丹田）；呼氣時，氣由命門注入下丹田。此為前吸後通，以達氣遍周身。

【內功心法】

1. 內掙外裹

向外開時，要意想兩臂內側所抱之混元氣球向外膨脹，竭力外掙；而兩臂兩掌外側之氣卻要向裡裹，不讓內側之氣掙脫出去。這是內掙外裹。

向內合時，則變為外裹內掙，即由外側向內側裹合，而內側竭力外掙，不讓裹進來。如此掙裹相生相剋，修練外擁內合的混元之勁。

2. 鬆柔開合

開合時，要通體放鬆，尤其要注意腰胯及兩掌之放鬆。兩臂向外掤開時，要有鬆開出去的感覺，皮膚肌肉毫不緊張僵硬。內合時，也應有鬆鬆向內裹合之感，不是硬壓硬合。

3. 上頂下沉

當外開吸氣、身體上升時，要意想頭頂百會穴被虛虛上拎，由此帶動身體上升。內合呼氣時，腰胯要鬆開，尾閭向下沉墜，帶動身體向下坐身。就是說，一升一降，不是隨隨便便的，而是按照上由頭頂拎起、下由尾閭沉墜的序列進行降升的，所謂升降有序也。

4. 腳底生根

上述上頂下沉之勢，其根在腳。上升時，腳底湧泉生

勁，頭頂百穴上拎；下降時，仍須腳底著勁，臀部尾閭下
墜。至於其根在腳的心法，可參照上式內功心法第三點修
練。

【實用舉例】

　　陰陽開合，是太極混元樁功的一種變招，著眼於內氣
及內勁勁意的修練。如果通過「內掙外裹」「外裹內掙」
的過程，練成了太極混元勁，就為各個拳招用法提供了強
大的原功力，能發出奇妙的威力，不論使用何種招式，皆
可把人彈發。先師與我們推手時，我們不論挨他何處，都
被他一彈而出。

｜第三式・劍形抱球（左右）｜

【拳招釋義】

　　劍形抱球，是本門太極拳招式的一大特色，是師祖李
公景林把武當劍的神韻融於太極拳術的重要一例，連同許
多拳式的劍形劍意，使本門太極拳迥然不同。當時，李公
的好友孫祿堂等先輩，曾建議李公把本門太極拳稱為劍形
太極。當時，李公謙遜，雖然未曾更名，但「劍形太極」
一說，曾在一定範圍內傳頌。

　　此處的劍形抱球，是作為單獨一式訓練的，其實劍形
抱球已滲透在整套太極拳之中，以下的過渡連接動作，大
多是劍形抱球，不再一一詳述。

　　至於劍形抱球的功用，如三豐始祖所言「內執丹道，
外顯金峰」。

【行功口訣】

> 劍形抱球劍出鞘，
> 臍輪內轉煉丹道。
> 立體磨圈混元氣，
> 外顯金峰神光耀。

【動作分解】

1. 磨圈轉臍

承上式。馬步不變，兩掌內旋成俯掌，平行伸於體前，其狀如太極起勢中的「坐身下按」。隨即以腰胯為軸，向右旋胯轉體，帶動兩掌平面劃一小圈，劃圈時要意守臍輪，觀想臍窩按順時針軌跡內轉一圈。（圖 7-3-11～圖 7-3-13）

圖 7-3-11

圖 7-3-12

圖 7-3-13

2. 磨圈抱球

上勢雙掌磨圈不停，繼續再順勢磨一圈，但圈子要大一些，即先磨小圈，再磨大圈。當大圈磨至右側時，右手隨勢劃弧向下，掌心斜向上；左手仍在上，掌心朝下，與右手上下相對，成左抱球狀。（圖 7-3-14）

3. 磨圈挒採

不停頓地繼續旋胯磨圈，當磨至正面偏左時，腰胯鬆沉，尾閭下墜，推動兩掌前伸，左掌旋腕翻掌，掌心向上，作擠挒狀，氣透指尖；右掌內旋，掌心向下作採勁狀。此時成四平馬步右挒左採勢，身正前視。（圖 7-3-15）

圖 7-3-14　　　　　　　　圖 7-3-15

4. 劍形左抱球

上述採勁磨圈不停。隨即向左回轉，旋胯轉體，帶動兩掌旋腕翻掌，恢復左抱球狀，氣貫掌指，兩掌一上一下，同時向前刺去，指尖射向前方，呈揚眉劍出鞘的神

態。（圖 7-3-16）

5. 劍形右抱球

上勢左抱球將老之際，右掌翻掌上提至與左掌同高，迅速逆向回轉左磨圈，先磨小圈，再磨一大圈成右抱球，再磨捋採圈。練法與左式相同，唯方向不同。（圖 7-3-17、圖 7-3-18）

圖 7-3-16

圖 7-3-17

圖 7-3-18

【呼吸行氣】

1. 一般呼吸

動作 1 的磨小圈為一吸一呼，即前半圈為吸，後半圈為呼。動作 2 的抱球也是一吸一呼，不過磨大圈的呼吸要

較磨小圈的呼吸深長些。動作 3 及動作 4 也是小圈小呼吸，大圈長呼吸。

2. 拳勢呼吸

依據拳勢的需要調節呼吸節律，上述小圈小呼吸、大圈長呼吸，就是依拳勢而定的。待日久功深時，可把小圈與大圈兩次呼吸歸為一次深長呼吸，即小圈為吸，大圈的前半圈繼續為吸，及至兩掌劍出鞘時才呼，要細細地深長呼出，氣透掌指。

3. 臍輪調息

無論大圈小圈，臍窩要隨著磨圈而內轉，意想內氣在臍內旋轉，練之得法，臍輪周圍很快會產生溫暖感。練之日久，可促進內勁內丹的修練。

【內功心法】

抱球動作在太極拳中不是可有可無的，而是很具深意、非常重要的。尤其是劍形抱球，不同於屈臂環形抱球，它要由腰胯旋轉、重心變換及內氣運轉所發出的螺旋勁意射向前方。而且它是混元一氣之抱球，而太極拳的整勁就是以混元一氣為本勁的，其心法可以用始祖三豐的一句話來描述，即「內執丹道，外顯金峰」。

其要義如下：

1. 它是混元一氣之抱球

本門太極拳修練陰陽中和之氣，此舉關係著養生和修練內勁的成敗。從養生長壽來說，人由宇宙陰陽二氣妙合而成的靈氣所生，我們欲度百歲天年，必須使天、地、人之間的陰陽二氣中和歸一，和諧圓滿。這就是我們修練的

太極混元一氣。

《太平經》指出：「夫人本生混沌之氣。」這表明，人是由混沌所氣生，也要靠混沌氣才能活。

從修練內勁來說，也必須從修練混元一氣入手。人們常說的太極整勁、抖彈勁，是以混元氣為根基的。前文「內勁篇」中說到，隨著修練混元一氣的進程，把我們體內的潛在能量開發出來，並聚集歸一，形成一種渾然一體的強大的新能量，即太極混元勁，俗稱太極內勁。

因此，習練劍形抱球時，必須透過外形的磨圈抱球，意想臍窩內轉，促動體內陰陽二氣及外界的靈氣作球形旋轉，使之中和歸一，日久自會見效。

2. 它是立體式的磨圈抱球

雙手抱球是有形的，混元內氣是無形的。練習抱球一勢，就是以有形的抱球動作，修練無形的混元內氣。但是，若是簡單粗糙的抱球動作，無助於修練混元內氣，必須運用立體式的磨圈抱球才能奏效。所謂立體式抱球，主要有以下幾個要素組成：

（1）形體全方位磨圈。即在鬆沉的前提下，旋胯轉體，帶動兩手磨轉，並帶動踝關節鬆活意轉，就是說形體的上、下、中都在旋轉磨圈，僅僅是大圈、小圈、微圈的區別而已。

（2）同時觀想所謂臍窩內轉，是由臍輪至命門的前後左右立體式的內氣運轉，乃至百會穴與湧泉穴也有內氣在微微運轉。

（3）同時還要觀想內氣向體外擴散，周身上下左右似乎正在出現一道氣牆（練至功深，可逐漸形成），而且

雙手還抱了一個氣球，即人在氣中，氣在人中。因此，立體式的磨圈抱球，是修練混元一氣的重要途徑。

3. 揚眉劍出鞘

劍形抱球，顧名思義，兩手抱球前伸時，要充滿「揚眉劍出鞘」的意、氣、神。關於劍意劍神，武當丹派九代宗師宋唯一在《武當劍譜》中指出：「三豐祖師大意謂，劍術真諦，其初基有二，一曰養精，二曰凝神……自然一氣貫通，萬神朝元，此練氣化神之功夫，劍術內勇之能事也。」十代宗師李景林把它概括為修陰陽中和之氣，融入太極拳，作為修練內氣內勁的總訣，使得拳意劍神相得益彰。

因此練太極拳既要有拳術之勁意，又要含劍術之神韻。例如在劍形抱球的磨圈過程中，要明白其勁意所在：平磨時，掌心含鬆沉黏之勁；劃弧下抱之手，含斜採、捲繞乃至掤掌之勁意；兩手相抱前伸時，在上之手含掤擠之意，在下之手含掤推之勁。在明白上述勁意的同時，意念中還要含神光粲然的劍勢劍神。

【實用舉例】

劍形抱球，旨在養生天年。但練至混元整勁時，就能爆發出抖彈整勁。先師常說，當年李公景林與人推手時，對方挨他何處部位，就能從何處把人彈出。民國初年山東國術館編印的術極拳術一書曾記載說：「李公景林，與學者演習時，觸者立跌出數丈。」

當然，混元整勁的練成，要靠整套太極拳及基本功的訓練，但抱球一勢有不可忽視的重要作用。

| 第四式・上步掤勢（左右）|

【拳樁釋義】

掤，是太極八勁之首。太極拳諸多勁路的變化，均由掤勁而來。太極拳每招每式，皆含有掤意，即使像開頭那幾式，動作貌似簡易，實則掤意甚足。可以毫不誇張地說，一旦失去掤意，太極拳將有名無實。

關於「掤」字的來歷，掤勁的屬性及其訓練使用的心法，「內勁篇」中已有詳述。此處作為拳招中的一式，是為了引起重視，加強訓練，規範動作，並非以偏概全。

【行功口訣】

> 混元一氣練掤勁，
> 弱水三千負舟行。
> 隨波起伏彈簧勁，
> 太極八勁掤為本。

【動作分解】

左式：

1. 轉身右抱球

承上式。腰胯鬆沉，先向左旋胯轉體，右腳內扣約45°，帶動兩手平面劃圈，左手在上，右手在下，成左抱球，面向東南，重心寄右腿。（圖 7-3-19）

2. 進步上掤

承上動。蓄氣沉腰，右腿支撐全身重量，左腳提起像

貓行似地向前邁進一步，先腳跟著地，再腳掌放平，重心前移至 4 號位；同時左臂由下而上弧形掤起，臂成半月形橫於身前，鬆肩垂肘，掌心向內，指尖朝右；在左臂上掤的同時，右手含刁手之意俯掌下落，與左手上下交錯而過，暫置於左手尺骨後下方約 40 公分處，屈肘鬆肩，掌心斜向前；身正前視。（圖 7-3-20）

圖 7-3-19

圖 7-3-20

3. 弓步正掤

隨之，不停頓地重心繼續前移至左腳 3 號與 2 號位之間，鬆腰沉身，左腳踏勁，同時右腿伸直（勿僵挺）成左弓步。

承此弓步進身之勢，催動左臂繼續向前方弧形上掤，其運行軌跡如月牙形，鬆肩垂肘，呈圓撐之勢；同時右手向下弧形按至右胯前，肘部微屈，臂呈弧形，掌心斜朝下，與左臂成對拉之勢；身正前視。（圖 7-3-21）

4. 轉身橫掤

緊接著，不停頓地繼續做轉身橫掤之勢，即腰胯鬆沉，向左旋胯轉體約 30°，帶動左臂繼續向左側方橫掤而去，此時左臂外側偏東北，胸朝東；右手仍在右胯前，隨著轉體而動；左弓步姿勢不變，身正前視。（圖 7-3-22）

圖 7-3-21　　　　　　　　　　　圖 7-3-22

註：上述動作 2、3、4 的初掤、正掤、橫掤，是一個連續不斷的過程，它像展開一把摺扇面那樣，切不可絲毫停滯，應緩緩地一氣呵成。現在分劃三動說明，是為了明白這過程中的勁意所在，避免習練時一滑而過，為進一步研究掤勁的變化打下基礎。

5. 抱球再掤

上動未停。隨即腰胯鬆沉，重心後移右腿，回覆左虛步，帶動左手弧形下落至小腿前，掌心斜向上；同時右手弧形上舉於胸前，掌心向下，成右抱球，隨即不停頓地沉

腰弓腿進身向前掤去，動作與
上述上掤、正掤、橫掤相同，
等於掤勢再複習一遍。

圖 7-3-23

右式：

1. 轉身左抱球

　　承上動。隨即腰胯鬆沉，
先向右再向左旋胯轉體，成左
抱球，練法與上述右抱球相
同，唯左右方向不同。（圖
7-3-23）

2. 右弓步掤

　　承上動。隨即右腳向前上步，鬆沉進身，逐漸成右弓
步；同時右臂弧形上掤、正掤、橫掤，練法與動作 2、
3、4 相同，唯左右方向不同。（圖 7-3-24～圖 7-3-26）

圖 7-3-24

圖 7-3-25

【呼吸行氣】

1. 一般呼吸

動作 1 為一吸一呼；動作 2 為吸，動作 3、4 為呼；動作 5 為一吸一呼。右式分解動作與左式分解呼吸相似。

圖 7-3-26

2. 拳勢呼吸

依練功要求，調節呼吸頻率。例如動作 2、3、4 的呼吸有長有短，即上步初掤為適度吸氣，而正掤與橫掤的一次呼氣則比較深長一些。

3. 臍輪調息

無論如何呼吸，都要意守臍輪，刻刻留心臍窩吸氣，通達命門，流注丹田，抄閭而上，敷於手臂，吐氣掤出。

【內功心法】

關於掤勁的屬性及修練心法，可參照「內勁篇」所述。此處作為單獨一式的掤勢，介紹一些具體操練中的心法。

1. 混元一掤

口訣說：混氣一氣成掤勁。太極者天地未分，宇宙洪荒時的混沌一氣；後來才天地分陰陽判。因此，太極拳修練陰陽中和之氣，使之中和為一，復歸太極一氣，我們稱之為混元一氣。

這混元一氣是掤勁之源，透過性命雙修的過程煉成掤

勁。這掤勁，不僅僅是掤勢一式，而是貫徹於全身，佈滿於各招各式中。例如擠勢需要掤勁為後盾，将時須掤勁為內勁，按勁也須掤勁為動力，所以稱之為渾元一掤。至於混元一氣練掤勁的練法，可參照「內氣篇」「內勁篇」相關心法進行修練。

2. 分清掤勢的異同

掤勁滲透在各招各式之中，但作為以掤為名的拳勢招式，在本套路中僅四式，即第 4 式的上步上掤（左右）、第 6 式金童推手中的掤（左右），以及 31、32 式復勢攬雀尾中的進步正掤。其中又分單手掤和雙手掤，前兩式均為單手掤，一手上掤，一手下按，呈上下對拉之勢；後兩式攬雀尾的掤是雙手掤，一手在前，一手在後，前後相距大約 20 公分。

這些掤勢各有異同，相同者都是掤，不同者各有所別，要分清楚。

如第 4 式，意念上要分清上掤、正掤、橫掤三意，不能因為形態上的一氣呵成而忽略不同的掤意。再從身法來說，第 4 式左式上步上掤之前是側身，即胸朝東南，然後轉身上掤，進身正掤，再轉身橫掤，而第 6 式的掤是正身胸朝東，是正面弓步進身正掤，這側身與正身起掤的不同處要細心體會。而攬雀尾的正面正掤又有不同，是雙手正面進步正掤，其掤意和氣勢比第 6 式更接近掤勢發勁，尤其要注意體悟。

這些問題，本應是後面講的問題，如今提到前面來講，是為了一開始就能樹立一個大概念，便於增強修練的自覺性。

3. 內外皆圓撐

無論單手掤或雙手掤，掤勢都要圓撐。所謂圓撐有兩層含義，一是手勢圓撐上掤之手（或前掤之手），鬆肩垂肘，臂成半月圓形，意勁向外撐；二是意想內氣在胸前形成一個圓球，寓向外膨脹之意，作為兩臂掤勢的後盾。

這樣內外都像打足了氣的氣球膨滿不已，若遇外力按在球上，就能按此彼起，按彼此起，化去其力，並可乘機而發。

4. 如水負舟行

掤勁對應八卦的坎卦，坎為水，故掤勁屬性為水，「內勁篇」已作介紹。所以口訣說「弱水三千負舟行」。在練習掤勢時要有如在水中行船的意念和感覺，自身像是充足了氣的橡皮艇載浮載沉，練之日久必生奇效。

5. 彈簧在何處

口訣說：「隨波起伏彈簧勁。」太極勁發出的內勁，是混元一掤的整體彈簧勁，一彈而出。那麼何處是彈簧呢，或者說彈簧安在何處？師門傳授比喻彈簧有三層，安在人體上、中、下三處，下層在腳，中層在腰腿、命門，上層在雙肩、腋下。兩條臂好比置於彈簧之上，一受力就隨高則高、隨低則低反彈而出。因此平時練習掤勢時，須意想三層彈簧由下往上漸漸彈掤而起，這一意念十分重要，切忌馬虎滑過。

【實用舉例】

在實用中，掤勁無處不在，但這裡僅僅在掤言掤，只談本式之掤，舉二例。

1. 右拿左挪

我自然站立（或不丁不八站立）時，若對方用右拳向我胸部擊來，我隨即腰胯鬆沉並旋胯轉體，向右側身，右腳後撤半步，重心移右腿；同時用意念乘旋胯轉體之勢，帶動右手舉起，旋腕刁拿對方手腕，以化來力之襲擊；同時右腳上步，帶動左手、左臂向上、向前弧形挪起，挪擊對方肋部，可進身正挪，也可轉腰橫挪，視機勢而定。

2. 單挪接手

太極拳臨陣實用時，最困難的是如何黏接來手的問題。當然有多種接手方式，而單手挪則是其中之一。

我放鬆站立，足下不丁不八。對方出右拳擊我，我迅即鬆沉腰胯，出右腳帶動右手弧形上挪（手心向內），以我之腕背或尺骨，黏貼對方肘腕中間，承接對方來勁；左手跟隨右手之後，手心斜向上，置於右肘附近，成右搭手狀，視當時機勢而變勁，或轉腰右捋（或撤右步後捋），或隨勢變擠，或乘勢前按，或翻腕變加肘擠等等，因敵變化示神奇。

｜第五式・玉女浣紗（左右）｜

【拳招釋義】

玉女，相傳為侍立上帝兩側的金童玉女之一，也泛指人間的窈窕淑女。浣紗，在河邊浣洗棉紗的優美姿態。

拳名玉女浣紗，取意像玉女浣紗那樣，輕搖玉臂，柔和灑脫，輕鬆自如，氣定神閒。若能把這一意象貫徹到練拳中去，就能放鬆自己，進而超越自我。

【行功口訣】

玉女浣紗粉臂搖，
鬆肩鬆肘又鬆腰。
進退虛實中樞繞，
滾翻圓轉還在腰。

【動作分解】

1. 轉身抱球

承上式。隨即向左旋胯轉體，重心移向左腿，帶動左腳內扣 45°；隨即重心回移左腿，右腳外撇向前，身體轉向正東（左）；隨著轉體，兩掌平面劃弧，繼即右抱球，此時成高架右虛步抱球，身正前視，蓄勢即變。（圖 7-3-27）

圖 7-3-27

2. 上步舉臂

隨即提起左膝，左腳向左前方上一步，先腳跟著地，再全腳踏實，腳尖微內扣 5°~10°，重心移左腿，右腳伸直成左弓步；左臂隨著弓步而動，向前、向上鬆鬆掤起，舉至前上方偏左，掌高於肩，鬆肩垂肘，掌心向下；右臂同時

圖 7-3-28

屈肘向下，安放於右肋處，前臂斜橫在右腹前，俯掌，手指斜向左；身正前視，蓄勢即變。（圖 7-3-28～圖 7-3-30）

圖 7-3-29

圖 7-3-30

3. 環手繞圈

隨即腰胯鬆沉，向右、再向左旋轉一週，帶動左臂沿順時針方向環形圓轉一圈；同時重心前後轉移，即左手向右、向下劃圈時，重心後移右腿，成左虛步，及至左手向左、向前並向上劃圈時，重心又移左腿，回復左弓步。這就是說，左手劃圈與前後重心轉移要同時進行，而且要以腰胯及重心轉移來帶動手臂劃圈。

手臂劃圈時，要注意以肘為軸，以前臂的圓轉帶動上臂擺動，手腕也隨之旋轉；同時右手隨著左手轉動而轉小圈。此時要立身中正，凝神前視。如此轉環，須重複 2 次。接著再做逆向轉環 2 次。（圖 7-3-31～圖 7-3-33）

4. 轉體左抱球

隨即腰胯鬆沉，重心後移右腿，向左轉體，左腳外撇

約 35°；同時右手抄至左手下方，與左掌上下相對，成左
抱球；迅即重心前移，左腿踏實，右腳提起收回左腳內
側，腳尖虛懸（初練時可腳尖點地），身正前視，蓄勢即
變。（圖 7-3-34）

圖 7-3-31

圖 7-3-32

圖 7-3-33

圖 7-3-34

圖 7-3-35

5. 右式浣紗

隨即腰胯鬆沉，右腳提起向前跨上一步，成右弓步，隨之進行右式玉女浣紗，練法與左式相同，唯左右方向不同。（圖 7-3-35）

【呼吸行氣】

1. 一般呼吸

以左式浣紗為例。動作 1「轉身抱球」是一吸一呼。動作 2「上步舉臂」是上步為吸，弓腿舉臂為呼。動作 3「環手繞圈」是半圈為吸，半圈為呼。即左臂向右、向後劃圈及重心後移時，為吸；向下、向前、再向上劃圈及重心前移時，為呼。

2. 拳式呼吸

可以視拳式及練內勁的要求靈活調節呼吸頻率，例如可視「環手繞圈」幅度大小、快慢，呼吸可長可短，可速可緩。

3. 臍輪調息

無論拳勢如何，都要意守臍輪，吸氣時斂臍，通達命門；呼氣時由命門注入丹田，小腹皮膚隨之緩緩鬆弛。每一呼吸都是如此。

【內功心法】

1. 滾翻黏隨

玉女浣紗中的環手繞圈，與四正手推手中的轉環換手動作相似，必須兩臂鬆沉，以腰胯為軸的滾翻圓轉，沾連黏隨。所轉之圈為橫向立圈。滾翻者，即己前臂黏隨著對方手臂，轉腕旋膀，圓轉自如，不頂不脫也。其關鍵詞是：鬆、黏、轉。

2. 進退旋轉

上述滾翻轉圈，並不是手臂擅自妄動，而是腰胯左右旋轉及重心前後變換所帶動的，所以能否圓轉自如、黏隨不脫，關鍵在於腰腿功夫如何。為此要勤練前文所介紹的「腰胯鬆沉旋轉法」及「鬆沉進身退身法」。

3. 弄清意勁

待動作熟練以後，就要弄清滾翻圓轉一圈中的勁意何在。以左式為例，左臂開始向右轉時，為黏勁，緊接著向後、向下轉時，為捋勁；右手則含採意，這是右半圈。及至進身向前、向上劃左半圈時，為掤勁。

4. 勁自根發

這與上式心法中的「腳底生根」相似，僅弓步與馬步不同。

【實用舉例】

1. 此式是四正手推手中「一掤二擠三換手」的轉環換手法的套路化，所以練拳就是進行推手訓練，要意想自己在四正推手中正在轉環換手，黏隨滾翻。

　　從實用要求著眼，要特別注意在轉環捋勢時手腕要滾翻，肘部要放鬆下沉，這稱之為滾肘捋，練好了實用性很強。使用時，既要鬆沉滾轉，又要有快速變化的突然性，方能奏效。

　　2. 此式還可以抽出來雙人對練。甲乙雙方都以右弓步站立，各出右手互搭，然後按上述環手繞圈之法左右進退繞圈；也可以調換左弓步左手繞圈往返繞圈，能寓養生練勁於一體。如果兩人配合默契，輕鬆自如，勢必興趣盎然。

　　3. 雙人搭手對練如改做逆向劃圈轉圈，就是雙人橫向立圓單推手，內含掤、捋、按等勁意。

｜第六式·金童推手（左右）｜

【拳招釋義】

　　金童，相傳為侍立上帝兩側的金童玉女之一，也泛指人間未婚的英俊男子。推手則是太極拳訓練程序中一個重要階段。若不練推手，等於太極拳只學了一半。但按照過去的習慣，要學完全套太極拳套路以後才進行推手訓練。本門這套太極拳另闢蹊徑，把訓練拳架與訓練推手結合進行，以提高學習興趣，取得更好的訓練效果。

　　本式取名金童推手，比喻這是起步的訓練，它取自太極推手的第一個基本式子平圓單推手。它既是套路中的一個拳式，又可抽出來單人獨練，還可以雙人對練，等於進行單推手訓練，既能規範動作，又能體驗心法。

【行功口訣】

金童推手不用手，
腰腿變化帶動手。
輕柔虛靈沾黏隨，
捨去雙手都是手。

【動作分解】

1. 轉身右抱球

承上式。腰胯鬆沉，重心後移至左腿，先微向左旋胯轉體，帶動兩手劃圈，成右抱球，再向右轉體，右腳外撇約 45°，面向東南，隨即重心轉向右腿，左腳收回右腳側虛懸；身正前視。（圖 7-3-36、圖 7-3-37）

圖 7-3-36

圖 7-3-37

2. 左弓步掤

承上動。蓄氣沉腰，右腿支撐全身重量，左腳提起向

前邁出一步，逐漸成左弓步；
同時左臂弧形掤起，如第四式
之初掤、正掤狀，身正前視，
蓄勢即變。（圖如第四式）

3. 左平圓推手

圖 7-3-38

承上動正掤姿勢。重心後
移至右腿，後移至初掤狀態
時，變為向左旋胯轉體，帶動
左臂向左轉化，掤意不變，但
肘部要隨勢略微後移墜屈，手
腕要外旋成立掌（掌心向
前）；右手還在右胯前，隨勢而動。此時為左虛步左立
掌，蓄勢將進的態勢。（圖 7-3-38～圖 7-3-42）

圖 7-3-39

圖 7-3-40

以上這一段過程，是掤化蓄勢的過程，即左臂掤勁勁
不丟，向左、向後轉移均為掤化，向左轉移翻腕立掌則為

圖 7-3-41

圖 7-3-42

蓄勢將進。

　　緊接蓄勢，迅即腰胯鬆沉，向前弓腿進身（仍為左弓步），催動左臂向前呼氣按出，按到終點之際，命門下沉，左腳踏勁，手指放鬆吐勁；右手在原處隨勢擺動，身正前視。（圖 7-3-43～圖 7-3-48）

圖 7-3-43

圖 7-3-44

圖 7-3-45

圖 7-3-46

圖 7-3-47

圖 7-3-48

　　掤化前按之勢，實際上是向右、向後、再向左、向前平面圓轉一圈。在一圈之中，含掤化及前按之意勁，與平圓單推手相同，須重複轉 2 圈。但要注意，在轉第二圈之初，應內含一個擠勁。詳見內功心法說明。

4. 逆向平圓

上勢兩圈是順時針方向轉動，將要轉成之際，左臂掤勢不變，立即做逆時針方向平圓轉圈。即重心後移，向右轉成初掤狀態，再向前成正掤，再左轉復成續掤狀態。也要重複2圈（圖照與順時針方向同）。

5. 轉身左抱球

承上動。隨即腰胯鬆沉，重心後移至右腿，向右復向左旋胯轉體，左腳外撇約 45°，帶動兩手劃弧左抱球，與動作1的右抱球相似。

6. 右平圓推手

與「左平圓推手」相同，逆向平圓也是如此，唯左右不同。（圖 7-3-49～圖 7-3-53）

圖 7-3-49

圖 7-3-50

圖 7-3-51

圖 7-3-52

圖 7-3-53

【呼吸行氣】

1. 一般呼吸

動作 1 為一吸一呼；動作 2 為一吸一呼。

動作 3 平圓推手為一吸一呼。逆向平圓也是一吸一呼。

右式平圓單推手，呼吸與左式相同。

2. 拳勢呼吸

依練功要求，調節呼吸節率。例如，上述動作 3 的一吸一呼，可視蓄勢發勁前按的緩速而決定呼吸長短，假如向前按動，須加速前進，一按而去，則呼氣也一吐而出。

有一點需要說明，無論何種動作呼吸，如果偶感不暢，可立即用小呼吸調節，切不可屏氣、憋氣。以下均同此理。

3. 臍輪調息

尤其是弓腿前掤、平圓轉圈掤按時，要時刻留心臍窩

吸氣，通達命門，流注丹田，抄闊而上，敷於手臂；向前按掌時，氣從掌指吐出，以便練氣練勁。

【內功心法】

1. 腰胯帶手及捨去雙手

口訣說：「金童推手不用手。」為何不用手？因為太極拳是「用意不用力」的拳術，所以雙手不能用力，等於不能用手。

不用手，用什麼？用意念，在意念指揮下，用腰胯的轉動和兩腿虛實的變化來帶動雙手的運行，稱作「腰胯帶手」。打個比喻：人體就像一個大輪盤，腰胯是軸，雙手是輪，由軸承帶動輪子旋轉。所以口訣又說：「腰腿變化帶動手」也就是拳論所謂「腰如車軸」「命意源頭在腰隙」「主宰於腰」也。

不但動作上要實現腰胯為軸，還要在思想觀念上培養「捨去雙手」的意勁與感覺。例如，在做分解動作平圓順逆轉圈時，要意想不是手在劃圈，而是腰胯在轉圈，好像自己的雙手不存在了。這就是「捨去雙手」的感覺。經過日積月累的訓練，要把這種感覺變成自覺，那樣就開始懂勁了。以下各式都須這樣腰胯帶手。

2. 沾連黏隨

這是太極推手中必須遵循的「原則」。就單人練習金童推手來說，要按照「練時無人勝有人」的心法，想像自己正在按此「四要」與人做單推手訓練，要想像自己的手臂已經捨去，只是輕柔地沾著對方手臂，並似膠如漆的不脫不頂地黏著他；把自己的意勁與對方的勁連接起來；跟

隨著他的勁路而隨曲就伸地轉動，即「捨己從人」地隨著對方運轉。

這四句話，就是沾、連、黏、隨四勁，在心意上的訓練。

3. 鬆柔圓活

上述腰胯帶手及沾、連、黏、隨，必須以鬆柔圓活為前提。如果手臂不鬆不柔，而是硬邦邦的，怎能輕輕地沾上人家，更遑論沾之不脫了。黏著，似膠似漆又如漿，倘若膠漆變質變硬了，如何黏貼，更談不上連接隨了。所以肩、肘、腕、指即整條手臂都要放鬆柔和，才能沾上、黏著、連接、隨轉。

不僅手臂要鬆，周身都要鬆。如果腰不鬆、胯不開，怎能靈活旋轉以腰帶手。如何放鬆，說難也不難。因為放鬆是人的先天本性，我們只要恢復本性，馬上就能放鬆。這在前文已作詳述，此處不再重複。至於練習這一式，只要記住三個字就行了，即捨、黏、隨三字。就是捨去雙手，黏著對方，隨他而走，在走中蓄變，這既是放鬆的體現，又是練功的秘訣。

4. 不忘一擠

動作 3 的左平圓推手，在轉第二圈的起端之際，要觀想自己的左手被對方捋向他的左側方去，自己隨即向右微微旋胯轉體，讓左臂隨對方而去。但在「隨」之初，就要在意念上內含一個擠勁，而在外形上的表露卻很微小，僅僅手腕內旋，邊黏隨邊旋腕，並且藉著向右旋胯轉體而順勢擠去。

這一細微的擠勢，發生在由按轉為掤的過程中，時間

短暫，幅度很小，幾乎覺察不到，容易被忽略，所以提出「不忘一擠」。待練熟後，有了條件反射的感覺，便能在推手實用中發揮「有捋必有擠」的妙用。

【實用舉例】

此式可以雙人對練，既作為拳架的實驗性訓練，又作為太極推手訓練的第一課。

（1）所謂實驗性訓練，就是透過雙人對練，彼此檢驗對方的手臂是鬆柔或僵硬，腰腿是圓活還是滯澀，兩手擅自妄動還是由腰胯帶動手，進退的勁路是否順遂等等，然後把發現的問題放回到單人練拳中去琢磨改進，再透過雙人對練繼續印證改進。如此循環往復，不斷檢驗、改進、印證、就能逐步登堂入室。

（2）作為推手訓練第一課，甲乙兩人進行單手按化推手訓練：

①雙方站定，各出左腳和左手，左手上掤互搭，成為順步左搭手式。

②甲先發動，腰胯鬆沉微右轉，重心逐漸後坐右腿，復向左轉，帶動著自己的左手黏著乙的腕節，向右、向後、再向左引領，並旋腕翻掌，以掌根後部黏住乙腕，完成吸蓄引領之勢；隨即腰胯鬆沉，弓腿進身，向乙的胸部按去。這是甲方主動引領前按的過程，也是動作 3 的左平圓單推手的過程。

③乙隨著甲的引領，手臂掤勁的勁意不丟，用腰胯鬆沉旋轉法，黏隨不脫，並隨著甲方按之勁，向左側旋胯轉體，並後坐退身，帶動左臂隨伸就屈劃圈，將甲之按勁向

左側落空；隨即旋腕翻掌，用掌根部黏住甲腕節，隨即鬆沉弓腿進身，反向甲按去。這是乙掤化反按之勢，也是動作3的過程。

④甲隨即掤化引領，轉而前按。如此循環往復，你來我去，共同劃成一個平面圓圈（橢圓），故取名為雙人平圈單推手。

註：上述出左腳、左手互搭之圈，為左弓步順步順手平圓單推手，如果換為右手互搭，則稱為左弓步拗步單推手。如果改出右腳，左右互換，則是相應的順步或拗步推手。

上述平圓是順向平圓單推手，即動作3的左平圓單推手。還要進行雙人逆向平圓單推手訓練，如動作4那樣進行。

（3）平圓單推手的實用發勁，舉數例如下：

①順圈正掤

在雙人順向平圓單手按化過程中，雙方均可使用此勁。例如甲的按勢被乙引進落空，並轉而反按，甲黏隨退化時，若得機得勢，就可敏捷地鬆腰旋胯、轉一小圈，催動腰腿、前臂迅發掤勁，便可把對方掤出或掤倒。其定式時的態勢，便如動作2的左弓步正掤。

②逆圈橫掤

練法與順圈相似，唯旋轉方向相反，橫掤之勁也要乾脆利索，其勢如轉身橫掤。若得法，便可使對方橫向跌出。

③單掌按動

甲乙雙方均可使用此勁。例如在順圈按化過程中，甲

引領前按時，若得機得勢，便可依照心法敏捷地進身單掌按發，周身內勁從掌指奔騰而吐，勢不可擋。

④拿腕下挒

雙方以右臂互搭作按化繞圈時，趁對方右掌向我胸部直線按發，其勁將到未到之際，我迅速旋胯轉體，帶動右腕外旋翻轉，繞掌往對方右腕背及尺骨處，以迅雷不及掩耳的速度向我右側斜下方挒去，彼必被挒出；

或者在黏拿住對方右腕的同時，左手掌同步向上沾黏住對方肘部，在向右側挒的同時鬆沉退身下坐，使挒勁墜向地面，彼必被傾倒於地。

拿腕下挒，原來是攬雀尾拳式中的一勢，現作為平圓推手訓練中的一個變招。使用時要特別注意兩點：

一是自己必須鬆沉旋胯轉體，帶動雙手動作，拿腕時必須輕柔沾繞；

二是必須把對方右臂的三節挒直，尤其是肘關節要把它拿直，方能奏效。

｜第七式·雲擠手（左右）｜

【拳招釋義】

這是玉女浣紗的一個變招。當前手在環手雲摩的過程中，途中突然改變方向，以肘部催動前臂及腕掌向前上方擠出，俗稱加肘擠，招名雲擠手。

這一招是本門太極拳常用的一招。在本套路的「復勢攬雀尾」中也有列入，那是作為復勢攬雀尾 11 個動勢中的一勢，即「九勢穿化加肘擠」。

此式旨在加強訓練腰腿的靈活變化，以及訓練兩臂的鬆柔舒展和用肘的勁意，尤其是訓練一觸即變的靈敏性。

【行功口訣】

前式浣紗今變卦，
變在環中難測他。
沉肘滾肘加擠肘，
雲摩穿化變得快。

【動作分解】

左式：

1.轉身右抱球

承上式。腰胯鬆沉，重心後移至左腿，向右旋胯轉體，帶動右腳外撇約 30°；同時，右手轉腕俯掌，隨著轉體而劃弧移動，手臂向前（東南）平伸；左手同時旋腕劃弧，向右腹前抄去，掌心向上，與右掌掌心上下斜相對，成右抱球狀。此時成為右虛步撇足右抱球，面向東南，身正前視。（圖 7-3-54、圖 7-3-55）

2.弓步挑捌

隨即腰胯鬆沉前進，重心前移至右腿，左腳收回，經右腳內側向左前方上步，腳尖微內扣；迅即重心向左腿移去，弓腿進身，帶動左臂由下而上弧形上舉（含捌意），伸於左前方，掌心向下；在左臂活動的同時，右臂隨之移動，置於胸前，掌心向下（含按意）。此時成左弓步舉臂勢，身正前視。（圖 7-3-56）

3. 退身平捋

隨即鬆腰坐胯，重心後移右腿，鬆沉退身，並向右旋
胯轉體，帶動兩臂鬆肩垂肘，左手俯掌，右手轉腕仰掌，
向右側平行回捋，捋至右側約 30°偏東南，身正前視。
（圖 7-3-57）

圖 7-3-54

圖 7-3-55

圖 7-3-56

圖 7-3-57

4. 弓步穿肘擠

當上勢平捋將老之時，迅即向左旋胯轉體，回轉至向東，帶動兩手、兩肘向下鬆沉並雲摩至胸前蓄勢。隨即鬆腰沉身，重心向前移動至左腿；同時左臂轉腕旋胯、滾沉肘翻，從圈中穿出，以肘催臂促掌，向前上方擠出，謂之加肘擠；右手翻腕俯掌，跟隨左肘之後以助擠勢；同時右腿伸展，成左弓步加肘擠勢，前後重心比重為前六後四，身正前視。（圖 7-3-58、圖 7-3-59）

圖 7-3-58　　　　　　　　　圖 7-3-59

注意：上述退身平捋與弓步肘擠所經線路是劃一平圓，中間不可停頓。這裡是為了行文方便，才分列介紹。

右式：

1. 後坐蓄勢

承上動。隨即腰胯鬆沉，重心移至右腿，向右旋胯轉體，帶動左手轉腕俯掌，向後、向下鬆沉下捋，與右掌會合於腹前抱球蓄勢，左腳尖向外撇約 30°，身正前視。

（圖 7-3-60）

2. 進步上擠

隨即鬆腰沉身，右腳向前進步，兩手劃圈前擠。練法
與左式相同，唯左右方向不同。（圖 7-3-61）

圖 7-3-60　　　　　　　　　　　　圖 7-3-61

【呼吸行氣】

1. 一般呼吸

動作 1「轉身右抱球」為一吸一呼。動作 2 的「上步
舉臂」也是一吸一呼。動作 3「退身平捋」為吸，接著
「弓步肘擠」為呼。平捋與前擠緊密相連，在一圈內完
成，合為一個吸呼。

2. 拳勢呼吸

依拳勢需要，調節呼吸節律。例如，在練習平捋與前
擠時，若要練習加肘擠的發勁，可以讓平捋時的吸氣深長
些，充分蓄勁，而在弓步前擠發勁時，則可短促地一呼而

出，氣透指尖。

3. 臍輪調息

時刻留心臍輪吸氣、命門呼氣。尤其在加肘擠發勁時，要命門一沉，腳掌一踏，一呼而發。

【內功心法】

1. 變在環中

動作 2、3、4，實際上是連續一個圓環，一切變化都在圓環之中。例如，弓步舉臂含掤意，右轉平捋含左捋右採，再變向左、後後回轉則含按化之意，接著突然加肘穿化前擠，這一圈之中，忽右忽左，忽前忽後，忽上忽下，忽掤忽捋，忽按忽擠，隨機應變，難以揣測。所以口訣說：「變在環中難測他。」

因此，不斷增強隨機應變的心法意識，是練習好此式的要訣。

2. 加肘一擠

加肘擠，就是在穿化前擠時，加上用肘法，也可以說是以用肘為主的擠功。

肘法位居太極八法之一，其變法較多。本式雲擠手的用法，乃是沉、滾、擠三字也。

沉，即肘部向下鬆沉。例如，當動作 3 右轉平捋，再向左後方回轉按化時，左臂鬆肩，肘部下沉。這一沉肘，可以加強按化之勁。

滾，即肘尖旋轉滾翻。在沉肘的瞬間，邊沉肘邊滾肘，帶動前臂及手掌翻轉。此一滾肘，乃用肘進行捋化也。

擠，即用肘之勁發動擠。當上勢沉肘、滾肘得機得勢之際，迅速用肘催動前臂及腕背從圈中穿出，向前上方擠去。注意前擠時必須讓肘部與前臂著勁，腕背與掌指領勁，否則擠勁勢必落空。

所以，練習此式時，意勁不可稍離「加肘一擠」肘字，也就是不可離開沉、滾、擠三字。

3. 鬆柔圓活

若要加肘擠得法，必須周身放鬆，腰胯為軸，沾連黏隨，虛實互變，才能變在環中，得心應手。可參照前式相關心法。

【實用舉例】

加肘擠，可用於定步四正手推手。以左式順步為例，當雙方兩臂進行掤擠捋按劃弧時，我之兩臂在由左向右轉環之擠，若得勢，即可運用上述「沉、滾、擠」的心法，突然變向，穿化肘擠，往往能把人擠出。

│第八式‧倒捲手（右左右）│

【拳招釋義】

此式取自本門養生太極十三式中的倒捲楊柳並加退步而成。它在外形上與「倒攆猴」相似，但用意及練法卻有獨到之處，其要害在於對倒捲二字的理解。

倒者，退步後撤之意。此處不用「退」字而取「倒」字，是寓進退顛倒過來，以退為進之意。捲者，即手腕向後絞捲，化發合一也。

久練此式，可柔活雙腕，舒展兩臂，鬆活腰胯，尤其能訓練進退協調、退中寓進的勁意。

【行功歌訣】

搬腕捲手退即進，
螺旋倒捲似有神。
旋胯換勁若得法，
四兩撥千一氣成。

【動作分解】

1. 後坐合掌

承上式。腰胯鬆沉，微向左轉，重心後移至左腿，帶動右手內旋翻掌，微向後捲，掌心向下，指尖向前；同時，左手外旋翻掌，掌心朝上，與右掌前後相合，成右虛步合掌勢；身正前視。（圖 7-3-62）

圖 7-3-62

2. 退步倒捲

上動不停。重心全部移寄左腿，隨之收回右腳，經左腳裡側向右後方橫斜撤步，其軌跡似<形。此即所謂退步要橫也。後退之腳，先腳掌著地，然後全腳踏實，重心移向右腿，腳尖斜撤 35°～40°。

在退步過程中，向左旋胯轉體，帶動右手向外轉腕旋膀，向後倒捲，邊旋邊卷邊倒

圖 7-3-63

收，右掌收置於腹前，掌心朝上，指尖向前；同時，左手在身前小幅劃弧，掌心向前；身正前視，蓄勢待發。（圖 7-3-63～圖 7-3-65）

圖 7-3-64

圖 7-3-65

3. 換勁撲掌

上動不停。繼續旋胯轉體，重心移至右腿，勁意由右胯根經過尾閭轉移至左胯、左腿、左腳掌；隨著旋胯換勁，重心前移左腳約四成，帶動左掌前探撲出，身不前俯，注意外三合。此時為左虛步左撲掌，身正凝神。（圖7-3-66）

圖 7-3-66

4. 左倒捲右撲掌

上述三個分解動作是右式倒捲手。此為左式。動作與動作2、3相同，唯左右不同而已。（圖7-3-67～圖7-3-71）

5. 右倒捲左撲掌

動作與上述右式倒捲手相同。（圖7-3-72）

圖 7-3-67

圖 7-3-68

圖 7-3-69

圖 7-3-70

圖 7-3-71

圖 7-3-72

【呼吸行氣】

1. 一般呼吸

一次倒捲為一吸一呼。以右式為例：當右步倒退，左手捲退之時進行吸氣。簡言之，退捲吸氣。

當換勁撲掌之時，是為呼氣。簡言之，撲掌呼氣。

2. 拳勢呼吸

如果拳勢需要，可調節呼氣頻率。退捲撲掌的一吸一呼可調整為吸長呼短，即退步捲手時，吸氣可深長些；撲掌發暗勁時，呼氣可短促些，氣透掌指。以此類推。

3. 臍輪調息

始終要意守臍輪，注意臍輪呼吸。退捲吸氣時，臍窩微微內斂；撲掌呼氣時，氣由命門前送。

【內功心法】

1. 捲中有搬

以右式為例：設若右手被人所執，我在旋腕捲手進行化解時，右手腕必須向外搬移，就是用大拇指領勁向外側搬過去，邊搬邊捲，捲中有搬，搬中有捲，方為得法。

2. 以肘領腕

搬腕倒捲時，必須上體中正，鬆肩垂肘，而且意在肘部，用肘部引領手腕倒，切不可手腕單獨行動，否則必受制於人。

3. 螺旋倒捲

倒捲手的勁意，應由腰胯旋轉及虛實變化產生的螺旋形態來發動。如右式倒捲，向右倒捲，向右旋胯轉體，重心後轉移至左腿，使上體向右側身坐腰，以此帶動旋腕搬掌及向右倒捲，產生柔中寓剛的螺旋倒捲勁。

4. 旋胯換勁

無論螺旋倒捲，還是換勁撲掌，其要害在於換勁是否得法。在動作之3的換勁撲掌中雖有說明，但還需詳述一下。

所謂換勁，就是勁路從前向後、從右向左轉移，或從左向右、從後向前轉移。其中腰胯鬆沉，左右旋轉，同時重心前後左右交換，是換勁的正常管道。

但在動作時必須注意，勁路要經過尾閭的旋轉才能實現換勁。這雖有難度，但只要明白心法，持之以恆，必能生效。

5. 鬆活手腕

手腕的放鬆與靈活旋轉，本屬周身放鬆的範疇，因此處顯得格外重要，故予單列。

倒捲手若手腕僵硬，怎能旋轉，更無法絞捲。為了手腕能夠鬆活，必須練習放鬆手腕的基本功，即轉腕、搬腕、纏腕三法。

6. 退即是進

從自衛防身來說，此式的功用在於以退為進，退即是進，進退合一。其內涵有三：

①不斷增強以退為進的意識，做到臨危不亂。

②倒捲必須得法。若能得法，倒捲本身就能化發合一，把人捲出。

③捲撲合一。即一手倒捲，一手前撲，兩手同時發動，同時到位，使倒捲與撲掌合一。

【實用舉例】

設若右手被人所執，我右手即用螺旋倒捲法化解反擊。同時左掌前探，或黏人肘部，擒拿其臂；或撲擊其肩部，視情勢而發。若能得勢得法，則不用撤步後退，也能把人從右側捲出去。

第九式・風輪手（右左）

【拳招釋義】

此式顧名思義，兩條手臂好像兩個風輪旋轉，左右揮舞掄圈，太極勁意暗藏在掄圈之中。風輪手的功用，既能訓練「勁在圈中」，又可舒展兩臂，鬆活關節，暢通氣血，健胃利肝。

【行功口訣】

> 兩臂掄圈擬風輪，
> 小圈大圈轉不停。
> 圈中自有勁意在，
> 黏隨化發任我行。

【動作分解】

1. 向右掄圈

承上式。隨即腰胯鬆沉，向右旋胯轉體，復向左旋胯轉體，旋轉一個來回，同時帶動變換重心，先帶動左腳內扣 45°，再促動右腳外撇 30°，重心左右互換。坐身膝微屈，成高架馬步；在腰胯左右旋轉、重心左右互換的過程中，帶動兩臂向下、向右、再向上、向左掄一圓圈，掄至左上方。（圖 7-3-73、圖 7-3-74）

2. 圈中推掌

承上動。隨即腰胯鬆沉，向右回轉，重心移向右腿約六成，帶動兩臂轉腕轉膀，順勢而下，向右側前方劃弧，

右手乘弧圈之勢向下、向右抄至腹前，掌心斜向上，手指斜向下，此時右掌在上、在前，左掌在下、在後，重心右六左四，成右側馬步右橫推掌態勢；身正，視右前方。（圖 7-3-75～圖 7-3-78）

圖 7-3-73

圖 7-3-74

圖 7-3-75

圖 7-3-76

圖 7-3-77

圖 7-3-78

3. 左圈推掌

承上動。當右掌橫推之勢
將老之際，腰胯隨之向左回
轉，再向右回轉，重心也左右
互換，帶動兩臂向左掄圈，然
後向左側方推掌。練法與右式
相同，唯左右方向不同。（圖
7-3-79）

注意：右圈與左圈之間切
不可停頓滯澀，務必圓活流
暢。

圖 7-3-79

【呼吸行氣】

1. 一般呼吸

動作 1 之向右掄圈為吸，動作 2 的圈中推掌為呼。左

式掄圈，以此類推。

2. 拳勢呼吸

依拳勢需要而調節。

例如，在掄圈推掌時，掄圈的吸可長些，推掌的呼可短促些，只要順暢通達就好。

3. 臍輪調息

意守臍輪，尤其在左右掄圈、圈中推掌時，更要注意臍窩呼吸，命門貫通，氣透兩臂兩掌。

【內功心法】

1. 輪軸在腰

口訣說：「雙臂掄圈似風輪。」這風輪的輪軸在哪裡？在腰胯。以腰胯的左旋右轉，帶動轉體掄臂，只有輪軸靈活了，風輪才能旋轉自如。其理法可參閱前面幾式的相關心法。

2. 勁意在圈

口訣說：「圈中自有勁意在。」這一圈之中暗藏哪些勁意？以右掄圈推掌為例：接退步撲掌勢，左掌從上向下斜落及右掌同時向下時為按；兩掌經腹前（掌心朝下）移動時為平捋。

兩臂向右、向上時為掤，即左臂屈肘上掤，右臂伸臂挑掤；兩臂再向左回轉時，右手逐漸轉腕旋膀，先捋後捌，左掌外旋含拿採之意。

兩臂再向下劃弧時，兩掌轉為俯掌，含下按之意。

右掌乘勢向右橫推時，為向前推撞之勁；左掌同時下抄時，為向前托擊之勁。

上述圈中勁意，並非絕對的，凝固的，而是相對的，可變的，一切要隨著形勢而變，所謂「練有定式，用無定法」是也。

3. 頂勁不丟

「虛領頂勁」是太極拳每式每招應普遍遵守的重要法則，本式像風輪旋轉，更要注意頂勁，否則輪子就會歪斜。

虛領，指頭部頸項的肌筋骨節要虛虛放鬆而又豎正；頂勁，指頭頂百會穴虛虛領起（輕輕懸拎之意），並與會陰穴保持垂直，成上下一條線。能虛領頂勁，就有利於立身中正，神貫於頂，內氣流轉。因此在風輪旋轉過程中頂勁萬不可丟。

【實用舉例】

若對方用右拳向我身前打來，我迅即鬆沉右轉閃身，帶動兩手掄轉，右手沾執其腕，左手沾執彼肘上部或近肩處，化其來勢，並乘勢上左腳套步，用腰胯旋轉之螺旋勁，沉身左橫掌發之。左橫掌既可按其肩發之，又可滑至其右腋發之。

| 第十式・單鞭（左右） |

【拳招釋義】

拳招取名單鞭，其說有三。

一說源自唐將尉遲恭「單鞭救主」的故事，後人加以引申，如弈林高手創作了「單鞭救主」的象棋殘局；武林

宗師創有「單鞭救主」的拳式劍招。

太極拳的單鞭由此演化而來，比喻兩臂前後展開，狀如長鞭揮灑擊發。

一說仿照鞭法，用單手擊敵之意。

一說一手勾手，一手穿拂面前而向前揮擊，猶如躍馬揚鞭之勢。

本門之單鞭有多種練法，如左右單鞭、斜單鞭、橫單鞭、活步單鞭，以及旋身單鞭等；勾手的練法又具捲腕旋掌勾拿的特點。

在實用上，既可前後呼應，又可左右開弓，以及套步插襠、手足並用等法。

單鞭一式，左右皆練，先左單鞭，後右單鞭，以期均衡發展。

【行功口訣】

> 長鞭揮灑占胸強，
> 捲腕勾手封來掌。
> 前後左右皆呼應，
> 手足並用方為上。

【動作分解】

左單鞭：

1. 旋胯磨圈

承上式。腰胯鬆沉，吸氣旋胯，自左向右旋轉一圈半，帶動兩手翻掌，掌心鬆空向下，在身前磨一圈半後，向右側方推掌而出，右掌在前，側橫掌，含橫推之勁意；

左掌在後，斜仰掌，含前鑽之勁意；同時，重心也隨著磨圈而左右變換，當雙掌向右磨推而出時，重心多半寄於右腿，上體也隨之微右轉約 25°，偏西南，坐身屈膝，上體中正，目視右側前方。（圖 7-3-80）

2. 轉身翻掌

承上動。腰胯鬆沉，向左側（偏東南約 30°）轉身，重

圖 7-3-80

心移向右腳，帶動右踵碾旋內扣約 30°，重心回移右腿，左腳尖微外撇；同時兩掌外翻，掌心均向上，向左右分開，左掌轉至指尖向南，右掌指向偏西南，形成左虛步展掌蓄勢狀態；上體中正，目視左手前方，關顧右手。（圖 7-3-81）

3. 長鞭揮灑（一）

承上動。隨即重心全部在右腿，穩定中心，腰胯鬆沉，向左旋胯轉體，轉至東，隨之左腿鬆膝提起，作勢欲邁（尚未邁出，腳尚未下落地面）；同時，左掌在前，向左移至指尖向東南，掌心斜向上；右掌在後，手腕內旋，向裡裹捲，作勢欲勾手尚未成勾手，五指斜向下；目視左手上前方，關顧兩手。

此時須立身中正，右腿穩定，頭頂虛懸，精神專注，切忌俯身低頭。（圖 7-3-82）

圖 7-3-81

圖 7-3-82

註：這是單鞭在行進中的短暫的過渡動作。

4. 長鞭揮灑（二）

承上動。隨即繼續向左旋胯轉體，轉至偏東北，左腳乘勢向偏東北跨上一步，先腳跟著地（含蹬意），再重心前移，左腿前弓，鬆沉進身，左腳全腳踏實，右腿伸展後蹬，成為左弓步；在上步進身的同時，左掌一邊外旋一邊坐腕立掌，伸臂向前切按，勁點在掌緣內側，掌型側立掌，掌心斜向前，指尖高不過眉，左手與左腿保持上下一致；同時右掌繼續向內裏捲勾手，成為勾手鵝頭掌型，一邊捲勾，一邊向右後方偏西南伸展（含勾手擊打之意），右手與右腿保持上下一致，兩臂前後呼應，同時到位，狀如長鞭揮灑。

但要注意，左掌前切與右掌向後勾擊，要靠腰腿帶動，同時發動，同步到位，連同鬆沉弓腿進身，要三位一

體，一氣呵成，中間不能絲毫停頓斷續，才能形成長鞭揮擊之勢。

圖 7-3-83

左單鞭定勢時，要「三尖相照」，即左手尖、鼻尖、左足尖的方向上下一致，並要肩與胯，肘與膝，掌與足上下三合；更要懸頭重尾酥胸鬆腰，開胯圓襠，中正安舒，意氣昂揚，勁貫兩掌，凝神前視，靜定蓄變。（圖 7-3-83）

右單鞭：

1. 回身沉肘

左單鞭定勢之際，隨即腰胯鬆沉向右旋胯轉體，從偏東北回身轉至面向偏西南，回轉 180°；同時兩腳跟向右碾轉（稱後輪轉），重心速移右腿，變成右弓步；以碾足回身之勢，帶動兩手同時動作；右肘下沉滾轉，邊滾邊收至右肋前，同時右勾手鬆開手指，旋腕成仰掌；左手同時向下劃弧抄至腹前，掌心斜朝上；上體中正，目視右手前方。（圖 7-3-84）

註：回身沉肘有三個要素，即碾足回身、右臂滾時收回及左手抄挒，這三要素要同時發動，同時到位，一氣呵成，中途不可停頓。

2. 收腳肘擠

上動不停。當右肘下沉至右肋前面之際，迅即鬆腰沉

圖 7-3-84

圖 7-3-85

身，重心全部前移至右腿，帶動右臂沉肘向前、向上銼擠而去，同時左腳收回，與右腳成斜開立步，兩腳間距 20 公分左右；上體中正，凝神前視右前方。（圖 7-3-85）

註：回身沉肘與收腳肘擠兩點分解，原本是一個動作，練習時不可分割停頓。為了把其中的過程說得細一些，才分別設目，切勿誤會。

3. 旋胯磨圈

動作與左式相同，唯右左手勢方位不同。（圖 7-3-86）

4. 轉身翻掌

動作與左式相同，唯左右手勢及方位不同。（圖 7-3-87）

5. 長鞭揮灑（一）（二）

動作與左式相同，唯左右手勢及方位不同。（圖 7-3-88、圖 7-3-89）

圖 7-3-86

圖 7-3-87

圖 7-3-88

圖 7-3-89

【呼吸行氣】

動作 1 的旋胯磨圈為二次吸呼，即向內磨半圈時為吸，向外磨半圈時為呼，這是一次吸呼；當再磨半圈向右側推掌時，先長吸再短呼。

動作 2、3 為一次吸呼，即轉身翻掌為吸，長鞭揮灑為呼。

1. 拳勢呼吸

依據行拳需要，調節呼吸節律，動作 1 的旋胯磨圈，後半圈的先小吸後長呼，就是拳勢呼吸的反映。如果練之日久，呼吸深長了，那麼可把緩慢磨圈的二次呼吸改為一次長細吸呼。如果遇到緊急情況，可在加快磨圈的情況下一次短促呼吸。

2. 臍輪調息

無論腹式呼吸或拳勢呼吸，都要以臍輪調息為中心，吸則臍吸，氣吸至命門，呼則命門呼送，注入丹田，布流全身。

【內功心法】

1. 臍輪內轉

在做旋胯磨圈時臍輪內裡也要隨著旋轉小圈；及至轉身分掌和弓步揮鞭，臍輪仍然要內裡轉一小圈，以便練拳與練氣煉丹結合，使氣及全身，勁貫兩臂兩掌及指尖，同時也可使帶脈微微受到鍛鍊。

這一臍輪內轉的心法，還適用於本套路其他招式。

2. 黏旋進掌

動作 3 的弓步左掌向前按切時，左前臂及左腕要有黏隨來手之意，並隨著腰胯左轉而向外微開，同時邊開邊旋腕翻掌，左掌弧形向前切推，切忌直線進發。這一過程，似長鞭盤龍揮灑，其關鍵詞為：黏、隨、旋腕、弧形。由於其外形動作微細，故習者要細心體會。

3. 捲勾拿打

左掌前進時，右掌要同步啟動：掌腕內旋，小指、無名指、中指、食指、拇指依次向內捲勾，捲至手指向裡時，隨即五指合攏，指尖向下，成吊手鶴頭掌型，不停頓地向後擊打，手腕與肩同高，鬆肩垂肘。

右手捲勾旋腕，內含勾拿封打之勁意。既可向內捲勾封拿來手而打之，又可一手勾拿，另一手打之；還可以向外捲勾封拿而打之。總之，右手的捲勾刁手內涵豐富，練拳時不可一滑而過，務必留心默察。

4. 注重尾功

動作 3 說到，在左腿前弓、後腿伸蹬、左掌前按的過程中，要尾閭前送。這一點是很重要的心法。

尾閭位於脊樑骨末端，俗稱「尾骨」及「尾巴根椿」，穴名長強穴。它身繫穩定中心及貫通上下的重任，即古拳論所謂「尾閭中正神貫項」是也。

先師曾把尾閭比作人體的秤砣，要求我們重視修練。這是很有見地的。俗語說一秤壓千斤，沒有秤砣的功用，怎能壓千斤。人體重量的前後變動，也必須靠尾閭來衡量，才能相稱；人體中心的變移，同樣要靠尾閭來調節，才能得體；尤其在腰胯為軸進行旋轉時，更要尾閭的墜而旋轉，才能轉得靈，轉得穩。所以先師戲稱它為秤砣功，要求我們認真操練。只說尾閭前送還不夠，還應說尾閭鬆沉前送。離開了「沉」字，就失去了秤砣的功用。秤砣由於墜而砣，才能一秤壓千斤。所以在弓步進身按掌時，尾閭必須鬆沉前送，方能見效。

尾閭功適宜本門太極拳各個招式，換句話說，各拳招

都要注重尾閭的功用。以下各式，除非特需，不再一一點明。

5. 鬆肩吐勁

當弓腿進身、左掌前按、右掌後勾，即將形成左單鞭之際，還要注意虛領頂勁、舒胸擴背、鬆肩垂肘坐腕、中正安舒等要訣。但其中鬆肩一訣容易被忽略，特提請注意。因為此時內勁要通向雙掌而出，肩窩是否鬆空是個關鍵，如果肩窩緊張，就會阻塞內勁的輸送。

所以，肩必須放鬆，而且還要微微一沉，用意念把內氣內勁從肩窩送達前後兩掌，這稱之為鬆肩吐勁。同時肘關節也要鬆活伸展，推動前臂前伸，促使內氣內勁順暢而出。

【實用舉例】

單鞭的動作雖然簡易，但用法的變化卻比較多。僅舉四例：

1. 側後反擊

若有人從我身後偏左處擊來，我迅旋胯轉體，帶動雙踵同時向左後方旋轉，左手上穿掤接沾黏來手，重心移寄右腿，左腳上步插襠，迅速弓腿進身，左手翻掌坐腕，向對方胸部或肩胛處反擊出掌，對方必被擊出。同時右手向右後方捲腕勾拿後伸，既可助左掌前攻發勁，又可防右後方發生意外。此時成左單鞭架式。

但要注意，轉身、掤接、上步、發掌，必須依照心法迅速快捷，一氣呵成，方能奏效。

若有人從我身後偏右處擊來，可按照上法，迅速右

轉，以右單鞭勢反擊。

2. 左右開弓

　　若有人出右腳插襠，同時拳擊我胸（面）部，我可迅速鬆沉腰胯，右手上穿，左腕外旋，勾拿來手，同時速上右步，速出右掌，向其胸部按切，多半能把對方發出。此時拳勢為正面右單鞭狀。

　　如果對方向自身右側閃化，我迅速順其勢向左旋胯轉體，帶動右掌內旋向其右方捌去，我左手執沾其右腕同時採之。這是單鞭變為採捌勢的一變。此時對方插入我襠的右腳反被我左腿管住而被絆倒。

　　若對方出左腳左拳攻我胸前，可依照上法，以右勾左掌反擊；彼若左閃，可照上法順勢發之。

3. 雙手鎖拿

　　若對方兩手抓我雙臂，意圖摔我。我迅速鬆沉腰胯，左右兩手上臂不動，隨其抓拿，而兩前臂及兩腕迅速向內勾手合攏（如單鞭之捲腕勾手），鎖拿對方兩臂，隨即乘腰胯鬆沉前進之勢，弓腿進身，用「雙峰貫耳」心法把對方發出或仰面跌出；或者可視對方的反應而捷速地旋胯轉體，向左旋或右轉把對方甩出。

4. 前後呼應

　　先講一個故事。1955 年夏季的一天早上，先師楊奎山在常州人民公園正與我們講解單鞭的用法變化，一位自稱外地出差來常州的朋友突然問：楊老師，單鞭後面的右勾手有什麼用，如果有人攻你後面的勾手，不是很被動嗎？先師當即回答：單鞭好比長蛇陣，可以首尾相顧，前後呼應。先師一邊說一邊演示前後變化的情形，並說：朋

友你有興趣，可以試試。

誰知先師話音剛落，那位朋友猝然發難，用右手抓住先師身後右勾手的腕關節上提，同時左手拿住先師的右肘，並出右腳管住先師右腳（即後伸之右腿）的外側，欲把先師向其右側後方捋摔出去或絆倒。

只見先師以迅雷不及掩耳之勢，腰胯迅速鬆沉右旋，帶動左右兩足踵，疾速右旋約 90°，左弓步立刻變為右弓步；同時左手回防，右臂迅速鬆沉滾肘，旋腕翻掌，解脫被執，反黏其腕，用螺旋寸勁，順勢沿隨其手向前發勁銼擠，反把對方擠出，只見對方雙腳離地而出。那人站定後，稱讚說：楊老師好功夫。

這個故事表明，單鞭的變化豐富多彩。為了訓練變化的意識，本門活步快太極中，除左右單鞭外，尚有右單鞭、活步單鞭、旋身單鞭，即 180° 大旋轉單鞭勢，還有轉身雙鞭（單鞭可變雙鞭）以及左右捧月，即左弓步快速旋踵變右弓步兩臂弓步雙捧等。

第十一式・雲開手（左三右三）

【拳招釋義】

雲手者，兩手左右運行、上下盤旋，宛以流雲旋繞，故名雲手。

本門太極有雲手、雲開手、雲合手、原地雲手、進步雲手、退步雲手、行步雲手八種，各有勁意。雲手，內含掤、捋、按三勁；雲開手則再增一擠勁。這裡練的是左移步雲手及右移步雲開手兩種。

久練此式，可堅實腰脊，靈活身手，柔化臂膀，疏通關節，更能促進氣血流暢，活力增強。也可作為養生功法單獨操練，用動中求靜的心法修心養性。

【行功口訣】

上下左右轉雙輪，
雲霧繚繞入美境。
中正不阿腰腿勁，
氣血流暢消百病。

【動作分解】

1. 回身沉肘，收腳肘擠

承接右單鞭勢。腰膝鬆沉左旋，向左（東）回身，同時兩腳跟碾轉（後輪轉），隨之右腳收回，與左腳開立；左臂前擠，練法與上式左單鞭轉向右單鞭的動作相同，僅左右手勢及方位不同，可參照第十式右式的動作 1、2 練習。（圖7-3-90）

圖 7-3-90

2. 小馬步右雲手

承上動。腰胯鬆沉，小開立變成小馬步，向右旋胯轉體，帶動兩手雲行，右手上掤向右雲手，指尖與眉同高，雲手至右側（向西），旋腕翻掌變成俯掌，手臂平伸，鬆肩垂肘；左手隨之下按，隨雲轉抄掖至右腹前，掌心斜朝

上，此時面向西，成小馬步雲手；重心六成在右腿，身正前視。（圖 7-3-91、圖 7-3-92）

圖 7-3-91

圖 7-3-92

3. 左雲手（一）

隨即腰胯鬆沉，重心全部移寄右腿，左腳向左後（東）橫開一小步，重心漸漸移向左腿成中馬步；同時，向左旋胯轉體，帶動左手上掤向左雲手，掌心向內，指頭斜向上，與眉同高，經臉前雲至左側（東方）變成俯掌；同時，右掌下按（與左手上掤之勢上下交錯），隨同左轉向左掖掌至左腹前，掌心斜朝上；此時成中馬步左雲，身正前視。（圖 7-3-93～圖 7-3-96）

圖 7-3-93

圖 7-3-94

圖 7-3-95

圖 7-3-96

圖 7-3-97

　　上動不停。緊接著重心全部移寄左腿，提右腳向左方
（東）橫收一小步，先腳尖著地，再全腳踏實，腳尖微外
撇成小馬步，再向右回轉雲手至右側（西方），像小馬步
雲手，身正前視。（圖 7-3-97）

　　註：左雲手的計數，以左腳橫開一步、右腳收回一步

為一次，上述向左一開一放，即左雲手（一），餘不類推。

4. 左雲開手（二）

當上勢雲手至西方時，重心全部移寄右腿，左腳再向左（東）橫開一步，向左旋胯轉體，向左雲手，再收回右腳，向右回轉雲手，練法與左雲手（一）相同。

5. 左雲開手（三）

當第二次左雲手完成之際，立即做第三次左雲手，練法與第一、二次相同。

6. 右雲開手（一）

當第三次左雲手完成之際，迅即腰胯鬆沉，重心全部移寄左腿，提右腳向右後方（西）橫開一步，隨即重心漸漸移向右腿，向右旋胯轉體，帶動雙手向右方雲開手，雲至臉朝南時，右手在上，掌心朝內，指尖與眉同高，左手在下，掌心斜向上，置於腹前，成大馬步雲手狀。（圖7-3-98、圖7-3-99）

圖 7-3-98

圖 7-3-99

圖 7-3-100

上動不停。繼續向右雲手，雲至向西時，重心全部移寄右腿，左腳收回右腳裡側，兩腳成小馬步；同時，右手乘勢向前上方肘擠（似第七式雲擠手的加肘擠），隨之旋腕翻掌變為俯掌，左手仍在腹前，隨轉體而掤掌；此時面向西，身正前視。（圖 7-3-100）

註：①右雲開手的計數，以右腳橫開一步及左腳收回一步為一次，這是第一次。以下類推。

②左腳收回、右手向前肘擠的動作，是本門太極拳雲開手的特點，內含劍神劍意，使雲開手掤捋擠按四勁齊全，較左雲手多了一個擠勁。此點務清注意。

7. 右雲開手（二）

右雲開手（一）完成後，隨即重心移向左腿，左手上掤，右掌下轉，馬步向左雲手至面向東，左手在上，旋腕翻掌成俯掌，右掌在下作掤掌狀，置於左腹前，上體中正，目視前方（圖 7-3-101）。隨即鬆沉腰胯，重心全部移在左腿，右腳乘勢向右（西）橫開一步，再收左腳，向右雲開

圖 7-3-101

手，練法與右雲開手（一）相同。

8. 右雲開手（三）

當右雲開手（二）完成之際，迅即做第三次右雲開手，練法與一、二次相同，但須雲手至面向正南時方算完成。（圖 7-3-102、圖 7-3-103）

圖 7-3-102　　　　　　　　　　　　　圖 7-3-103

註：左三右三計六次雲手，應綿綿不斷，循環不息，如雲霧繚繞，不能因分開敘述而分割停頓。

【呼吸行氣】

1. 一般呼吸

動作 1 為一吸一呼，動作 2 是吸。接著左腳向左橫開步為呼，向左雲手為吸，收回右腳為呼。就是說動作 3 的「左雲手」（一）為呼、吸、呼。以下兩次左雲手類推，三次右雲手也是如此。初練時，如感不順，可用小呼吸調整，切忌屏氣、憋氣。

2. 拳勢呼吸

可依行拳需要調節呼吸頻率，今後若要進一步練習以氣運身，可放慢速度，深長呼吸，細細體會。

3. 臍輪調息

心氣運身，練氣化神，都要從臍輪調息著手。當兩手隨著旋胯轉體而左右雲手時，要意守臍輪，臍窩呼吸，並且意想臍窩內的內氣也在轉小圈，氣流周身，運於兩臂，達於兩手。

【 內功心法 】

1. 開勁小言

雲手、雲開手、移步雲手等式，兩手都是由內向外掄圓圈，含向外開展之意，稱為開勁。不過這是外形動作的開勁。我們練拳必須內外兼練，而且要著重注意內在開勁的訓練。

內在的開勁，是指意、氣、神及內勁等方面的外開之勁，兩手劃圓雲行，都是由意、氣、神引領的，所謂由內促外也。

開勁用之於推手等實際，可用「逢入必開」四字概括，即化開對方來勁之意，屬於化勁的範疇。

有開必有合，有合必有開，從一定意義上說，太極拳是開合之道。開者為陽，合者為陰，一陰一陽謂之道。有的拳式側重練開勁，如雲手，有的拳式側重練合勁，如後面的「雲合手」，但每個拳式都含開合，能懂開合，便能知陰陽，此等原理及心法，要細細體察。

2. 分清勁意

兩手運行一圈之中含有掤、捋、按及撩掖等勁意，左右皆然。以由左側向右側雲手為例：左掌朝下按至腰部高時為按，繼續往下，經左胯抄至小腹時為撩掖，此時左掌心斜向上；右手在左手下按的同時，向上弧形掤起，掤至將近眉高時為掤；接著向右旋轉劃弧時為捋，雲開手時加一肘擠。從右側向左側回轉雲手時，上下之勁意相同，僅左右不同。

3. 以腰帶手

以腰胯的旋轉為原動，帶動兩手運行，是太極拳內功心法的核心之一。在第六式金童推手中已作介紹。

此式不同之處，在於馬步腰胯旋轉雖然與弓步旋轉腰胯原則相同，但練法有差異。馬步之兩腿宛如立樁地下，腰胯轉動時兩腿不能晃動，因而增加了轉動腰胯的難度，逼得你非開胯（鬆開寬關節）鬆腰不可，否則就旋轉不靈。此其一。

其二，腰胯旋轉幅度較大，要從左側（東向）轉向右側（西向），再從西轉到東，因而帶動兩手所劃之圓圈幅度也較大。

4. 中線中定

無論左旋右轉，始終要以身中垂直線為中軸，腰脊鬆豎，保持中定態勢，不能搖，不能晃。尤其在移步變換重心時，上體容易搖晃，更要注意中定，做到懸頭垂尾，收住尾閭，以便「尾閭中正神貫頂」。

5. 鬆柔圓活

兩臂關節完全放鬆，肌肉也要柔軟，不能僵硬，肩要

鬆沉，肘要下墜。劃圓時毫不用力，只在意念引導下，由腰胯帶著雲行，所劃之圓環不能有凹凸，無使有斷續處，而且還要注意手腕之旋轉。

以右手向右雲手為例；當右手在左側上掤並向右側捋轉時，手腕要隨之徐徐外旋，掌心逐漸翻向外；當雲到右側下按時，掌心旋轉朝下成俯掌。因此不僅要鬆肩垂肘，而且還要活腕鬆指，方為得法。

6. 雲霧繚繞

兩手上下劃圓，左右往來，如同行雲繚繞，循環無端。要意想自己似乎在騰雲駕霧，輕靈飄忽，毫無阻滯，逐步進入天人合一佳境。

【實用舉例】

1. 接勁掤化

若對方用右手擊我胸部，我即腰胯鬆沉，向右旋胯轉體，帶動右手上掤接勁，並隨勢轉腕旋胯捋化，化至來勁將盡之際，迅即翻掌前按，將對方按出。

2. 順勢掖擊

若對方用右拳由身前擊來，我右手上掤接勁揉化，側身迅即上左步套腳，左掌乘勢掖擊其肋腹部，必能奏效。

第十二式・野馬分鬃（右左）

【拳招釋義】

拳名取自野馬奔騰時馬鬃飄飛的意象。要求兩手先合

（蓄）後分（發），順勢上步，如奔馬之鬃左右分列。

太極八勁八法中，此式占有挒、採二法，同時訓練內氣之聚蓄與外散。

本門太極，有左右分鬃（或換步）、前後分鬃、行步加圈分鬃等數種。此式係左右分鬃。

【行功口訣】

抱球蓄勁轉臍輪，
順勢套步鬆沉進。
內氣吞吐馬分鬃，
立樁貫神著法成。

【動作分解】

右式：

1. 抱球蓄勁

承上式。當第三次雲開手之左手雲至左胸前時，重心移向右腿，腰胯右轉，帶動左腳內扣，然後重心立即回移左腿，繼續右轉，帶動右腳尖外撇，當右轉至面向西時，迅即向左回轉，如此旋胯轉體一圈；同時，兩手隨著腰胯轉圈，翻腕旋轉，左手在上，右手在下，成左抱球；並吸臍、沉尾、蓄勁，上體中正，目視前方。（圖 7-3-104、圖 7-3-105）

2. 轉身上步

承上動。一經蓄勁，立即右轉，右腳趁勢向前（西）上步，腳跟著地。此時重心在左腿，兩手合抱，中正前視，蓄勢將分。（圖 7-3-106）

3. 進身分鬃

　　承上動。立即向前弓腿轉腰，鬆沉進身，帶動兩手上下交錯分展，左手黏人手腕，含下採之意，右臂（側仰掌）伸插人腋下或領際處，立即弓腿轉腰弧形斜掤外捌，中正前視。（圖 7-3-107）

圖 7-3-104

圖 7-3-105

圖 7-3-106

圖 7-3-107

左式：

1. 後移抱球

承上動。重心後移左腿坐實，腰胯向左復向右旋轉，帶動兩手轉圈成右抱球狀；中正前視，蓄勢待變。（圖 7-3-108、圖 7-3-109）

圖 7-3-108

圖 7-3-109

2. 轉身上步

承上動。繼續右轉，右腳外撇約 30°，隨即重心前移右腿，左腳上前一步，腳跟著地，此時重心在右腿，兩手合抱，蓄勢待分；中正前視。（圖 7-3-110）

3. 進身分鬃

承上動。練法與右式同，唯左右不同。（圖 7-3-111）

圖 7-3-110

【呼吸行氣】

1. 一般呼吸

動作 1 抱球蓄勢，前半圈為吸，後半圈為呼。動作 2 轉身上步為吸，動作 3 為進身分鬃呼。

2. 拳勢呼吸

動作純熟後，可以加長呼吸，動作 1 可做一次吸；動作 2、動作 3 做一次呼吸。

圖 7-3-111

3. 臍輪調息

呼吸時，意守臍輪，由臍輪調息，臍窩內轉。

例如，動作 1 的抱球蓄勢，在腰胯旋轉一圈時，臍窩要同時內轉一小圈，促使內氣騰然，進身分鬃時則內氣吐呼，佈於兩臂。

【內功心法】

1. 鬆沉進身

在弓腿轉腰、進身分鬃時，要按照腰胯鬆沉旋轉法及鬆沉進身法運作，不可輕浮直進。

2. 弧形挒採

分鬃之兩手，先要分清勁意，在下、在後之手含有採意，在前、在上之手含有斜掤外挒之勁。再則兩手（特別是前手）要勁走弧形，即兩手在完全放鬆的狀態下，由重心前移及腰胯外旋而帶動，在上之手弧形外挒，切忌直去

直進，這是捌勁能否奏效的關鍵之一。

3. 貴在立樁

所謂立樁，是指兩腿、兩腳宛如木樁釘立地下。

這一立樁，在弓腿轉腰手臂外捌時特別重要。當轉腰捌出之時，兩腳、兩腿不能晃動，必須像樁立於地，鼎立不動。尤其要注意弓腿的膝必須與腳尖保持垂直線，不可因腰胯轉動而牽連晃動，要使小腿像木樁立地，大腿如大梁橫架，穩如泰山，毫不動搖。

這是捌勁（外捌與內捌）成功與否的又一大關鍵。

4. 踏勁吐勁

在第一式太極起勢中已提到這一心法。不過那是兩腳並行開立時的踏動，而本式則是弓腿進身時的踏動，原理雖一，過程有異。也可以說，前者是原地踏步的踏動，後者是前進中（運動中）的踏動。

這一踏勁動作的核心是三個「一」：當旋胯轉體、弓腿進身採捌之際，命門一沉，腳掌一蹬，雙手一發之勁，即為踏勁，它表現在分手勢上的勁稱為捌勁。從這一點來說，踏勁是捌勁的後盾。如果踏動用於別的拳式，則表現為相應的勁別。

但是，踏動必須與內氣轉換、鬆沉腰胯及兩腿立樁為條件，否則立樁不穩，就無從踏起。

5. 力偶效應

野馬分鬃雖以訓練捌勁為主，但必須以採勁相輔，才能使被捌者身體旋轉而被拋或傾倒。

這一心法，符合現代力學原理。很多人知道，凡是兩個平行的力，其大小相等、方向相反者，在力學上稱作

「力偶」。力偶能使物體旋轉。太極八勁八法之一的挒法，暗合此力學原理，並兼具合力與慣性等作用。

因此，在練習野馬分鬃時，意念上必須明確，下採之手與上挒之手，其勁必須大小相等、方向相反，同時發揮作用；但上下兩端之勁又要相互錯開，以免自身的兩勁相互抵消。

這一要求似乎難以掌握，其實在具體運作時，只要用腰胯旋轉作為主宰進行調節，就可以達到。

以右式野馬分鬃為例，當抱球蓄勁轉變為上步進身分鬃時，按「欲右先左」的法則，腰胯先向左微轉，再向右旋胯轉體，帶動兩手分鬃採挒，這樣，就能使上下兩端挒採之勁相互錯開。

但在這過程中，要始終貫徹「腰胯帶手」法則，兩手必須隨腰胯而轉動，尤其要注意左手採勁之意念不能疏散，以免造成圓環有缺而失效。

6. 勢若驚雷

野馬分鬃在使用時，其一採一挒之勁，必須依照「挒要驚」的法則，動作迅猛突然，要有迅雷不及掩耳之勢。因此，在練習拳架時，必須有「挒要驚」的意念，尤其在沉腰踏勁外挒的瞬間，雖然外形動作無驚雷之勢，但驚雷的勁意要十分明確，此即所謂「練時無人若有人」是也。

【實用舉例】

1. 定步挒採

定步推手時，假設對方用右手推我左肘，我左手趁勢在對方右臂上循弧線挒採之（我左手要鬆柔）。此時對方

左手又同時在我右臂上加力，我右手立即借勢在對方左胸上（或借用他的左臂）循弧線向彼右方推挒之。

這樣，我之採挒兩勁同時在對方身上發生作用，使其上體向右旋轉而被甩或傾倒。

但要注意，達種左採右挒，必須由旋胯轉體及踏勁來帶動，單憑兩手是難以奏效的。

2. 換步採挒

假如我與對方面向站立，對方上右步，出右拳向我打來，我立即腰胯沉旋轉，退右步（半步或一步）、斜閃身，並用右手黏採其右腕；同時上左腳套在對方右腳外側或裡側。這就是換步閃身接勁進身之法。

在此同時，我左臂迅速穿入對方右臂下，伸插至對方胸部，快捷地向左挒去，促使對方失中而傾倒。些時，由於對方前腳（右腳）被我右腳套牢，加上我的動作迅捷，彼無法抽足退身，欲避無門，不得不仰身下跌。

｜第十三式·雲合手（左右左）｜

【拳招釋義】

雲合手與前招雲手同屬「雲手」範圍，不同處主要在開與合的區別。開合二字，雖有不同，更有聯繫，雲手是從內向外之「開」勁，而本式則是由外向內的「合」勁。此外尚有馬步與弓步的區別。

雲合手（弓步），同樣要求兩手之運行如同流雲繚繞，綿綿不息，以雲去體內臟肺混濁之氣，並訓練太極拳之「合勁」。

從總體上來說，太極拳就是開合之拳，處處有開合，式式有開合，本式不過是重點練習合勁而已，而且合中寓有開意。

【行功口訣】

> 合則為圓圓又開，
> 開開合合意氣君。
> 輕靈進退似流雲，
> 陽變陰合混元勁。

【動作分解】

1. 左式雲合

承上式左野馬回頭。腰胯鬆沉右轉，重心後移至右腿成左虛步，帶動左掌左臂向內劃弧合攏至右胸前，掌心向下；同時，右手從下向右側上前方劃半弧，掌心斜向內，手指與肩同高，身正前視。此為左虛步雲合手。（圖 7-3-112）

隨即重心回移至左腿，鬆沉弓腿進身成左弓步，帶動右手繼續向內劃弧合攏至左胸

圖 7-3-112

前，左手同時向下（含合意）、再向上劃弧至左側前方，掌心斜向內，手指與肩同高，身正前視。此為左弓步雲合勢。（圖 7-3-113）

　　上述左虛步合與左弓步雲合實為一次雲合，其中弓步與虛步的轉換及兩手之雲合交換應上下相隨，協調一致，不可斷續停頓。

2. 右上步雲合

　　隨即腰胯鬆沉，重心全寄左腿，右腳收回左腳裡側，隨之向右前方上一步，先腳跟著地，再隨著重心前移右腿而全腳踏實，成右弓步；同時，左掌、左臂趁勢向內合攏至右胸前，右手向下、向上劃半弧至右側前方。此為右弓步左合手。（圖 7-3-114）

圖 7-3-113　　　　　　　　　　　圖 7-3-114

　　接著，重心移至左腿，向後退身成右虛步；同時，右臂向內合攏至胸前，左臂劃弧由下而上劃半弧，至左側前方，掌指與肩同高，此為右虛步右合手。（圖 7-3-115）

　　接著，重心又回移至右腿，成右弓步，同時左掌左臂趁勢向內合攏至右胸前，右手向下、向上劃半弧至右側前方，又恢復到右弓步雲合。（圖 7-3-116）

圖 7-3-115

圖 7-3-116

　　上述右弓步變右虛步，再變右弓步雲合，是左右手一次雲合手，其重心前後變換及兩手左右雲合應連綿不斷，不可停頓。

3. 左上步雲合

　　隨即左腳收回右腳裡側，再向左前方一步，先腳跟著地，再隨著重心前移而全腳踏實成左弓步；同時，右手趁勢向內劃弧合攏至左胸前，左手向下、向上劃弧至左側前方，成左弓步右合手。（圖 7-3-117）

　　接著，腰胯鬆沉，重心仍寄左腿，向右旋胯轉體，帶動左手向內劃弧合攏至右胸前，右手劃弧至右側前上方成左弓

圖 7-3-117

圖 7-3-118

圖 7-3-119

步左合手，身正前視（圖 7-3-118）。接著向左旋胯轉體，作右雲合手勢。（圖 7-3-119）

　　綜觀動作 1 至動作 3 的雲合全過程，是兩掌、兩臂左右交替向內劃弧雲合，隨著重心變換和步法變動，做虛步雲合與弓步雲合綿綿不絕，協調一致。

【呼吸行氣】

1. 一般呼吸

　　動作 1 為一吸一呼，即虛步為吸，弓步為呼。

　　動作 2，右上步為吸，後坐虛步為呼，進身弓步為吸。

　　動作 3，左上步為呼，後坐左虛步為吸。

2. 拳勢呼吸

　　視拳勢快慢蓄發的需要調節呼吸頻率。例如為了「合勁」的發勁，可改為吸中有呼，即半圈吸、半圈呼，吸氣蓄勁稍長，呼氣發勁短促。

3. 臍輪調息

以臍輪調息為中心進行腹式呼吸和拳勢呼吸。初學者只要能做到意守臍輪，想著肚臍呼吸就可以了。

【內功心法】

1. 合勁小言

雲合手旨在訓練合勁，但合中寓開，整套太極拳是一開一合的圓形運動，只不過有的拳式明顯，有的含蓄而已。本式的「合」屬於明顯的一種，而且一招之中也有開合，一般情形是半圈為合，半圈為開。就本式來說，若是右手合，則左手是開，反之亦然，此所謂有合必有開，有開必有合是也。

開者為陽，合者為陰；動者為開，靜者為合，一開一合，就是一陰一陽，所謂一陰一陽之謂道也。此意與易理吻合。它又合於力學上的分力與合力，而且，開與合又是宇宙萬物常見的發展規律。所以，我們練習太極拳要知道開合的原理，增強開合的勁意。而本式則是以合為主，合中有開。

至於習武者常說的「外三合、內三合」，當然是很重要的內容，但還不僅僅於此，還要提高一步，加深一層。

應從意、氣、神、勁之開合上提高和加深。就「氣」之開合來說，吸氣蓄勁為之合，呼氣放勁為之開。要吸至意深神聚，放至勁足神往，便能功用一日，漸至從心所欲。要按此法則，檢驗雲合手之腹式呼吸及拳式呼吸是否得體，若稍感不適，迅即用小呼吸調節，務求呼吸順通，氣血流暢，精神奕奕。

2. 進退如貓行

進退邁步如貓行，是太極拳各招各式的共同要求。本式的進退，內容有二，一是身法的進退，二是步法之進退。動作 1 是身法之進退，它兩腳原地不動，弓步變虛步為退身，再由虛步變弓步為進身。動作 2、動作 3，上步為進身，虛步弓步互換為進退身。

兩種進退，都須腰胯鬆沉，虛實分明，按復式貓行步的心法進行。在進退時特別要注意，既要鬆沉腰胯，又要身法平穩，不能忽高忽低，且要放鬆膝關節和足踝，使之步履輕靈，宛似貓行。

3. 鬆沉旋轉

在進退之間，腰胯不僅要鬆沉，還要左旋右轉，右旋左轉，旋胯轉體，帶動兩臂左右雲合。若是只做進退，不問旋轉，直來直去，那就不是太極拳的練法。

4. 黏隨滾翻

雙手、雙臂必須完全放鬆，意想自己的手臂已經捨去，現在只是黏附在對方的手臂上，跟隨著他轉動而已。左轉動中，自己的前臂及手腕要同時隨之滾翻圓轉，但要注意手腕旋轉時不可倒腕，應平穩轉動。這些滾轉均須在旋胯轉體的帶動下進行，不可妄動。

5. 陽變陰合

以上各點都是為了修練「雲合」之意。開與合是宇宙萬物常見的發展規律。開者為陽，合者為陰，陽動而生變化，陰合而成和合，陰陽和合而生萬物。此式之意，在於「和合」，由陽變而至陰合。例如左手外開之際，即便是右手雲合之時。此時，要有合則為陰陽和合的意念，即以

意導形，有形有意，形神合一，乃至合於天象（天人合一），心靈昇華，返歸先天本性。

【實用舉例】

雲合手、原本是雙人推手中常見的一種技法訓練，現今作為套路中的一式，便於體用合一，而且可抽出來個人單練，還可雙人對練。

對練時，甲乙相對而立，各出右腳，雙手互搭，先轉圈數次，然後雙手分開，甲右手黏隨乙左手，乙右手黏隨甲左手，按照上述動作與心法做雲合手之運動。初練時只求輕靈放鬆，滾翻圓轉，不求發勁化勁，熟練後再逐步摸勁。

第十四式・野馬回頭（右左）

【拳招釋義】

野馬回頭，是野馬分鬃的一個變招，前半招是分鬃動作，後半招突然變勁為野馬回頭。

此式主要訓練大幅度旋胯轉體和充分舒展兩臂的功能，並培養突然變勁的意識，體會「動緩則緩隨，動急則急應」的勁意。

【行功口訣】

突生變異馬回頭，
大幅旋轉變臉去。
黏貼肩窩斜上飛，
立椿蹬足哼聲起。

【動作分解】

右式：

1. 回身抱球

承上式。重心全部移寄右腿，腰胯右轉，帶動身體向右後方（東）回轉；同時帶動兩手翻腕，並在胸前劃弧，左手在上，右手在下，劃成左抱球；隨即重心後移左腿，帶動右腳掌碾轉，成右虛步左抱球勢，身正前視。（圖7-3-120、圖7-3-121）

圖 7-3-120　　　　　圖 7-3-121

2. 上步分鬃

承上動。隨即右腳收回左腳裡側（腳尖虛懸），馬上向前（東）上步，漸漸弓腿進身；同時，左右兩手上下分開，左手（掌心朝下）徐徐向下、往後採去；右手（掌心斜向內）逐漸向上、向右斜分鬃，當右手分至將近胸高及成弓步時，準備迅速變勢馬回頭。（圖7-3-122）

3. 野馬回頭

承上動。當上動右手分鬃將至自己肩高之際，右掌突然改變方位，意想伸進對方腋下，己之腕背黏貼彼之肩窩（指尖向上）；同時沉身立樁弓腿，向右旋胯轉體30°~35°，帶動右臂向上、向右，並向後上方斜捌提拋。此時掌心向前，手背向後，指尖朝上，約與頭同高，眼神隨視，上體中正；同時左掌下按採於左側前，與右掌上下對稱。（圖 7-3-123）

圖 7-3-122　　　　　　　圖 7-3-123

動作 2 及動作 3，實際上是一個動作，中間切勿停頓。可參見本式行氣心法的拳勢呼吸介紹。

左式：

1. 轉身抱球

承上動。腰胯鬆沉，重心後移至左腿，向右轉體約30°，右腳外撇 30°~50°，隨即重心前移回至左腿踏實，左腳收回至右腳裡側，腳尖虛懸；在變換重心及右轉的同

時，右手翻掌抱於胸前，掌心向下，左掌翻掌掌心向上，
成右抱球狀；身正前視。（圖 7-3-124）

圖 7-3-124

2. 上步分鬃

練法與右式相同，唯左右方向不同。（圖 7-3-125、
圖 7-3-126）

圖 7-3-125

圖 7-3-126

【呼吸行氣】

1. 腹式呼吸（右式）

動作 1 的回身抱球過程為一吸一呼。

動作 2 的上步分鬃為吸。

動作 3 的野馬回頭為呼。

2. 拳勢呼吸（右式）

動作 2 及動作 3 實際上是一個動作，中間不可分離停頓，呼吸也是一次吸呼。由於野馬回頭有突然變招的勁意，所以，在回頭時速度應適當加快些，因而呼氣相應的短促一些。這在手勢上的表現並不很明顯，只是意念上的使招。

但是，如果把馬回頭作為單式練習發勁，那麼就可以表現得很明顯，呼氣更為敏捷，而且可以發出哼的一聲，有聲有色。

3. 臍輪調息

腹式呼吸與拳式呼吸都要以臍輪調息為中心，要時刻意守臍輪，按臍輪調息法進行。

左式的行氣與右式相同。

【內功心法】

野馬回頭的心法與野馬分鬃的心法大體相同，唯在馬回頭過程中有所不同。

仔細分析，馬回頭心法中有六點要素，必須「六點歸一」，才能奏效。

（1）迅速弓腿進身。

（2）左掌按其右腕，拽直其右臂；同時右掌伸插對方腋下，腕背緊黏對方肩窩，指尖向上，掌心朝前，手背向後。

（3）兩腿兩腳必須立樁地下，尤其是前腿前腳要紮穩釘牢，膝蓋不能超越腳尖，不能晃動。

（4）頂頭虛懸，尾閭下沉，快速向右旋胯轉體。

（5）兩腳特別是前腳之腳掌，要趁立樁下沉之勁蹬地踏勁。

（6）右手隨著上述五點之勢，迅速向上、向右側，並向後上方用斜捌提拋之混合勁，向右側後上方甩去，同時可發一聲「哼」（但盤架子不必發聲，可默然有此一念）。

【實用舉例】

（1）若對方用右拳擊我左胸，我即左閃身，左手黏扣其右腕，右手迅速插進其腋下肩窩，右腳上步弓腿，用六點歸一法迅速發出，可使對方刨根被提，向我右後方甩出。

（2）此法用於推手也有意想不到的奇妙作用。我的一位弟子，有次與人推手，在得機得勢之際，趁勢用「右野馬回頭」法向己右側後上方斜捌提勁，把對方提起，雙腳離地，懸空數秒鐘，此時對方完全陷於背勢，可拋甩、可擲放，但這是友誼切磋，那位弟子，就適可而止，輕輕放下，彼此握手言歡。

|第十五式・白鶴亮翅（右左）|

【拳招釋義】

此式兩臂左右分展，上下斜伸，似鳥之兩翼，而且一腳實，一腳虛，猶如鶴之獨立，故名白鶴亮翅。

本門的白鶴亮翅，由武當丹派第十代宗師李景林加以改進，故與他家有所不同。其不同點有三：

一是要用拔腰長身之勢帶動右臂提展；

二是在右臂提展過程中，掌腕要做螺旋內轉，邊旋腕邊提臂；

三是亮翅的掌形是鶴頭掌，而非扇形狀。

久練此式，可舒展臂膀，堅實下肢，開闊胸襟，進入白鶴凌空的妙境。

【行功口訣】

上下展臂鶴頭掌，
螺旋纏繞意味長。
拿住丹田又滾翻，
亮翅白鶴似飛翔。

【動作分解】

右亮翅：

1.跟步抱勁

承上式「左野馬回頭」之勢，腰胯鬆沉右轉一圈，重心移寄右腿，帶動兩手劃弧成左抱球，重心再向前移至左

腿，右腳跟前半步，先腳掌著地，再隨重心後移右腿而踏
實；兩手抱勁於丹田，同時左腳略前移，腳掌著地，腳跟
虛懸，成左虛步左抱球狀；面向正東，鬆肩垂肘，上體中
正，雙目前視。（圖 7-3-127）

2. 旋胯捲腕

承上動。腰胯鬆沉，向左再向右吸臍旋胯一圈，帶動
右掌內旋攪纏一圈，掌心向後，五指合攏斜向下，微微內
捲，似鉤非鉤，近似鶴頭狀，並微微前打，置於右腿前約
40 公分，左掌在上，隨之擺動劃弧；左腳跟仍虛懸，呈
高架左虛步捲腕勢，身正前視。（圖 7-3-128）

圖 7-3-127

圖 7-3-128

3. 拔腰展翅

緊接上動。邊旋腕，邊拔腰，催動右前臂弧形上提，
右掌鶴頭上拎，拎至頭部右上方時，右肘彎曲帶動鶴頭掌
向後打去，上體隨之徐徐上升，帶動左腳向後移動寸許，
腳趾沾地，腳跟虛懸；左手沿胸部向左下方採按，按至身

體左側，距左胯約 40 公分；上體中正，沉肩鬆肘，成拔
腰長身展翅式，雙目凝視前方。（圖 7-3-129）

4. 鬆沉亮翅

緊接上動。隨即腰胯和兩肩都向下鬆沉，尾閭下墜，
屈膝坐身，重心約八成寄右腿；左腳前移寸許，腳趾沾
地，腳跟虛懸，帶動右肘下沉，右前臂微前伸，右掌坐
腕，五指伸展，成鶴頭掌型，置右額側前方，略高於頭，
間距 40 公分左右，左掌仍按於左側，坐腕展指，成低架
左虛步亮翅式；氣沉丹田，兩臂鬆勁，懸頭墜尾，凝視前
方。（圖 7-3-130）

圖 7-3-129

圖 7-3-130

5. 聯貫一氣

上述動作 1 至動作 4 是一個完整動作，中間不能有絲
毫滯留停頓，應聯貫一氣。分作四點介紹，是為了把每個
過渡動作說清楚，避免一滑而過，敬請注意。

左亮翅：

1. 撤步刁腕

承接右亮翅。腰胯鬆沉微向右轉約 10°，帶動右掌五指上揚，向外捲腕刁手，含刁拿人腕之意；同時重心全部移寄右腿，左腳後撤一步，落於右腳內側之後，距離約 30 公分，重心隨之移左腿，成為高架右虛步，重心比例前三後七；目視右手前方。（圖 7-3-131）

2. 旋胯抱球

隨即向左旋胯一圈，帶動兩手向左再向右圓轉一圈，向前伸出，右手在上，掌心朝下，左手在下，掌心向上，成右抱球，與劍形抱球相似，面向正東。（圖 7-3-132）

圖 7-3-131

圖 7-3-132

3. 旋胯捲腕

隨即腰胯鬆沉，做左式捲腕，練法與右亮翅動作 2 相同，唯左右方位及手勢不同。（圖 7-3-133）

圖 7-3-133

4. 拔腰展翅

隨即做左式拔腰展翅，練法與右式相同，僅左右不同。（圖 7-3-134）

5. 鬆沉亮翅

迅即做左式亮翅，練法與右式相同，僅左右不同。（圖 7-3-135）

圖 7-3-134

圖 7-3-135

【行氣呼吸】

1. 一般呼吸

動作 1 為一吸一呼，即旋胯轉體劃弧為吸，虛步抱勁為呼；動作 2 旋胯捲腕為吸；動作 3 為先呼後吸，即拔腰提臂的前半式為呼，中途變為吸，拔腰應拔夠，吸氣應長吸；動作 4 鬆沉亮翅為呼，且要意、氣神合。左亮翅的呼吸與右式相似。

2. 拳勢呼吸

視拳勢需要，調節呼吸節律。動作 3 拔腰的先呼後長吸，就是拳勢呼吸。動作 4 亮翅的呼氣，應緩緩呼出，從掌指徐徐噴出，所吐之氣要隨著目光遠視而吐向遠處，同時提神凝目，身心鬆空，似乎進入凌空展翅之境。

3. 臍輪調息

上述呼吸時，都要意守臍輪，由臍窩呼吸。例如動作 3 及動作 4 的拔腰與亮翅，應由臍輪吸呼，尤其在亮翅呼氣吐勁時，要命門吐氣，從下返上，佈於兩手，出於掌指。

【內功心法】

1. 運氣纏腕

上述動作 1 及動作 2 的右手腕螺旋纏繞，要靠意氣的運行來帶動。即在跟步合抱時，意氣（臍輪）右旋一圈，帶動右掌腕外旋合抱；接著意氣（臍輪）左旋一圈，帶動右掌腕向內旋捲，成鶴頭狀。

而且，外旋右纏與內旋左纏中間不能停頓，即使外形

似停，意要連接，所謂勁斷意不斷，勁斷意可接是也。

還要說明一點，這種運氣纏腕，因其外形動作幅度不大，僅僅在手腕旋轉上有所顯露，容易被忽略，故而提請注意。其實其他各式均有螺旋運氣之意，都應注意。

2. 提上寓下

動作 3 要貫徹「如意要向上，即寓下意」的心法。即在拔腰提臂之初，就應做到「三下」：內氣下沉、尾閭下墜、左掌下按。使拔腰提臂之勢，寓有「三下」之意。以便「寓下」之意勁成為提臂上掤的動力及後盾，避免上提之勁淪為無本之木。

3. 命門下坐

動作 4 鬆沉亮翅時，命門要緩緩下坐，同時墜尾坐身，促動下沉之氣及意勁，由下返上，通至兩肩（須鬆沉）兩臂，右手坐腕展指吐勁，左掌鬆沉向下採按，頂勁凝神，使全身佈滿氣勁。

4. 虛靜凌空

口訣說：「亮翅白鶴似飛翔。」在做「鬆沉亮翅」態勢時，身心要完全放鬆虛靜，心無旁騖，只想白鶴凌空。

【實用舉例】

（1）若對方左手擊我右太陽穴，同時以右拳擊我胸、腹。我立即右臂提掤，沾接來勁，滾臂掤化，同時左手向下沾接彼右拳，往左側摟採。此時若得勢，即可用腰腿鬆沉之勁，由腰而脊而背達於手，上掤下採發之。

（2）上勢若得勢之際，也可提起左腳踢彼襠部攻之。

（3）若被對方抱住，可左手上穿黏捌其右臂，右手則下插其左臂、黏貼其左腰，趁勢向左旋胯轉體，帶動我左手向上、向左提捌而出，同時我右手腕外旋，捌對方腰部發放，必能危中反勝，把對方甩向我側方而去。

第二路

｜第十六式・進步摟膝（進三步）｜

【拳招釋義】

此式的全稱是進步摟膝拗步，簡稱進步摟膝。其特點是在步法連進三步、手法左右掩手（宛似貓洗臉）中進行摟推，體現了劍道入拳、步法靈活的特色。其餘理義，與下左換步摟膝同。

【行功口訣】

貓步斜行無聲息，
三步連進劍形掌。
旋胯轉體貓臉洗，
斜進正入勁意長。

【動作分解】

1. 旋胯左掩手

承上式。腰胯鬆沉，重心移向右腿，同時向右旋胯轉體約 25°，面向偏東南，帶動左手向內旋腕、翻掌、滾臂，經面前掩至右臉前方，掌心向內，宛似貓洗臉狀態；

右手隨著左掩手而微微劃弧向上，掌心向下，按在右胯前上方；上體中正，目視東南。（圖 7-3-136）

2. 左斜行右掩手

不停頓。右腳尖外撇約 25°，重心移向右腿，鬆胯沉身，輕提左腳，斜行進步（即左腳先收回右腳裡側，再向左前方進步擺落），隨即向左旋胯轉體，帶動右手上舉，經面前向左方掩手，掌心向內，宛似貓洗臉，同時左掌弧形下落，經胸腹前劃弧至右胯前上方，這是第一次進步掩手；此時，面向偏東北約 25°，身正前視。（圖 7-3-137）

圖 7-3-136　　　　　　　圖 7-3-137

3. 右斜行左掩手

隨即重心移向左腿，鬆胯沉身，輕提右腳，斜行進步（即先收回右腳，經左腳裡側再向右前方進步擺落），這是第二次進步。隨即向右旋胯轉體，帶動左手上舉，經面前向右方掩手，掌心向內；同時右手向下劃弧，經胸腹前

劃至右胯前方；此時面向東南約 25°，身正前視。（圖
7-3-138）

4. 左上步右屈肘

不停頓。隨即腰胯鬆沉，重心移寄右腿，左腳提起，
經右腳裡側向左前方（東）上一步（這是第三次進步），
腳跟著地；同時右臂屈肘，右掌心側向右耳，使掌、肩、
肘成為三角形；左手俯掌置於胸前，橫臂屈肘；目顧左前
方，蓄勢待進，身正前視。（圖 7-3-139）

圖 7-3-138　　　　　　　　　　圖 7-3-139

5. 進身左摟推

承上動。腰胯鬆沉，重心前移至左腿踏實，腰胯左轉
（正東），弓腿進身，成左弓步，帶動左手往下（指尖向
下）經左膝，弧形摟開對方進犯之舉（意想），隨之俯掌
按於左腿外側，掌腿間距約 10 公分，此為左掌下摟。同
時，右掌經右頰，先掌緣前切，中途變為俯掌，似劍形向
前方（東）推按而去，意想手指觸及目的時，迅速沉腰踏

實，坐腕斜立掌吐勁；身正前
視。（圖 7-3-140）

　　註：此式摟膝的步法是三
進步，即先左右兩步小幅進，
第三步左步大幅進步。在進步
中左右掩手，然後左摟右推，
聯貫一氣。

圖 7-3-140

【呼吸行氣】

1. 一般呼吸

　　動作 1 為吸，動作 2 為呼，動作 3 為吸，動作 4 為
呼，動作 5 為吸呼。

2. 拳勢呼吸

　　依照拳勢需要調整呼吸頻率。例如動作 5 的進身摟
推，其中弓腿進身過程的三分之二為吸，三分之一為呼。
但要注意，在沉身吐勁時的呼氣，應適當深長，意想內氣
從背脊通向兩臂，從手指及掌心吐出。

3. 臍輪調息

　　任何一個動作的呼吸，都要依照臍輪調息法行氣，尤
其注意在沉身摟推吐勁時，要意想命門下坐，內氣由下返
上而吐。

【內功心法】

1. 宛似貓洗臉

　　動作 1 至動作 3 的左右掩手，與形意拳的貓洗臉相
似，本式不同之處在於以旋胯轉體帶動兩手左右掩手洗

臉，以滾臂旋腕運開合化發之勁，同時雙目凝神，左顧右盼，身法中定。

2. 貓步斜行

三次進步都要像貓行步那樣輕靈柔和，無聲無息，掩手前進。而且第一次及第二次進步不宜直行，要貓步斜行，整個動作切忌步法滯重，拖泥帶水。

註：此外還有斜入正出、鬆靜沉轉、上下相隨、鬆沉吐勁等心法，與下式「換步摟膝」心法相同。請參閱。

｜第十七式・換步摟膝（右左）｜

【拳招釋義】

換步摟膝，有別於一般的拗步摟膝，是武當丹派太極拳寓劍神、劍意及招式多變的又一體現。

這一式的全稱是換步摟膝拗步，現今簡稱換步者，步法前後左右之變換也。右式練退一進一，即退左步，進右步，左右互換；左式，練先跟一，再退一進一，寓變化於進退之間。

這一式，實際上一手摟開對方下盤之進攻，一手趁勢向前上方推去，應稱其為摟膝推掌，但已約定成俗，仍名摟膝拗步。

取名拗步是以手足的方位而言，若右手及右腳均在前方，稱為順步，如右手在前而步子卻換成左腳在前，則謂之拗步。平時練的是拗步，使用時是拗是順視情況而定。還有一點，即雙手在摟推之前還有左右掩手的動作，這也是本門的特點。

　　此式訓練兩臂隨著身法、步法之變化而忽上忽下、忽左忽右、互為攻防的靈活性，以及活轉腰胯、鬆沉進身的協調性。

【行功口訣】

　　　　　換步摟膝步法靈，
　　　　　旋胯轉體掩手行。
　　　　　斜進正出人不知，
　　　　　下摟上推掌劍形。

【動作分解】

右式：

1. 右跟步掩手

　　緊接上式。腰胯鬆沉，重心移向左腿，帶動右腳跟上一步（此為右跟一）落於左腳裡側，重心後移右腿，左腳

圖 7-3-141

圖 7-3-142

變為虛；同時向左旋胯轉體，帶動右前臂豎起，向左轉腕滾臂，經臉前做掩手勢；同時左手弧形上舉於左前方，掌心斜向下，準備向右掩手。（圖 7-3-141、圖 7-3-142）

　　緊接著向右旋胯轉體，帶動左前臂豎起，經臉前向右做掩手勢，然後左掌置於右肩前，掌心向下；同時右手向下、再向上劃弧至右側上方，掌心向下，略高於胯，身體中正，向右偏東南。（圖 7-3-143）

2. 左退步掩手

　　承上動。腰胯鬆沉，重心移寄右腿，左腳退回一步（此為左退一），置於右腳附近，左腳尖外撇約 40°；同時向左旋胯轉體，帶動右前臂豎起，向內轉腕旋胯，經臉前做掩手勢；同時左手隨著身體左轉而移向左側，向左上方劃弧上舉，並轉腕旋胯，掌心斜朝上，指高於肩；此時重心移向左腿約五成，身體中正，目盼左手前方。（圖 7-3-144）

圖 7-3-143

圖 7-3-144

3. 上步左屈肘

隨即重心移寄左腿並踏實，身體繼續左轉至斜向左（偏北）30°~50°，腰胯鬆沉，右腳提起經左腳裡側，向右前方（東）上一步（此為右進一），腳跟著地；同時，左手屈肘收回，掌心側向左耳，使掌、肩、肘成為三角形，右手俯掌置於胸前，橫臂屈肘；上體中正，目顧右前方（東）蓄勢待發。（圖7-3-145）

4. 進身右摟推

隨即腰胯鬆沉，重心前移至右腿，右腳踏實，弓腿旋胯進身成右弓步，帶動右手往下（指尖向下）經右膝，弧形摟開對方進犯之舉（意想），隨即俯掌按於右腿外側，掌腿間距約10公分，此為右掌下摟；同時左掌經左頰，先切掌再變俯掌，似劍形向前方弧形推按而去，意想手指觸及目的時，迅速沉身踏勁，坐腕立掌吐勁，此為上推；此時身正前視。（圖7-3-146）

圖 7-3-145　　　　　　　　圖 7-3-146

換步左摟式：

1. 左跟步掩手

承上動。重心前移右腿，左腳跟進半步，此為左跟一；重心回移左腿，向左旋胯轉體，帶動右手上挑掩手，左手下落，劃弧上舉左上方；雙目隨視。（圖 7-3-147）

2. 右退步掩手

承上動。隨即腰胯鬆沉，重心後移至左腿，右腳趁勢收回於左腳後側附近踏實，此為右退一；在右腳收回踏實後，隨即向右旋胯轉體，帶動左手前臂豎立，旋腕轉膀，向右方掩手，掌心朝臉，經臉前置於右肩前；同時右手向下、再向上劃弧，並旋腕轉膀舉於右側上方，掌心斜向上，指高於肩，身正前視。（圖 7-3-148）

圖 7-3-147　　　　　　　　圖 7-3-148

3. 上步右屈肘

練法與右式同。（圖 7-3-149）

圖 7-3-149

圖 7-3-150

4. 進身左攬推

練法與右式同。（圖 7-3-150）

註：上述各項分解動作的進、退、跟等步法，以及兩手之左右掩手，應連綿不斷，協調進行，切不可停頓呆滯。

【呼吸行氣】

1. 一般呼吸

以右式為例，動作 1 的跟步為吸氣、掩手為呼氣；動作 2 的退步為吸氣、掩手為呼氣；動作 3 為一吸一呼；動作 4 也是一吸一呼。

2. 拳勢呼吸

以拳勢需要調節呼吸頻率。例如進身攬推，其弓腿進身過程的三分之二為吸，及至繼續進身，下攬上推為呼。這裡要注意在沉身踏勁、坐腕立掌吐勁過程中的呼氣，應

深長呼氣，氣經背心通向兩臂，從手指及掌心吐出。

3. 臍輪調息

依臍輪調息法行氣，刻刻留心守臍、吸臍。尤其在沉身踏勁吐氣時，要意想命門下坐，氣由下返上而吐。

【內功心法】

1. 旋胯掩手洗臉

參照上式進步摟膝的內勁心法。除貓洗臉外，還需注意「腰胯帶手」的招式，先是左右掩手，必須由旋胯轉體來帶動，下摟上推之雙手依然由腰胯轉動來帶動，切忌腰胯不轉而兩手擅動。

2. 換步輕靈

現在練習退一進一，及跟一、退一、進一，以及日後練習活步太極，都要做到步法輕靈，上下協調，進退有序，不可滯重拖沓。其中的關鍵，在於鬆沉二字。如果身體僵直，步法必然滯重，甚至拖泥帶水，只有腰胯鬆開，尾閭沉墜，起步才能輕靈。腰鬆尾沉是很奧妙的心法，要細心品味才能有所感覺。

3. 斜入正出

在下摟上推之前的瞬間，要先向右側（或左側）微微側轉含斜閃之意，即不動步微微旋胯轉體，隨即迅速回轉正前，進身摟推，這是斜入正出的進身法，是「左重則左虛」心法的一種體現，動作幅度很小，要細細體會，才能摸到勁意。

4. 摟膝要廣

向下摟膝之手，無論左右，其摟經的範圍須包括胸、

腹、膝等大片區域，不能僅限於膝前一處。因此早在掩手劃弧繞圈時，就應確立摟膝要廣的意念。這有助於培養訓練整勁意識。

5. 鬆靜沉轉

鬆、靜、沉、轉是極重要的太極法則，本式在練習和使用時又有若干特點。

例如，在上步蓄勢、進身摟推的過程中，要全身一鬆，心中一靜，腰胯一沉，尾閭一墜，沉而旋轉，弓腿進身，才能奏效。

行拳過程本應處處放鬆，此處所說全身一鬆的意思是指此時要特別注意一鬆。

靜與鬆相輔相成，靜即是合，心中一靜，就是勁氣合一，蓄足鬆靜之勢以備化發，而且虛能應物，靜定生慧，心中一靜，可使靈台清明，氣定神閒。

腰胯一鬆，是說腰胯必須放鬆下沉，帶動命門尾閭向下墜落及身體略微下坐；但下沉不是死沉，而是鬆沉，鬆而能活，故要鬆沉旋轉，重心前移，弓腿進身。

上述過程，雖然分說幾點，但練時必須合而為一，鬆沉前進，一氣呵成，方稱合法。

6. 上下相隨

一手下摟，一手上推，以及鬆沉轉腰、弓腿進身等幾個動勢，必須上下相隨，同時動作，同時到位，不可脫節。尤其是上推下摟之兩手，必須在旋胯轉體的帶動下同時到達目的，不可一早一晚，這才合乎周身協調、修練整勁的要求。即拳論所謂「上下相隨人難進」也。整套拳術，式式都要如此。

7. 鬆沉吐勁

當上述鬆、靜、沉、轉、進即將完成、下摟上推之手將到位的一發之際，命門向下微微一沉，尾閭墜落，腳掌踏動，內氣由下而上通於兩臂，從掌心、手指吐出，氣到勁到。

鬆沉吐勁是換步摟膝全過程中的最後結局，若處理不好，將會「為山九仞、功虧一簣」。

【實用舉例】

（1）若對方犯我中下部，我即變動身法或步法，一手摟化來犯之勢，一手按擊其胸口，化發過程，按上述心法進行。

（2）雙人推手時，若對方雙手按推我橫在胸前之右臂，我即按上述斜入正出之心法，化去被按之勁，隨即旋胯轉體，進身摟推；但要注意此時被按之右臂必須鬆鬆黏著對方手掌，只是意念上摟開來手，切不要硬摟或脫開，以便聽勁靈敏，隨機應變。若對方按勁向下，我即隨之轉體下摟上推，若對方按勢向上，我即右臂隨勢上穿，旋腕轉胯，化去其上按之勢，同時左掌按推其肩胸部，似玉女穿梭式。

｜第十八式・琵琶手（右左）｜

【拳招釋義】

此式兩手前後交錯，側身合抱於胸前，猶如抱琵琶狀，而且兩手旋腕纏指，似揮彈琴絃，故取名「琵琶

手」。此式要左右兼練，不同於一般的只練右式，以便於全面發展。

它適用於近身纏腕擒拿，對練活兩腕十指、增長兩臂伸縮功能、內息流暢，均有助益。

【行功口訣】

> 周身合一琵琶行，
> 金絲纏腕螺旋勁。
> 上拿下勾莫遲疑，
> 雙足踏勁神貫頂。

【動作分解】

右式琵琶手：

1. 纏腕黏肘

承上式。腰胯鬆沉，重心前移左腿，右腳隨勢跟前半步，落在左腳內側踏實，重心大部分移於右腿，隨即左腳前伸半步，成左虛步；同時向右旋胯轉體，身微右側20°~30°，右拳鬆開變為俯掌，手腕向左、向上、再向右繞圈，意想黏人手腕，並含向後採引之意，屈肘置於右側胸前，此為刁手纏腕；左手旋腕仰掌，從下而上弧形托起，意為黏拿人肘，手指高與鼻齊，此為黏拿肘節，此時兩臂前後交錯，左掌在前，右掌在後，似抱琵琶狀。（圖7-3-151、圖7-3-152）

圖 7-3-151

圖 7-3-152

2. 腰腿合勁

當上勢右刁左拿到位之際，迅即腰胯鬆沉，向左旋胯轉體至正前方，同時命門及尾閭下坐，重心前移進身，雙腳踏勁，帶動左右兩臂向內旋腕合勁，雙手像絞毛巾似的擰絞，並略向前送，身正前視凝神。（圖 7-3-153）

圖 7-3-153

以上兩點，雖分開敘述，實為一個過程，中間不能分割停頓，應上下前後協調，一氣呵成。

左式琵琶手：

1. 轉身擺掌

承上動。重心移寄右腿，腰胯鬆沉，向左旋胯轉體，左腳尖外撇約 35°；右掌轉腕成仰掌，置於胸、腹前；左掌轉腕，俯掌外擺，手指略低於鼻，身正視左手前方。（圖7-3-154）

圖 7-3-154

2. 繞臂合勁

承上動。隨即重心移向左腿踏實，腰胯鬆沉，右腳提起，經左腳裡側向前上一步，先腳跟著地；同時腰胯向右鬆轉，帶動身向右回轉，兩手向下、向右、再劃弧上繞，變成右掌在前托肘（指高於肩），左掌在後纏繞（與右肘同高），凝神前視，隨即腰腿合勁，動作與上述右式相同，唯左右方向不同。（圖7-3-155、圖7-3-156）

圖 7-3-155

圖 7-3-156

【呼吸行氣】

1. 一般呼吸

右式琵琶手，從跟步轉腰起到腰腿合勁止為一吸一呼。而左式則有兩個呼吸，即從轉身擺掌到上步繞臂為一吸一呼；接著腰胯旋轉，沉身合勁為一吸一呼。

2. 拳勢呼吸

以右式為例，初學者，動作緩慢，用兩個呼吸。練到一定階段，呼吸已經比過去深長了，雖然動作依然緩慢。但可以把二次呼吸合為一次呼吸。如果遇到接手化勁發勁，則可用一個短促呼吸。

3. 臍輪調息

按臍輪調息法進行，尤其在沉腰合勁時，要注意吸臍行氣，使氣由前（臍）而後，由下而上，合於兩臂兩掌。

【內功心法】

1. 周身合勁

合勁，上文已作過簡述。然本式的合勁比較全面，不僅兩手要前後交錯合勁及腰胯旋轉合勁，還要兩腳踏勁產生從下而上之合勁。所以口訣說：周身合一琵琶行。

2. 金絲纏腕

抱琵琶之兩手合抱的過程，必須劃弧圓轉，尤其是手腕的劃弧纏繞，要像金絲那樣纏黏在對方手腕上，含引化擒拿之意。其運作關鍵在於用腰胯鬆沉旋轉法催動手腕纏繞，一手纏人手腕，一手纏黏人肘，雙掌交錯，旋轉合勁。而纏腕能否成功，又在於手腕能否完全放鬆，能鬆則

活，能活則能纏，再加提神意領，就能奏效。

3. 上拿下勾

在雙手金絲纏腕、拿人腕肘的同時，要上步勾套人之前腳。動作 1 的左腳前伸半步，就是勾住人足之意。但上拿與下勾必須同時進行，不能有先後。即口訣所說：上拿下勾莫遲疑。

4. 陽變陰合

參照第十三式雲合手之心法陽變陰合一節。

【實用舉例】

（1）假若對方用右手抓住我右手近腕處，我即用金絲纏繞法反拿其腕，同時左手黏貼對方右肘，左腳前伸套住彼右腳，迅速交錯合勁，左手向右發勁。若能得勢，必損其肘。

（2）若對方欲抽回手臂，我即趁勢向前進身捲送而發。

（3）當對方被我右式纏腕拿住，也可撤步沉身，用自己左肘壓其右肘，其肘必損，或趁勢再發放。

| 第十九式·提放手（左右） |

【拳招釋義】

提者，如懷中抱了重物往上提起；放者，把提上來的重物往下擲放。從內勁使用方法而言，練的是上提勁與擲放勁以及兩手合抱時的合勁，還可變化為擠、按等勁法。

動作雖然簡易，但內涵豐富。對養生而言，有鬆開全

身骨節、活動腰腿、伸展兩臂、調理內臟等功用。

此式原名提手上勢，現改為提放手，使名稱與實際更為貼切。

【行功口訣】

丹田抱勁揮手封，
纏腕提引腰腿功。
擲放擠按任君使，
螺旋踏勁把人放。

【動作分解】

左式提放：

1. 抱球合勁

承上式。鬆腰沉身，右腳後撤半步，撤至左腳內側之後約 20 公分，左腳微轉，同時向右旋胯轉體約 25°（略偏東南），帶動右手內旋成俯掌；同時左手外旋成仰掌抄掇至小腹前，成右抱球狀，丹田合勁，身正前視，蓄勢欲變。（圖 7-3-157）

圖 7-3-157

2. 旋胯左上提

承上動。抱球將成之際，腰胯不停留地向左迴旋及丹田內轉，促動左手迅速仰掌上提，黏接對方手腕（尺骨），準備提放；右手下按至中脘附近，變為左手在上，

右手在下，身正前視，寓放勁其中。（圖 7-3-158）

3. 螺旋上步擲放

當自己左手按黏對方左腕背之際，腰胯向左迴旋，伸展臂節，拔腰長身，左手繼續上提至頭部上方時，左腳迅速向前進半步，沉身擲放，腳掌踏勁，用左掌掌緣著鞭，同時右腳跟進半步，成為動態左虛步，身正前視。（圖 7-3-159）

圖 7-3-158

圖 7-3-159

右式提放：

1. 退步抱球

承上動。鬆腰沉身，左腳向左後回撤，成左抱球狀。練法與上述左式相同，唯左右手不同。（圖 7-3-160）

2. 旋胯右提手

練法與左提手相同，僅左右手不同。（圖 7-3-161）

3. 上步擲放

練法與左式相同，僅左右手不同。（圖 7-3-162）

圖 7-3-160

圖 7-3-161

圖 7-3-162

【呼吸行氣】

1. 一般呼吸

動作 1 為吸氣；動作 2 繼續是吸氣；動作 3 上步擲放為呼氣。

2. 拳勢呼吸

依行拳需要調整呼吸頻率。因本式動作過程很短，只需一個吸呼即可，但吸氣要深長一些。

3. 臍輪調息

呼吸過程都要意守臍輪，在做動作 1、動作 2 的深長吸氣時，意想臍窩內吸，好像一直吸至背後命門，然後由命門吐氣發勁。

【內功心法】

1. 手從丹田出

當旋胯轉體提手沾按對方來手時，心法如何運用？最重要的一點，好像手不長在自己的上體，似乎是生於下丹田。在旋胯轉腰時，手是被丹田內氣激發而上提，並非手獨自提上來的。

若要做到這一點，必須周身放鬆，丹田內轉，整條手臂既鬆且沉，沉而靈，靈而速，能敏捷地用沾黏勁封按對方來手，或提或放，隨心所欲。所以歌訣說：「丹田抱勁揮手封。」

「手從丹田出」的心法，原是本門不外傳之秘，頗有獨到之處。

2. 提勁不在手

提者，上提拔高之謂，意在黏接對方手臂，順隨其力隨之向上提拔，使其失重失中，其根自斷。

但是，這並非手臂自己上提，而是要靠腰腿伸展及內氣鼓動來提。而且下盤要穩固，須開胯鬆沉，拔腰長身，氣貼於背，頂勁凝神，大有「力拔山兮」的氣概。若是單

用手提，則又笨又重，反被人制，且不利於養生。

3. 整勁擲放

動作 3 的上步擲放必須上下相隨，周身一家，渾然一體，用整勁擲放，像彈簧那樣，一彈而出。即上文談到的三層彈簧同時彈發而出。

如歌訣說：「渾然一體把人放。」

【實用舉例】

1. 郝家俊的故事

郝師叔的太極推手聞名全國，不少同道均慕名前往切磋。上世紀 50 年代初，郝師叔在天津某大學任教。南方一位太極名家專程北上與郝師交流。

對方在推手中得一機勢，迅即雙掌前按，其勁勢澎湃，郝師一聽，知道對方功力深厚，不敢大意。當即視其勁勢，感到正好適用提放一勢，於是右手上提，黏化來勁，誰知對方按中有按，按勁繼續洶湧。郝師當即丹田抱勁，拔腰長身，提手過頂，隨之整體擲放，使對方雙腳離地而去。對方站定後，抱拳微笑，郝叔亦把手言歡，從此兩人結成友好，傳為佳話。

2. 腳法三變

上步提放之「上步」，可以踏踩其前腳的腳面，也可以插襠進發，也可以上步套腳，與手之提放上下相合，更增威勢。

3. 隨機應變

當右手提手黏接來手時，不可執著於想用某一招，而應隨著機勢而定，此時可用採挒法，把對方向己右側採挒

而去；也可將中用擠（肘節立擠），也可變按法。總之應隨機應變，如果執著於某一招，就要淪為呆招、死招，反受所累。

第二十式・馬後揮鞭（三次）

【拳招釋義】

馬後揮鞭，即比喻發現身後情況有變，迅速回身應變，雙掌左右掄劈，狀如揮鞭。

此式旨在訓練身法、步法的靈活轉動，以及雙臂、兩掌的鬆柔圓活，暢通經絡，尤其可以培養處變不驚、機警應對的定力。

【行功口訣】

> 扣步回身似靈猿，
> 三步一體意相連。
> 風輪三掌馬揮鞭，
> 神定氣閒靈性現。

【動作分解】

1. 扣步回身

承上式。假設發現有人從背後襲我，我迅速提左腳扣步，與右腳扣成丁字步，身隨步轉，迅速向後回身180°，閃開來勢；同時，左手上舉於左側上方，掌心朝前，右手俯掌環置於腹前，肘尖向前，右腳尖碾轉，腳跟虛懸，蓄勢將進。（圖 7-3-163）

圖 7-3-163

2. 進步按劈

隨即右腳提起向右前方開步，先腳跟著地，成右虛步蓄肘勢（圖 7-3-164）。隨即重心移向右腿，同時左掌（俯掌）由上而下揮按，右掌（側掌）由下而上劃弧向前揮劈，用掌緣著鞭。此時係右弓步，右劈掌，左手橫護於胸前，右手劈在右前方，指高於肩，體正前視。（圖 7-3-165）

圖 7-3-164

圖 7-3-165

3. 進步左劈

隨即腰胯鬆沉，重心後移，身微右轉，右腳尖外撇，側身向前，重心再前移，右腿踏實，提起左足經右腳裡側向前進一步，先足跟著地，成左虛步蓄肘勢。隨即重心移向左腿，同時向左轉身，帶動左掌乘勢向前揮劈，掌緣著鞭，右掌俯掌收回身前。此時成左弓步左劈掌勢，身正前視，神貫於頂。（圖7-3-166～圖7-3-169）

圖 7-3-166

圖 7-3-167

圖 7-3-168

圖 7-3-169

4. 進步右劈

隨即腰胯鬆沉，向左轉身，右腳上步，右掌揮劈。其練法與第三節左劈相同，唯左右不同。（圖 7-3-170～圖 7-3-172）

此式分別敘述，是為了方便初學，待熟練後，應不停不滯，連環三掌融為一體。

圖 7-3-170

圖 7-3-171

圖 7-3-172

【呼吸行氣】

1. 一般呼吸

扣步回身，吸氣；開步右劈掌，呼氣。左進步，吸；左劈掌，呼。計為二吸二呼。

2. 拳勢呼吸

呼吸頻率依拳勢需要而定。如遇急需，可在一個呼吸中完成左右劈掌。

3. 臍輪調息

意守臍輪，無論動作及呼吸的速度如何，都要吸臍窩，通命門，氣貫兩臂、兩掌。

【內功心法】

1. 身隨步轉

馬後揮鞭，在於應對背後之敵，所以能否輕靈自然地迅速轉身是成敗的關鍵。而要轉身轉得好，必須遵循「身隨步轉，步隨身走」的規律。

動作 1「扣步回身」，已點明了身體向後回轉的要義在於先「扣步」。

拳諺說：「不扣步兮莫回頭。」若要轉身回頭，必須先扣步，才能身法隨著迅速回轉。當然，腰胯及膝踝關節的放鬆靈活又是身隨步轉的要義，不容忽略。要領會口訣所說「扣步回轉似靈猿」的勁意。

2. 暗藏踹腿

當回身提右腳向前踏進之時，可扣腳踏實，也可腳掌橫斜，內含踹人迎面骨，可踏人腳背，也可進中宮，總之勁意豐富。

這一勁意，並非單為防身，對周身協調、暢通神意、養生健康均有助益。

3. 隱藏肘打

左右劈掌過程中，還隱藏著肘打的勁意。以右劈掌為

例，弓腿進身時，橫屈胸前的右臂肘尖隨之向前，含頂肘之意。當重心後移、右掌收回、向右轉身時，右肘含向右、向後橫打，左肘含向右、向前橫打之意。

4. 掌似風輪

回身劈掌有三，一是扣步回身時高舉之左掌向下按劈，二是右腳橫踹時之右劈掌，三是左進步之左劈掌。這三掌如何才能劈得好，有三點要把握好：

①劈掌之進發線路要走圓弧線，像風輪那樣旋轉而發，切忌走直線。

②兩臂在行進過程中，肘關節要放鬆柔活，並以肘為軸心揮臂輪轉，上臂只是跟在前臂後面轉動。

③兩臂在進發過程中，百分之九十都是鬆柔虛靈的，只在著鞭時方可吐勁。

5. 三步一體

此式有扣步、擺踩、進步三步法。練習時雖然緩緩進行，形似分開，但在意念上形停意不停，三步成一體。而且步法要與身法、手法協調一致，關鍵在於全身放鬆，腰胯鬆活，帶動步法、身法及掌法連成一體。

熟練功深後，步法可有所變化。如左進步、左劈掌，可以換步進行，即右腳退半步（或一步），左腳再進一步，身法也隨之變化。這樣身靈步活，更有利閃身劈掌。但不論步法如何靈活，都要完整一氣。

【實用舉例】

上述分解動作及心法，都是按照化勁與發勁的要求介紹的，所以不再舉例說明。

第二十一式 · 三角穿掌（三次）

【拳招釋義】

三角者，指步法之軌跡似三角形，稱作三角步，而穿掌則是肘下穿掌。

例如，右掌從左肘下穿越向前，或左掌從右肘下前穿，兩者合成「步行三角，掌穿肘底」的拳勢。

其功用，在於活躍步法，鍛鍊步法的多變性，加強腰腿的機動性。常言道：「足健者常壽」是也。對自衛防身也有很大作用。

武諺說：「天下精術怕三穿，不走外門亦枉然。」所謂「三穿」，主要是指三角步穿掌而言。

【行功口訣】

三角步法天下奇，
進退斜橫藏玄機。
迎風穿袖放利箭，
拳勢騰挪神意氣。

【動作分解】

1. 右退步右橫步

承右劈掌之勢。腰胯鬆沉，重心後移至左腿，右腳斜線退回左腳裡側，再橫向右方踏實；同時，右掌收回，屈肘置於胸前，與左掌交錯，左掌在下，右掌在上；體正前視。（圖 7-3-173、圖 7-3-174）

圖 7-3-173

圖 7-3-174

2. 左進步左穿掌

隨即左腳提起，向左橫進至右腳裡側，腳不著地，迅速向前斜進一步，帶動左掌側掌從右肘底下向前穿出，指尖向前，如利劍穿刺；同時右腳跟進半步，右掌護胸護肘，這是第一次穿掌，凝神前視。（圖 7-3-175）

3. 左退左橫

承上動。隨即腰胯鬆沉，重心後移右腿，左腳斜線退回，

圖 7-3-175

經右腳裡側向左方橫步踏實；同時左掌收回，折肘斜置胸前，與右掌交叉，左掌側掌在上，右掌側掌在左肘下。體正前視。（圖 7-3-176、圖 7-3-177）

4. 右進步右穿掌

隨即右腳提起，向左橫進至左腳裡側，腳不落地，馬

圖 7-3-176

圖 7-3-177

上向前斜進一步，左腳隨之跟進
半步，身法亦隨之進身；同時，
右掌隨勢從左肘下向前上方穿
出，手指向前，掌心向左側，左
掌屈臂護胸，置於右肘後下方。
這是第二次穿掌，凝神前視。
（圖 7-3-178）

圖 7-3-178

5. 右退步右橫步

隨即重心後移左腿，右腳
斜線退回，經左腳裡側向右方橫
步踏實；同時右掌收回於胸前，擱在左前臂上，體正前
視。參見圖 7-3-173、圖 7-3-174。

6. 左進步左穿掌

隨即左腳收回橫步，再進步，左穿掌，動作與上述右
進右穿相同，唯左右不同。這是第三次穿掌。參見圖 7-3-
175。

7. 快步快穿

上述動作純熟後，可以加快速度，快退快進，快速穿掌，甚至可以輕跳，左右快穿。尤其在雙人對練時快速對穿，趣味盎然。

【呼吸行氣】

1. 一般呼吸

退步橫步，吸；穿掌，呼。三次退、三次進、三次穿都是這樣吸呼。

2. 拳勢呼吸

快步快穿時，一次穿掌為一次呼吸，但要輕吸輕呼，放鬆自如，切忌急逼。

3. 臍輪調息

無論拳速快慢，都要意守臍輪，貫通命門，氣注下丹田。尤其在手掌穿達目的的瞬間，要沉氣垂尾，氣達手掌，由指尖通出。

【內功心法】

1. 三角合一

三角步法與身法的進退閃展既要分清，又須合一。以左退步右穿掌的態勢為例：左步在前為一號位，退至右腳裡側不落地為二號位，橫移至左方約一肩距離踏實，為三號位。

在左步 1-2-3 的過程中，身法要隨著步法變化而輕鬆後退並向左橫閃；當右步向左橫移再向前進步的方位是：右腳在原地為一號位，向左橫移為二號位，再向前進步為

三號位，在右步 1-2-3 的過程中，身法要隨著步法的變化而橫移進身，即步隨身走，身隨步進是也。

2. 步履輕靈

三角步法要輕，關鍵在於放鬆，鬆則可輕，鬆而能活。此時的鬆，要注意肩背肌肉的放鬆，以及腰胯和膝關節、踝關節的放鬆。

例如，退步進步時，膝關節及踝關節要鬆開，並輕輕提膝，腳掌平起、平進、平落，就能步法輕靈。至於後腳之跟半步，也要在膝踝放鬆的條件下，由進步和進身帶動跟步，並非後腳擅動。

3. 神意為先

神聚，是太極拳的心法要訣，而三角穿掌則格外明顯。當進退閃挪之時，要一氣鼓鑄，精神貫注，雙目炯炯，氣勢騰挪，宛如大敵當前。這樣，才能收形神俱練、內外雙修之效。

【實用舉例】

（1）設若對方以右拳擊我胸部，我即退左步，橫步閃身，隨即右腳進步，右掌穿向其手腕或前臂，用鬆沉勁接沾彼勁化之，或趁勢用鬆彈勁發放。

（2）也可視情勢需要，趁勢上左步，套其右腳，右掌黏扣彼腕，左掌橫擊其胸側腋下，用腰腿勁發之。

（3）若對方見我穿掌化解，立即撤右手，換左掌迎我右掌。我隨即變招，右撤左進，用三角穿掌迎解。

|第二十二式・如封似閉（上下）|

【拳招釋義】

如封似閉者，封門閉戶之謂也。即封攔來手，黏化其勁，如閉戶緝盜之狀，且封中有鎖，鎖閉來手，趁勢按發。此乃防守反擊之高招。

就修心養生而言，因其腰腿來回往復的幅度較大，兩手封閉按推的內勁要整，故對於運動腰胯，伸縮兩臂，暢通氣血助益多多，而且能養氣聚神，防止外邪入侵，維護心靈健康。

【行功口訣】

剪手掤化把門封，
開合鎖閉勁莫鬆。
順逆兩圈腰腿功，
得其環中任我攻。

【動作分解】

1. 剪手封攔

承上式。我左手若被人執，隨即腰胯鬆沉，左掌外旋鬆腕，同時右手仰掌沿左肘前穿，與右手斜交成剪刀狀，又像斜形十字封條，含封門緝盜之意。此時，鬆肩垂肩，兩臂環抱，掌心斜向上，十指斜向左右，身正，視前。（圖 7-3-179）

2. 退圈閉鎖

隨即吸臍、舒胸、坐胯、墜臀，重心後移，身法後退，帶動兩手分開，邊分手，邊旋腕，並微向上、再向後下劃弧圈，直劃至兩掌立置於胸腹間，掌心翻向前。此為退圈，含閉鎖之意。此時重心寄右腿，成左虛步，體正，前視。（圖 7-3-180）

圖 7-3-179

圖 7-3-180

3. 進圈前按

隨即懸頭、正身、坐胯、墜臀，左腿微微提膝鬆踝，左腳稍向前移踏實，重心向前移動，弓腿進身；同時兩手隨著進身，用腰腿勁向前上方按去，兩掌運行的線路須走內弧線。此謂進圈，與上節退圈之線路合而成為一個橢圓形的圓圈。此時係左弓步，雙按掌，體正，前視。（圖 7-3-181～圖 7-3-184）

4. 逆圈再按

上勢進圈前按到位之際，立即退圈，帶動兩手向下劃弧，再從下而上逆向劃弧，劃成一橢圓形圈，與動作 2、

圖 7-3-181

圖 7-3-182

圖 7-3-183

圖 7-3-184

動作 3 所劃的橢圓形相同，唯劃圈過程的順逆方向不同。
動作 2、動作 3 所說的是從上而下、由前向後劃圈，稱順
圈，也可以說是上圈，而本節說的是從下而上劃圈，稱逆
圈或下圈。

　　在兩手劃圈過程中，兩掌要旋腕，先外旋成仰掌，再
內旋成立掌，緊接著進圈前按，其餘要求與上節同。

【呼吸行氣】

1. 一般呼吸

剪手封攔時吸呼；退圈時吸氣蓄勁；進圈時呼氣吐勁。

2. 拳勢呼吸

剪手過程是一個小呼吸，即右手前時為吸氣，兩手翻腕交錯時呼氣，然後退圈吸氣，進圈呼氣。

3. 臍輪調息

退圈時，臍輪內吸，通向命門，氣注丹田。進圈呼氣時，氣由丹田經尾閭而上，達於兩臂，發於掌指。尤其在第二次退圈、逆向劃弧圈時，要意念引氣，可以感到氣透背脊，貫通兩肩而發出。

【內功心法】

1. 鬆沉退圈

太極拳每一招式都要退圈與進圈，不過有的明顯，有的不易察覺；有的幅度較大，有的幅度較小。本式如封似閉的進退圈則幅度大，較明顯，而且有上下兩次進退圈，似乎是專為操練退圈進圈而設計的。

拳論說：「退圈容易進圈難，退易進難仔細研。」這個重要問題確實要仔細研究。

筆者認為，退與進的難度是相對而言的，實際上，退圈也不容易，如果浮躁急退，形成逃亡，那麼「逢丟必打」，必被人制。假如僵硬直退，對方可乘機借力。只有鬆沉退圈，才能收到閉門鎖戶之效。

所謂鬆沉退圈，是指在全身放鬆的條件下，包括雙胯鬆開，兩腰鬆塌，鬆肩舒胸，吸臍坐胯，氣沉丹田，墜尾沉身，懸頭正身等功法在內。其中尤其要注意以下幾點：

（1）得機而退

要趁著對方來勢退圈，彼進一寸，我退一寸，不能多，也不能少，若退得過多，就是逃，若退得滯礙，必授人以柄，所以要恰如其分，得機而退。

（2）退中要隨

若要退得恰如其分，必須貫徹一個「隨」字。隨的前提是鬆柔，即兩手從肩到指都要放鬆，包括肌肉也要鬆柔，鬆而才能沾黏，沾黏而後才能連隨，然後才能不前不後，不緊不慢，黏隨不脫，隨他而走。

（3）退中有轉

不要直線後退，在退到三分之二時，腰胯應旋轉，內含黏化牽引之意，若左弓步，則向右旋轉，旋轉的幅度，隨彼而定，盤架子時轉一小圈即可。

（4）坐胯而退

前邊已提到退圈要吸臍坐胯，這裡再次提及，說明它很重要。要知道吸臍鬆腰、坐胯墜尾是鬆沉退圈的關鍵，尤其是坐胯最易被人忽略，所以特別提出坐胯而退。

重點是以吸臍坐胯來帶動重心後移，鬆沉退圈，這須在日常操練中細心體悟，找出感覺。

（5）退中寓進

要確立以退為進的意念，明確了這個意念，就能避免退圈與進圈之間出現間歇、停滯的問題，把退與進緊密聯結為一。引而伸之，以退為進，退中寓進，進退得體，也

是完善人生之要義。

2. 進退要正

上述退圈的那些理法，進圈同樣要遵循。當然，進圈還有自身的功理要求。

拳論在說「退圈容易進圈難」之後，接著說「所難中土不離位」，點明了進圈難的關鍵在於「中土不離位」。

中者，前後左右的中心位置，即人體的中心線。土者，即五行中之土，位居中位，故曰中土，又名中定。王宗岳在拳論中說：「進步、退步、左顧、右盼、中定，此五行也。」

「中土不離位」，就是要端正中心線，穩定中心部位，無論發生什麼情況，中土決不能稍有偏離，尤其在進圈發放之時，身法必須中正圓滿，一旦失中，則氣不順，勁不正，根不穩。所以先師經常提到師祖的話：中土不離才有根，四正進退是上乘。

3. 正中寓圓

進圈要正，是指進圈過程的關鍵而說的，並非自始至終都要求直來直去。相反，進圈過程中應當寓有圓活之趣，它包含四個要點：

一是由退圈變為進圈的轉折瞬間，要開胯圓轉，以帶動身手轉動，其旋轉幅度依情勢而定，初練時幅度可大些，純熟後趨向縝密。

二是意氣要換得靈，從退圈時的吸氣，轉為進圈的呼氣，要換得自然靈活，切忌憋氣。

三是從起點至終點的行進線路，要走弧圈拋物線。

四是全身要放鬆，鬆才能圓。

4. 肩窩吐勁

太極拳所練所發之勁是整體之勁。為何要提出肩窩吐勁？因為肩關節最難放鬆，一碰就緊張僵硬，一用力就抬肩寒肩，以致自下而上的內氣內勁遇到了僵硬的肩關節處就被阻塞了，發不出去。提出肩窩吐勁，是為了引起重視，克服這個難關。

本門有攻克此關的一個功法，即作為基本功訓練的太極內丹放鬆功中的老牛卸磨一式，用意氣衝開肩關節，使之鬆活暢通。

肩節鬆活了，內勁就可以通過肩窩吐向手臂、掌指，發放而出。所以說，肩窩吐勁不僅是如封似閉一招的心法，也是太極拳各招式的共同要求，尤其是前按、前擠等拳勢比較明顯，而如封似閉的兩次進圈前按，則更直接突出。

肩窩吐勁，要按照「意氣為君骨肉臣」的次序進行，更要注意兩肩「放鬆、下沉、前伸」六個字的勁意，從而催動肘、腕、掌、指鬆活前進，使內勁一吐而出，且意長勁遠。

| 第二十三式・換步雲摩彈（右左）|

【拳招釋義】

「雲摩彈」一式，是師公李景林練勁、用勁、發勁的絕學之一，他與人推手時慣用此招及其變招，莫不奏效，被譽為「至尊一式」。

如果說攬雀尾是太極拳招式的總手，那麼雲摩彈則是

本門太極練勁、用勁、發勁的總手，既是套路中的一招，又是常練的基本功，每天的必修課，要求潛心默悟，不可輕輕滑過。

這「至尊一式」，外形動作貌似簡單，僅僅是虛步、弓步互換，兩手在摩圈中發勁而已，其實內涵相當豐富，太極內勁的許多心法包羅在內，而且是李公劍道入拳的一個典型拳招。這裡作為拳術套路中的一式，介紹一些入門練法。

【行功口訣】

（一）

鬆靜雲摩純剛柔，

攬劍神意貫其中。

九轉還原螺旋勁，

得其環中彈出腔。

（二）

靜中觸動動猶靜，

臍輪內轉混元功。

動態虛步人不知，

妙運「九一」得環中。

【動作分解】

右式雲摩：

1. 右坐身俯掌

承接似封如閉。隨即腰胯鬆沉，重心後移，右腿屈膝坐實，臀部與右腳跟上下對齊，不可翹屁股，右膝與右腳

尖上下對齊，上體中正，成左虛步；同時，兩掌隨同上體
後坐而收回於胸前，屈肘俯掌；凝神前視。（圖 7-3-
185）

2. 左換步蓄勢

上動不停。腰胯鬆沉，右旋約 35°，帶動左腳收回，
右腳出步，這是第一次換步（左收右出）。此時左腳在後
為實、右腳在前為虛；兩掌隨之移動，俯掌蓄勢；面向偏
西北。（圖 7-3-186）

圖 7-3-185　　　　　　　　　　　圖 7-3-186

3. 右摩圈彈發

上動不停。迅即腰胯從向右向左、再從左向右來迴旋
轉兩圈，同時重心前移至右腿，再回移左腿，前後變換重
心兩次，帶動兩掌俯掌摩轉兩圈，當第二圈摩至近胸前
時，重心迅速前移，腰胯下沉，腳掌踏勁，兩掌在圈中向
前、向下按掌彈發，定式時宛似虛步按的態勢。（圖 7-3-
187、圖 7-3-188）

圖 7-3-187

圖 7-3-188

彈發的過程，細細區分，有九個「一」的心法，簡稱「九一」法，詳見「內勁篇」相關章節。

4. 右換步蓄勢

上動不停。腰胯鬆沉左旋，帶動右腳收回，左腳出步（此為第二次換步）。此時右腳在後，左腳在前，成左虛步；兩掌隨之移動，移回至近胸處，俯掌蓄勢；面向偏西北。（圖 7-3-189）

5. 左摩圈彈發

上動不停。立即進行左摩圈，按掌彈發，練法與動作 3 相同，唯左右不同。（圖 7-3-190、圖 7-3-191）

圖 7-3-189

註：以上右式雲摩彈為兩次換步，兩次摩圈彈發。

圖 7-3-190

圖 7-3-191

左式雲摩：

1. 左換步蓄勢

隨即腰胯左旋，轉體向左，面向偏東，同時左腳收回，右腳出步（這是左式第一次換步），成右虛步，帶動兩掌後移至胸前，俯掌蓄勢，身正前視。（圖 7-3-192）

2. 右摩圈彈發

與右式動作 3 的右摩彈發相同，僅方向不同。（圖 7-3-193）

3. 右換步蓄勢

隨即進行右換步，即右腳收回，左腳出步，成左虛步，同時向左旋胯轉體，面向東北，身正前視。（圖 7-3-194）

4. 右摩圈彈發

練法與右式動作 3 相同，唯左右手腳及朝向不同。（圖 7-3-195）

圖 7-3-192

圖 7-3-193

圖 7-3-194

圖 7-3-195

註：左式雲摩彈為二次換步，二次摩圈彈發。

【呼吸行氣】

1. 一般呼吸

　　動作 1 為吸氣，動作 2 為呼氣，動作 3 的摩圈彈發，
每摩一圈為一吸一呼，雙掌彈發時為呼氣。其餘的換步及

彈發動作均以此類推。

2. 拳勢呼吸

依照拳勢需要調節呼吸頻率。例如摩圈時的呼吸速度均勻，彈發時的呼氣比較短促，還可以帶「哼」的一聲，但是在練暗勁時有意無聲，在發明勁時才聲情並茂。

3. 臍輪調息

無論何種呼吸，都要意守臍輪，吸氣時臍窩內斂，呼氣時由命門向前送注下丹田。初學者只要意守臍輪，想著好像臍輪在呼吸就可以了。

【內功心法】

「雲摩彈」一式，包括雲摩的過程、換步的過程以及彈發的過程，在三個過程中，要做到雲摩得體、換步得功、彈放得法，才算圓滿，茲分述如下：

1. 雲摩之法

（1）兩掌鬆空盈氣

兩臂要鬆肩垂肘，兩腕鬆活坐腕，十指放鬆前展；掌心要鬆而空，空而圓，圓而靈。

摩圈時兩掌毫不著力，一塵不染，同時氣盈雙掌，勞宮穴產生氣感，或溫或熱，十指頓感或麻或脹，或微微有針刺感。

口訣說：「浮雲飄摩柔猶剛。」兩掌要像白雲流轉，舉輕猶重，純柔即剛；又像手推石磨舉重著輕。以修練鬆沉黏隨之勁，隨重就重，隨輕則輕，黏隨不脫。

（2）腰胯帶動雲摩

「腰胯帶手」是太極拳的普遍原則，所以雙掌雲摩之

圈是腰胯旋轉之圈在手上的顯現，並非手掌自摩之圈。明白了這一理法，雙手就會完全放鬆，聽憑腰胯帶動，而決不會擅自行動了。

（3）貫徹攬劍精神

口訣說：「攬劍神意貫其中。」武當劍的攬劍，有橫攬與直攬兩種，此式取直攬劍的精神，宛如武當行劍中的「進攬龍潭」式。李公說：「練劍之道，全憑乎神，神足而道成。」（《武當劍法大要》）練雲摩彈就要神意領先，以神馭劍。

（4）臍輪內摩

不僅外形動作磨圈，內在氣機也要同時雲摩。其法先從意想肚臍眼轉圈入手，即臍窩隨著腰胯轉動而摩轉，促動內氣雲摩旋轉，進而意想內氣流注下丹田，逐漸達到「腹內鬆淨氣騰然」的意境。

在此同時，還要意想足底湧泉穴吸大地之氣，頭頂百會採天宇靈氣，練之日久，內外交流，陰陽二氣中和為一，復歸太極混元之氣，進一步修練混元內勁。此所謂「臍輪內轉混元功」也。

（5）功態虛步

形態摩圈與內氣摩圈要與弓步、虛步互換的過程相一致。以右虛步為例，向前摩推為弓步；向左轉摩，為腰胯左轉；向後雲摩為鬆沉退身，變為虛步；再向右微微轉胯，恢復蓄勢待摩狀態。就是說，摩轉一圈，虛、實（弓步虛步）變換一次，連續雲摩則連續變換虛實。這是動態虛步的淺層次，比較容易做到。

重要的層次，即在彈發的一瞬間，重心快速前移，虛

步迅速變向弓步，弓步又迅速返回虛步。由於掌在剎那間由虛變實，從實返虛，故稱為動態虛步。這瞬間的進退是否得法，關係著彈發的成敗，這就要靠貫徹「九一」心法來保證了。

（6）雖動猶靜

太極拳動靜相參，「動」的過程就是靜的過程，稱為「雖動猶靜」，即王宗岳在《十三勢行功歌》指出的「靜中觸動動猶靜，因敵變化示神奇」。

這裡所說的「動」，包括兩手摩圈、虛實進退等形體動作以及人體內部的內氣運轉等機能活動，總之所有外動與內動都屬「動」的範疇。

而「靜」則是指思想入靜，意志專一，精神安詳，即「致虛極，守篤靜」的境界，並非單指形體不動，姿勢固定，切莫誤會。

最難做到的是「動猶靜」的境界。雖然是在動，卻猶然是靜，動即是靜，靜則是動，動與靜融合為一，確實是一種高超的動靜結合的境地，但並非高不可攀。關鍵在於心靜腦鬆，即在摩圈時心靜下來，專志於內氣的雲摩，持一念謝萬年；同時大腦放鬆，降低大腦皮質的興奮度，處於良性的抑制狀態。

腦鬆有利於心靜，心靜又能促進腦鬆，兩者相輔相成，進入心、腦共靜的佳境。

這種心、腦高度入靜的練功態，道家內丹修練稱之為練神還虛階段。由於心、腦高度虛靜，過去被壓抑的潛在能量，得以衝破束縛，調動激發出來，凝聚成超常的新能量，即內勁，從而使雲摩彈威力倍增。

2. 身法步法

（1）換步輕靈

換步的練法有兩種，一是先跟步，再退步，然後再進步，如換步摟膝等式。此處是另一種換步，即先退步，再進步，例如左虛步換成右虛步，要先退左步，再進右步。這一退一進，要按「邁步如貓行」的要求，鬆沉輕靈，悄然無聲。

（2）身隨步轉

右式雲摩與左式處在不同方向，右式面向偏西北，左式面向西南，因而在換步過程中要步隨身走，身隨步轉，做到上下相隨，和諧一致。

（3）身法中定

左右換步，前進後退，都要懸頭垂尾，上體中正，持守人體中心線，不俯不仰，不搖不晃，中定不變。

（4）躍步彈發

動態虛步純熟後，可以練躍步彈發，即後腿一蹬，前腳躍進，落地時後腳隨之跟上半步，成動態虛步態勢。躍步練法，要在換步純熟的基礎上進行，莫操之過急。

3.「九一」心法

雲摩彈向前彈發的瞬間，要「九一」歸一，同時，同步發動，才能奏效。

九一者，即腰胯一旋，命門一坐，意氣一轉，尾閭一墜，重心一移，腳掌一踏，背心一撐，肩窩一送，兩臂一彈。

4. 螺旋寸勁

雲摩彈所發內勁，是螺旋寸勁，其法及「九一」法，

均詳見「內勁篇」介紹。

【實用舉例】

從用勁、發勁的角度說，雲摩彈的功用是「一招多式」「一招多變」。

1. 一招多式

所謂「一招多式」，是雲摩彈本身由於摩圈的形狀不同而形成不同的招式。

例如，平面雲摩是基本一式，此外尚有「內勁篇」中介紹的橢形圓圈、開合圓圈、立圈、掤圈、将圈、乃至大圈、小圈、點圈、意圈等等的變式。例如，橢圓可變龍捲手、風輪手等；将圈可變為雲擠手等等。

2. 一招多變

「一招多變」，由於雲摩彈是練勁、用勁、發勁的總手，由此可以演變出很多招式，或者說很多招式都可以應用雲摩彈的勁法。例如，前面提到的郝家俊師叔用提放手放人的故事，往上提使用的就是提放手，向前擲放就使用了雲摩彈的放勁法。

即使平圓去摩本身也有變招。例如先師用的變招，我們經常看到的就有兩種，一是平圓轉化為前按式，二是平圓轉化為肘擠式。

前者似復勢攬雀尾中的環手按（右式為例），是右手在下往上環手再按。而平圓轉化的按則是推手中出現的變招，例如對方得機用雙手按來，那時自己右臂屈肘橫置胸前，掌心向內，左手腕背或尺骨貼於自己右前臂內，形成四正推手中常見的擠勢化解勢。

這時，若得機得勢，可捨去擠法，改用平圓雲摩法化去來勁，一彈而按，對方莫不跌出。

師弟常明祥對先師的這一變招學得較有心得，與人推手時，常在平圓雲摩中借勢發人於尋丈之外，無不得手。

3. 掌握度與機

這一變招的心法很細微，要特別留意掌握化勁的「度」與發勁的「機」。

當聽到對方按勁直向我胸前奔來，我迅即本能地（條件反射之意）腰胯鬆沉，向右旋胯轉體，帶動右臂沉肘轉腕翻掌，左手也隨同轉腕翻掌，以卸去來勁。能否把來勁卸去，關鍵在於做到三點：

一是腰胯必須鬆沉靈活，身法必須中正圓滿；

二是承受來力的右臂必須鬆柔外掤，內涵的掤勁不能丟，要黏隨著對方來力，不癟不頂不脫；

三是鬆柔向右轉的幅度要適當，不能過大，也不能過小，以能化去來勁為「度」，恰到「引進落空」的好處，這就是化勁的「度」。

發勁的契機瞬間即逝，必須密切把握。當感到對方來勁已被我卸去，對方感到勁力前空，尚未作出應變之策之際，就是我的反彈發勁的良機，應不失時機地抓住契機敏捷地反彈而發，若稍一遲疑，必徒勞無功。

上述「度」與「機」，雖說是兩個名詞，兩個概念，但實際使用時卻是一回事，絕不能割裂開來。練到功純，能化發合一，把「度」與「機」統一起來，化即是發，發即是化，化、發融為一體，乃至從心所欲。

第二十四式・大鵬展翅（右左）

【拳招釋義】

此式取自大将推手，因其動作幅度大，兩臂似大鵬的兩翅展開，故名大鵬展翅。

所說動作幅度大，不僅指手勢，還包括步法要大幅度移動，從而促進運動量加大，鬆開韌帶，活躍兩腿，手足相隨，通氣提神。

【行功口訣】

左右橫将似大鵬，
将中採挒又占強。
大開大合大步行，
英氣勃勃去翱翔。

【動作分解】

右式：

1. 獨立橫掌

承上式。腰胯鬆沉，重心前移左腿，兩掌提至與肩同高，兩手手腕均向左方旋腕，使手掌劃一半弧形，變為左橫掌，掌心朝外，手指向左，兩臂鬆肩垂肘，左臂伸展在左側，手腕與肩同高，右臂屈肘弧形橫於身前偏右，手指與肩同高，左手略高於右手；同時右腿提起暫不落地，右腳虛懸於左腿內側，成左獨立左橫掌勢；立身中正，目視前方，關顧兩掌。（圖 7-3-196）

圖 7-3-196

2. 橫進右大挒

隨即向右側橫進一大步，重心徐徐右移，腰胯旋轉、向右轉體，帶動兩臂兩掌向右側方，大幅度橫挒而去，挒至右腿坐實，左腳後輪內轉。形成右側弓步大鵬展翅式；身正，提神，前視。（圖 7-3-197、圖 7-3-198）

圖 7-3-197

圖 7-3-198

左式：

1. 獨立橫掌

練法與右式相同，僅在左右方位不同。（圖 7-3-199）

2. 斜進左大挒

隨即鬆腰坐胯，向左側前方斜橫進一大步，重心漸漸移向左腿，迅即向左橫挒，其法與右挒相同，僅左右方位不同，成為左側弓步大挒式。（圖 7-3-200、圖 7-3-201）

圖 7-3-199

圖 7-3-200

圖 7-3-201

【呼吸行氣】

1. 一般呼吸

旋腕橫掌為吸氣，橫進大捋為呼氣，左右皆同。

2. 拳勢呼吸

若速度加快，吸氣也就隨之短促，若要操練呼吸深長，則在右面轉為左捋時，可直接用吸，也就是說，右捋是一吸一呼，而左捋僅僅是一次深長吸氣。總之，視拳勢需要而定，或用小吸呼調節。

3. 臍輪調息

動作或慢或快，都要意守臍輪，尤其在大幅度左右大捋時，更要注意臍窩吸氣，命門通氣。

【內功心法】

1. 大幅轉胯

此式從形狀上看似乎是大幅度轉體，實際是大幅旋胯轉體，帶動兩手大捋。腰胯大幅度旋轉要注意二點：

一是「中土不離位」，否則上體會傾斜；

二是旋胯轉體要與移動重心協調一致，轉體與兩手大捋要相隨相進，方為得法。

2. 掌含採挒

兩手橫掌大捋時，掌中應含採挒之勁意。從左向右捋，則左掌含挒，右掌含採；從右向左捋，則變為右挒左採。訓練這一心法，是為了便於變勁。例如，推手時可突變大捋為採。

3. 鬆肩垂肘

鬆肩垂肘，是太極拳的通則，這裡不厭其煩地再次提出，是因為本式情況特殊。其特殊之處，在於大捋時兩臂的高度較高，且往返的幅度較大，容易產生寒肩、橫肘、僵腕，所以要特別提請注意。

4. 神與氣合

左右大捋過程中，自始至終都要雙目凝神，內氣騰然，滿身輕利神貫頂，在大開大合大步行中，顯出大鵬展翅、翱翔太空的神態。

【實用舉例】

雙人推手時，如果得機得勢，可用大鵬展翅式，或大捋，或採挒，隨意而使。

|第二十五式・削掌寸腿（右左）|

【拳招釋義】

此式與上式大鵬展翅是一個組合動作，在左右大捋中突然踢出寸腿。所以口訣說：「大鵬展翅忽寸腿。」

久練此式，既能鍛鍊自身的平衡能力，又可以訓練突然變化時的心態。

【行功口訣】

大鵬展翅忽寸腿，
鬆沉獨立是要害。
神光燦燦攝人心，

上削下踢巧使腿。

【動作分解】

1. 回捋獨立

承上式。當左捋至左腿坐實的瞬間，兩手迅速劃弧向右回捋至身前；同時左腿踏實獨立，五趾貼地，氣沉丹田，右腿趁勢提起至左腿裡側，膝關節和踝關節都放鬆，腳尖自然下垂，形成橫臂左獨立勢；二目前視。（圖 7-3-202）

2. 削掌右寸腿

隨即雙掌迅速揮掌向左前方削掌，右掌在上，掌心朝下，左掌仰掌下削，並置胸前護衛；同時右腳尖放平，腳面平直，猛然發勁，踢向對方下部。踢勢短促，寸勁發出，名為寸腿。上體中正，神光前視。（圖 7-3-203～圖 7-3-205）

圖 7-3-202

圖 7-3-203

圖 7-3-204

圖 7-3-205

3. 翻掌左寸腿

　　隨即右腳落地踏實；兩掌旋腕翻掌；同時提起左腳並削掌寸腿。練法與右寸腿相同，身正凝神。（圖 7-3-206～圖 7-3-208）

圖 7-3-206

圖 7-3-207

圖 7-3-208

【呼吸行氣】

1. 一般呼吸

回捋獨立為吸氣，削掌踢腿為呼氣。左寸腿也是一個吸呼。

2. 拳勢呼吸

視拳勢需要，可以調節呼吸頻率。回捋寸腿時，因動作快捷，可以發出輕微的「哼」聲，在「哼」聲中完成一個呼吸。

3. 臍輪調息

無論動作快慢，都要意守臍輪，特別在快速踢寸腿時，更要注意臍輪呼吸，命門通氣，使氣上通手掌，下貫腳尖。

【內功心法】

1. 鬆肩垂肘

太極拳各招各式都要鬆肩垂肘，而本式更要注意。因為撲掌寸腿時，須手足並用，稍不注意，容易發僵。肩不僅要鬆，且要沉；肘不僅要屈垂，且肘尖必須墜向地面；同時，手腕掌指也必須鬆柔，這樣才能削得順，踢得穩。

2. 削踢相隨

訣云：「上削下踢巧使腿。」就是說，兩手要封門於胸前，並突然出掌撲擊，以掩護寸腿，手腳要上下相隨，同時到位，緊密相連，不可脫節。

3. 身正氣沉

左腿獨立，要穩如泰山，才能封得妙，踢得巧。若要獨立穩定，必須身正氣沉。

身正，則要懸頂墜尾，守住中土。氣沉，則要腹部皮膚放鬆柔軟，氣注丹田，乃至腹內鬆淨氣騰然，形成上身虛下腹實的態勢。到此地步，便能穩如泰山了。

4. 神光粲然

此式雖然動作簡易，但要神與氣合，目光燦燦，如口訣所言：「神光燦燦攝人心」也。

【實用舉例】

我自然站立，若有人進右步、出右拳打來，我迅速腰胯鬆沉旋轉，兩手上封，左掌護胸，右掌攔封，乘機提腿寸踢，或踢其襠，或踩其迎面骨，當解危反勝。

第二十六式・轉身左分腳

【拳招釋義】

此式是分腳，不同於前式寸腿之驟然踢出，而是緩起緩進，訓練氣布全身，上虛下實，周身協調，手足齊發，以提高平衡中和能力。

【行功歌訣】

> 合抱十字先封門，
> 封住三前顧七星。
> 開掌合氣神貫頂，
> 手足並進不容情。

【動作分解】

1. 擺步開掌

承接上式。腰膝鬆沉，向左旋轉約 20°，從面向偏西轉向正南，左腳下落外擺，腳尖向東南，重心大部分在右腿；同時，兩掌左右分開，置於身體兩側前，坐腕斜立掌，兩肘鬆沉，兩臂圓撐；立身中正，雙目前視。（圖 7-3-209）

2. 扣步封門

承上動。腰胯鬆沉，重心

圖 7-3-209

前移至左腿踏實，繼續左轉約 60°，從南轉向偏東南，右腳提起向左腳扣步，重心漸移至右腿；同時，兩手向下劃弧圓，兩手邊劃弧邊合攏，成交錯十字形，左掌在外，右掌在裡，並漸漸上捧至面前，掌心朝裡，立掌封門；目視左側前方，懸頭垂尾，蓄勢待發。（圖 7-3-210、圖 7-3-211）

圖 7-3-210

圖 7-3-211

3. 開掌分腳

承上動。重心全部移寄右腿，沉氣沉身，穩定中心，接著左腳前輪碾轉，胯根鬆開，大腿提起，高於腹部，右腿獨立。（圖 7-3-212）

隨之手腕外旋，掌心朝外，兩掌向左右開掌，似傘形

圖 7-3-212

向下按拍，掌心斜向外坐腕，左掌在身前，右掌在身後，手腕與肩同寬，右掌略高於左掌，均為斜立掌；同時，左腳腳面平直，向左側前方（東北）以腳尖踢出，點踢對方肋部，左腳與左掌同一方向，上下相合；懸頭垂尾，目視前方。（圖 7-3-213）

圖 7-3-213

【呼吸行氣】

1. 一般呼吸

動作 1 為吸，動作 2 的扣步封門為呼，動作 3 是一次呼吸，即左腿提起，右腿獨立為吸，開掌分腳為呼。

2. 拳勢呼吸

按拳勢需要調節呼吸頻率，如要練習呼吸深長，可採取循序前進的方式，待呼吸有所深長時，就可以用一次呼吸代替兩次呼吸。若要練習發勁，動作快，呼吸也快。

3. 臍輪調息

意守臍輪，要刻刻留心臍窩吸氣，氣貫兩臂，氣達手掌指尖。

【內功心法】

1. 鬆沉進封

進步封門時必須鬆腰坐胯，尾閭下墜。右腳下落時要膝蓋放鬆，小腿輕鬆向前落地，不可滯重直線下踏。

兩手劃弧十字交錯時，弧圓之中要含有採、挒、掤三種意勁，即兩手分開劃弧時為採、挒，向上交叉時為掤。其中關鍵在於放鬆及黏隨，尤其要注意鬆肩垂肘（切忌聳肩橫肘）氣貫兩臂，皮膚鬆柔，柔中寓剛意，才能達到「封住三前顧七星」的要求。手前、足前、眼前為三前，肩、肘、膝、胯、頭、手、足為七星。在封門中，要注意顧盼七星。

2. 身正氣沉

右腿單腿獨立，必須穩定中心，心法與上式右寸腿之身正氣沉相同，唯左右腿不同。

3. 手足並進

開掌踢腳須同時施為，齊頭平進，同時到位，不可有誤差，否則就會陷入「手到腳不到，打上不得妙」的困境。

4. 合氣凝神

口訣說：「開掌合氣神貫頂。」兩手向左右開掌、左腳向前點踢之際，雖然動作是開，但意、氣、神之間要相合，而且意、氣、神與開掌踢腳之間也要相合。例如腳尖前點時，要神意領著前去，意到氣到勁到之意。

【實用舉例】

（1）若有人用右拳擊我胸前，我即出右手，腕外旋，黏執彼右腕採之，同時左手黏其右肘挒之；左腳趁勢踢其腹部或肋部。

（2）若對手來勢洶洶，我迅速兩手交錯十字上掤黏之，同時迅速踢出右腳。

第二十七式・轉身右蹬腳

【拳招釋義】

此式與上式左分腳有兩點不同，一是左右不一；二是分腳與蹬腳不同。分腳者，用腳尖點踢；蹬腳者，用腳掌前蹬。

【行功口訣】

與上式左分腳相同。

【動作分解】

1. 轉身勾腿

承上式。隨即腰胯鬆沉，向右回轉約 90°，從東北轉至東南；同時左腿屈膝收回，但不落地，而是向內勾圈（圖 7-3-214）。

隨著轉身向右勾踩，並扣步下落，隨即重心移向左腿，右腳前輪碾轉，腳跟虛懸，兩手同時劃弧收回，兩掌合攏抱在胸剪，掌心均向上，右掌在下，左掌在上；立身中正，目視前方。（圖 7-3-215）

2. 十字封門

承上動。隨即腰胯鬆沉，兩手斜十字上舉，鬆肩垂肘。

圖 7-3-214

動作與左分腳相同，僅左右方向不同。（圖 7-3-216）

圖 7-3-215

圖 7-3-216

3. 開掌蹬腳

承上動。重心全部移至左腿，並向右微微轉身，接著
提腿蹬腳。動作與左分腳相同，僅左右不同，以及分腳與
蹬腳不同。（圖 7-3-217、圖 7-3-218）

圖 7-3-217

圖 7-3-218

【呼吸行氣】

一般呼吸、拳勢呼吸及臍輪調息，均與上式相同。

【內功心法】

上式左分腳的心法，均適用於右蹬腳。

｜第二十八式・左高踢腿｜

【拳招釋義】

本式「左踢腳」是快速上步，高腿踢腳，與前兩式緩慢的分腳、蹬腳不同，是訓練「動急則急應」的招式。

【行功口訣】

快速上步快封門，
高腿踢腳顧七星。
開掌合氣神貫頂，
手腳並進不留情。

【動作分解】

1. 收腳合手
承接上式。隨即右腳收回落於左腳內側，兩腳並立；同時，兩手弧形下落會合手於腹前，兩手交錯，右手在上，左手在下；立身中正，雙目前視。（圖 7-3-219）

2. 上步封門
隨即腰胯鬆沉，重心全部移至左腿，提右腿向前上一

步，重心隨之前移右腿，成右弓步；兩手隨著重心前移之勢上穿，成斜十字形，左掌在外，右掌在內，掌心均向裡，成右弓步十字手封門勢。此時面向西南，須上體中正，弓步規範，鬆肩垂肘；目視左側前方。（圖 7-3-220）

圖 7-3-219

圖 7-3-220

3. 開掌高踢腿

不停頓地重心全部前移至右腿，右腿獨立，左腿向前、向上快速高腿踢出，須腳尖向上、向裡內勾，勁點在腳尖，儘可能踢高些；同時，兩掌劃弧分開，似傘形向前、向下按拍，均為斜立掌坐腕，左掌在前，與腳同一方向，右掌在後，略高於左掌；須獨立穩定，上體中正，懸頭垂尾，目視左踢腳前方。（圖 7-3-221）

　　註：動作 2 及動作 3 是一個連續動作，不可分割停頓，為了方便初學，才分別說明，不要產生誤會。

【呼吸行氣】

1. 一般呼吸

動作 1 為吸，動作 2 為呼；動作 3 的開掌踢腿又吸又呼，即左腿提起欲踢的瞬間為吸，踢出為呼。

2. 拳勢呼吸

依動作需要調節呼吸頻率。如果動作加快，上述三個動作可以在一個呼吸內完成。

圖 7-3-221

3. 臍輪調息

要刻刻留心臍輪調息，在開掌踢腿的過程中，要氣貫腳尖，氣注兩臂兩掌。

【內功心法】

大體上與左分腳、右蹬腳相似，僅快速高腿有所不同。若要腿踢得高，除了堅持踢腿基本動作訓練外，在心法上至少須注意三點：

（1）當左腿上踢時，要意想腳尖向自己頭上踢來。起初並不理想，但練之日久，便會逐漸增高。

（2）須注意胯根鬆開。踢不高的一大障礙是胯關節緊繃繃的，拉不開，所以無法踢高。因此要加強放鬆功的訓練，尤其在上踢之時，心意的放鬆十分重要，即意想我

的胯已經鬆開了，高腿儘管往上，已暢通無阻了。這似乎有點精神勝利法的味道，但意念的力量是潛移默化的，日久自然生效。

筆者已屆望八之年，仍然能高腿上踢，雖然不如年輕選手能腳尖過頂，但亦能接近頭部，這都歸功於心意與內氣的訓練。

（3）氣衝關節。「鬆靜篇」中有行氣放鬆關節之法，即意念何處需要放鬆，氣就行向何處，去疏通那裡的僵緊部分。而且在特需情況下，可以用灌氣法衝開僵硬的關節。在高腿上踢時，就可運用灌氣法，即在呼氣時，意念氣貫胯（左）關節及膝、踝等處，但不可太重，只能輕微的，徐徐的，持之以恆，關節就會漸漸疏通，踢腿亦會隨之提高。

【實用舉例】

上述左分腳的用法均適用於此式，唯本式練的是高腿，用的時候可以「練高用低」，更能得心應手。而且，由於訓練快速高腿，對於促進腰、胯、膝、踝的鬆活，血脈的上下暢通，以及防止腿膝老化有極大的補益。

第二十九式‧右高拍腳

【拳招釋義】

此式與上式左高踢腿意義相同，僅拍腳不同。這樣快速的高踢、拍擊都是早期的傳統練法。本套路既有緩慢的平踢，又保留快速高腿的傳統，比較全面。

【行功口訣】

快速上步快封門，
高腿拍腳顧七星。
開掌合氣神貫頂，
手腳並用不留情。

【動作分解】

1. 收腳合手

動作與左高踢腿相同，僅左右方位不同，此時面向偏西北。（圖 7-3-222、圖 7-3-223）

圖 7-3-222　　　　　　　　圖 7-3-223

2. 上步封門

動作與左式相同，僅左右方位不同。（圖 7-3-224）

3. 高腿拍腳

右腿高踢的動作與左式高踢腿相同，唯本式需要再加

拍腳。

　　其練法是：右腳的踝關節放鬆，腳面斜平向上，腳尖
朝前；右掌腕關節須又鬆又活，掌指鬆展，掌心向下。當
右腳上踢到位之際，右腕向下一抖，右掌一拍腳面，須擊
響有聲。

　　注意，這是抖腕拍腳，不可用整條手臂去拍，才能拍
得穩，拍得巧，拍得響。（圖 7-3-225）

圖 7-3-224

圖 7-3-225

【呼吸行氣】

均與上述左式高踢腿相同。

【內功心法】

均與上述左式高踢腿相同。

| 第三十式・雙峰貫耳（右左） |

【拳招釋義】

此式以兩拳從左右兩側摜擊對方雙耳（或太陽穴），狀如兩座山峰，故名。久練此式，能訓練兩臂鬆柔化解，分進合擊，以及培養腰腿與兩臂上下相合的勁意，有益於運動四肢，暢通氣血，健康體魄。

【行功口訣】

落腳邁步似貓行，
雙手纏腕拿採精。
沉身前進上下合，
雙峰貫耳翻浪勁。

【動作分解】

右式：

1. 收腳伏掌

承上式。腰胯鬆沉，右腳收回虛踏地面，重心仍在左腿，成高架右虛步；同時，兩掌下落，掌心向下，伏掌在身前，左掌在後，右掌在前；中正前視。（圖 7-3-226、圖 7-3-227）

圖 7-3-226

圖 7-3-227　　　　　　　　　圖 7-3-228

2. 搬腕提膝

承上動。隨即兩手鬆握拳，以拇指領勁向外側搬腕，似「鬆靜篇」放鬆功中的「四季長青」式的搬腕動作；手腕外搬，須帶動滾肘轉臂；在搬腕的同時，腰胯鬆沉，右膝提起（儘可能提高些），右小腿下垂，踝關節放鬆；此時兩拳拳心向上，置於大腿上方兩側；身正前視。（圖7-3-228）

3. 沉身邁步

不停頓地鬆腰坐胯，微微向下沉身，推動右腳像貓行步似地輕靈前邁落地，腳跟著地，左腿坐實成右虛步；同時，兩臂隨之緩緩鬆沉；身正前視。（圖7-3-229）

4. 進身貫耳

隨即腰胯鬆沉，尾閭有前挪之意，重心前移，右腿弓步，左腿鬆鬆伸直，向前進身；同時，兩臂弧形滾翻，邊滾邊向左右分開，從兩側向上方貫耳，兩拳距離約與頭部

同寬，虎口斜相對，掌心斜向外，此時兩臂成半月形，鬆肩垂肘，虛領頂勁，成右弓步貫耳式；此時面向偏西北，身正前視。（圖 7-3-230）

圖 7-3-229

圖 7-3-230

左式：

1. 後坐收拳

承上動。重心後移至右腿，身向後坐成右虛步；同時，兩拳旋腕，拳心向上，向身前收回；身正前視。（圖 7-3-231）

2. 轉身鎖拿

隨即右腳盡量內扣，腰胯左旋，身體向左後旋轉，當轉至將近 180°時，重心隨之向右腿轉移，右腿變虛為實，左轉滿 180°時，左腳尖微外撇，成左虛步，面向偏南東；同時，兩手隨著身體轉動先向兩側分開，再向內合攏，邊合邊勾拿纏腕鎖拿，置於上體兩側；身正前視。（圖 7-3-232、圖 7-3-233）

圖 7-3-231

圖 7-3-232

圖 7-3-233

圖 7-3-234

3. 進身貫拳

隨即左腳提起，輕靈上步，先腳跟著地，然後重心前移至左腿，右腿伸展成左弓步；兩臂向前上方貫耳，練法與右式進身貫耳相同，唯左右不同；此時面向偏東南，身正前視。（圖 7-3-234）

【呼吸行氣】

1. 一般呼吸

右式動作 1 為吸，動作 2 為呼，進身貫耳時為一吸一呼，即兩臂弧形滾翻時為吸；弓腿貫耳時為呼。就是說右式貫耳，須進行兩次呼吸。左式動作 1 為吸；轉身鎖拿為呼；進身貫耳，則為一吸一呼。

2. 拳勢呼吸

練之日久，呼吸練得深長時，右式貫耳可以在一次呼吸中完成，左式貫耳有時也用小呼吸調節。總之視拳勢需要而定。

3. 臍輪調息

意守臍輪，無論收腳邁步、進身貫耳，都要注意吸臍窩、通命門，氣貫兩臂，達於雙拳。

【內功心法】

1. 纏腕拿採

訣云：「兩手纏腕拿採精。」是說在收腳合手之時，手腕要趁勢旋轉纏繞，黏拿人腕或其肘部，接著右腳落地，重心變換，向下、向體側（酌情向左或向右）採之。要注意兩點，一是手腕要鬆黏才能鎖拿；二是下採時須旋胯轉體，重心移動，方能得法。

2. 換勁滾翻

進身貫耳能否成功，關鍵在於兩臂鬆沉滾翻，在滾翻之中換勁。換勁者，腰胯鬆轉，虛實變換，內氣吞吐，勁路穩現；滾翻者，手臂圓轉，滾開來勁，趁勢翻起，似掀

巨浪。

為了便於說明換勁滾翻的過程，將下面「化發舉例」的相關內容提前到這裡來說：假設對方雙手執我兩臂（前臂或上臂），竭力下採或推擊，我即隨其勁路方向迅速腰胯鬆沉旋轉，前後重心忽退忽進，吸臍蓄勢，內氣轉換，帶動兩臂轉腕旋胯，劃弧滾翻，臂上勁路忽有忽無，把來勁的力點化解於翻滾的轉環之中，並趁勢進身貫耳，即可把對方發出。

這個過程就是下肢進退，上肢滾轉，內氣鼓盪、勁路翻浪。

所謂「雙峰貫耳翻浪勁」，就是形容換勁滾翻之勢，好似大浪翻滾，驚濤拍岸。

3. 其根在腳

換勁滾翻能否成功，還有一個重要的因素，即根部是否得法，是否做到「其根在腳」。為此，下肢既要靈活轉動，又要沉穩立樁，才能翻起巨浪。

【實用舉例】

（1）見前面換勁滾翻所述。

（2）若對方雙拳擊我胸部，我迅速以雙手腕背（前臂）接勁，進身貫耳，反擊對方。

（3）變勁。若對方執我兩上臂猛推，我迅速鬆沉吸胯，化其猛勢，同時兩臂迅速屈肘，用前臂鎖住對方兩腕（前臂），隨即疾速旋胯轉體，帶動兩肘，借肘力橫向（或左或右）甩摔，必生奇效。

第三十一式・右復勢攬雀尾

【拳招釋義】

攬雀尾，在太極八法（勁）中占了掤、捋、擠、按四法，被稱為太極拳總手。而本門的復勢攬雀尾內涵更為豐富，有 11 個勁意，其中捋勁有下捋與平捋二式；擠勁有平擠與立擠（加肘擠）二式；按勁有前按、下按、環手按三式，還有拿、開、採三法，穿插其間，很有特色。而且在與上式的連接處，有一個捋勢的過渡動作，使本式更加豐富多彩。

復勢攬雀尾，由於動作繁多，內涵豐富，所以是修練太極整勁、恢復先天本性的一個典型拳式。若能晨昏無間、寒暑不易地操練，並能舉一反三，也不難登堂入室。

【行功口訣】

復勢雀尾多內涵，
一掤外撐氣騰然，
二勢刁拿把腕纏，
旋胯轉體三下捋，
換勁搭手四前擠，
五勢分掌墜尾閭，
鬆沉退圈六勢採，
七勢前按攻腰腿，
平捋八勢掌心空，
九勢穿化加肘擠，

十勢下沉兩邊按，

十一環手再前按。

【動作分解】

1. 後坐回捋

承上式。腰胯鬆沉，重心後移至右腿，右腳微外撇，向右後方轉體，帶動兩拳變為側俯掌，向右後方（西）回捋，左腳內扣 30°，面向西成右側弓步回捋勢；身正前視。（圖 7-3-235、圖 7-3-236）

圖 7-3-235　　　　　　　　圖 7-3-236

2. 轉身抱球

隨即重心後移至左腿，繼續向右後轉身，同時右腳收回於左腳前，右腳虛懸；同時，右掌劃弧向下抄至左腹前，與左掌上下相對，成左抱球蓄勢狀；身正前視。（圖 7-3-237）

圖 7-3-237

圖 7-3-238

3. 上步右掤

承上動。隨即鬆腰坐胯，吸氣蓄勢，右腳提起，向前上一步，先腳跟著地，再重心前移，弓腿踏實，左腿隨之伸展成為右弓步；

同時，右手提起，前臂橫屈圓撐，弧形向上、向前掤去，略低於肩，掌心向內，鬆肩垂肘，右臂呈半月形圓撐之掤勢：在右臂上掤之時，左掌跟隨右臂後面 15～20 公分，掌心朝向右腕，與右臂同時向前，相助右掤之勢；上體中正，神光前視。（圖 7-3-238）

4. 翻腕刁拿

隨即向右旋胯轉體，催動右手鬆肩伸臂，邊轉邊伸，將要轉至右側（偏西北）上方時，右掌隨勢轉腕外翻，五指放鬆上揚，掌心斜向前、向下，做輕柔下拿之勢，意想自己掌心及手指已輕輕沾黏著人之手腕了；同時，左掌旋腕仰掌，隨著右掌前往，左掌心與右掌心上下斜相對；身

圖 7-3-239

圖 7-3-240

正前視。（圖 7-3-239）

5. 退身下捋

隨即重心後移至左腿，向後鬆沉退身，邊退身，邊向左旋胯轉體，帶動兩手臂向左側後下方捋去：右手在前，以己之腕根及尺骨處黏人肘臂，左手仰掌在後，黏（扣）人之手腕；當捋至左側前方時，成右虛步左捋式，沉身蓄勢將變下勢；此時身向西偏南，雙目隨視。（圖 7-3-240）

6. 轉身搭手

當捋勢將老之際，隨即腰胯鬆沉，向右回轉至面向西，帶動右肘鬆沉微屈，及右前臂小幅劃弧，使右臂呈圓撐橫臂之勢橫於胸前，腕部要略高於肘，掌心向內，鬆肩垂肘；

同時，左前臂翻掌劃弧繞一小圈，掌心搭在自己的右手脈門處，準備前擠，此時重心仍在左腿，成右虛步搭手

圖 7-3-241

圖 7-3-242

勢；身正前視。（圖 7-3-241）

轉身搭手，具有換勁蓄勢、承上啟下的重要作用，不可忽視，後文「內功心法」中將詳述。

7. 進身前擠

隨即重心前移，腰胯鬆沉前進，前腿（右腿）弓腿進身，後退（左）伸展，帶動兩手向前擠出，成右弓步向前橫臂前擠勢。

這橫臂平擠之法，要注意我之兩手有虛實之分，右手在前為虛，意想虛虛地黏著對方胸、臂，好比是墊在對方身上的墊子，而左手則為實，出勁推動著軟墊子向前擠去，雙手一前一後，似有不可阻擋之勢；身正前視。（圖7-3-242）

8. 墜尾分掌

前擠將老之際，立即腰胯鬆沉，尾閭下墜，頭頂虛領，兩手變為仰掌（意念掌心鬆空），兩前臂帶動雙掌向左右分開，並含分合之意；分掌之要訣，在於鬆沉墜尾，

用墜尾之勢帶動兩掌分開；同時，後腿的膝關節放鬆並微微內斂，似屈非屈，似直非直；前腿（右）則下沉踏實；身正前視。（圖 7-3-243）

9. 後坐回採

隨即重心後移，逐漸坐實左腿，腰胯鬆沉，微微轉體，帶動雙手以肘帶領前臂及手腕，用沉勁向左後方回採，雙掌邊採邊旋腕外翻，成側仰掌，採至兩肘將近兩肋處；此時前腿（右）虛，後腿（實），成右虛步回採式；身正、頂勁、前視。（圖 7-3-244）

圖 7-3-243

圖 7-3-244

10. 進身前按

隨即腰胯鬆沉向右回轉，身體正面向西，同時重心前移，前腿（右）弓腿，鬆沉前進，後腿漸漸伸展，帶動手腕內旋，掌心轉向前成斜立掌，鬆肩垂肘，以腰腿之勁，向前鬆沉按推而去；在按勢將達目的之際，必須腰胯微微一沉，命門微微一坐，腳掌暗暗一踏，同時兩肩鬆鬆一

沉，兩肘鬆鬆一伸，推動前臂前進，坐腕吐掌，手指鬆按；上體中正，雙目凝視，成右弓步雙臂前按式。（圖7-3-245）

11. 空掌平捋

隨即腰胯鬆沉，向左旋胯轉體，同時重心逐漸後移至左腿，帶動兩臂向左平行捋去，在平捋過程中，意想雙掌之掌心鬆空（這是很重要的心法）捋至左側約 30°；面向偏西南，成右虛步平捋式，身正前視。（圖 7-3-246）

圖 7-3-245

圖 7-3-246

12. 雲摩肘擠

當上述雙掌平捋捋老之際，迅即腰胯鬆沉，向右旋胯轉體，轉向正西，帶動兩掌雲摩一圈，經胸前蓄勢，右掌在前，左掌在後；身正前視，成旋胯換勁蓄勢式。（圖7-3-247）

隨即不停頓地鬆沉前進，重心徐徐向前腿移去。弓腿進身成右弓步，帶動右臂鬆肩沉肘，以肘促手，轉腕仰

圖 7-3-247

圖 7-3-248

掌，前臂翻滾，向前上方擠去，稱為加肘擠；同時，左手俯掌跟隨右肘內側，以助右手擠勢；此時成右弓步加肘立擠式，身正前視。（圖 7-3-248）

13. 鬆沉下按

隨即腰胯鬆沉，向右旋轉約 15°，右手翻腕俯掌，隨著旋胯轉體向右方劃弧（左掌隨行），並坐胯墜尾，向下微微沉身，重心漸漸後移，帶動兩掌趁劃弧下沉及重心後移之勢向下按去，右掌按至右腿外側上方，左掌按至右小腹前；此時成右虛步下按右勢，身正前視。（圖 7-3-249）

圖 7-3-249

不停頓地向左旋胯轉體，至西南向，帶動兩掌繼續向左方移摩下按；成右虛步下按左勢，身正前視。（圖 7-3-250）

14. 環手前按

鬆沉下按之勢不停。腰胯迅速鬆沉，向右旋胯轉體，轉至正面。從上勢左旋下按，到本式向左回轉，來回一圈，帶動兩肘以肘為軸，環繞一圈，意想化去來勁，使掌心向前，

圖 7-3-250

掌勢斜立，蓄勢欲進。這種環手繞圈化勁蓄勢的技法十分重要，先師授拳時再三說明要細細體會，不可忽略。（圖 7-3-251）

當環手蓄勢將現之際，迅即沉腰坐胯，重心徐徐前

圖 7-3-251

圖 7-3-252

移，弓腿進身，以腰腿之勁催動兩掌向正前方按去。按勢掯老之際的後續變化與動作 10 的進身前按相同；身正凝視。（圖 7-3-252）

至此，復勢攬雀尾完成了右式的分解動作。

【呼吸行氣】

1. 一般呼吸

動作 1 為一吸一呼；動作 2 轉身抱球為吸，動作 3 上步右掤為呼；動作 4 翻腕刁拿為吸，動作 5 退身下掯為呼；動作 6 轉身搭手，為吸氣蓄勢，動作 7 進身前擠為呼氣吐勁；動作 8 墜尾分掌為吸氣，動作 9 後坐回採，是繼續吸氣，直至動作 10 進身前擠才呼氣吐勁；動作 11 空掌平掯為吸氣，直至動作 12 加肘擠為呼氣吐勁；動作 13 之右轉翻掌為吸，鬆沉下按為呼；動作 14 也是一吸一呼，即環手繞圈為吸蓄，進身前按為呼放。

2. 拳勢呼吸

復式攬雀尾的分解動作多達十四個，不僅增加了呼吸的次數，還對呼吸長短的調節提出了要求。

例如，動作 4 的翻腕刁拿的吸氣比較短，而動作 8、動作 9 的吸氣則比較長，尤其是後坐回採時的吸氣，由於拳勢需要而更為深長。總之，拳勢呼吸要按照行拳練功的需要進行調節。

3. 臍輪調息

一般情況下，拳招的臍輪調息，只要注意臍窩吸氣通達命門就行，比較容易達到要求。而復式攬雀尾由於動作過多，而且進退往返及前後左右轉換頻繁，稍不注意就會

忽略，所以要特別注意。

例如，動作 2 的轉身抱球，在兩手劃弧成劍形左抱球的過程中，臍窩也要隨著劃弧繞圈而轉一小圈。再如動作 8 和動作 9，吸氣時，要意想將氣一直吸近臍窩，直達命門；轉為進身前按時，要意想氣由下而上，通於兩臂，透過雙掌十指向外吐出。

【內功心法】

1. 太極即一，以一為令

復勢攬雀尾，是修練太極整勁、恢復先天本性的一個典型拳式。我們人體本性，原本是形神合一的整體，由於後天的原因被破壞了，出現了內外不一、上下脫節、形神分離的問題。這些分離與脫節的問題不解決，則練拳無成，辦事不順。尤其是復勢攬雀尾，因它動作多，又各有要求，更難於合一。

例如，在勁法上，除了掤、捋、擠、按四正勁法外，尚有拿、採、開、合等勁意；在虛實變化上，有弓步、虛步五次進退轉換；在旋胯轉體上，有左旋、右轉五次轉圈；在內氣的轉換上，要進行六次呼吸，還要依據拳勢需要調節呼吸頻率之長短；至於意、氣、神、勁的運行，更有諸多的高要求。

面對這麼多的內內外外的活動和要求，如果不能按照一條主線把它們有機地結合起來運行，怎能練成渾然一體的太極整勁呢？

這條主線是什麼？就是太極學說的原理——太極陰陽未判、天地未分之前的統一氣體，簡言之，太極就是

一；即「哲理篇」所說的「月映萬川，萬川一月」的混元為一的「一」。

我們用這條「一」的主線來統率全局，就能做到拳論所說的「心為令，氣為旗，神為主帥，腰為驅使」，使內外上下、前後左右的形神活動有序地歸於一爐。

例如，攬雀尾的勁法，雖有掤捋擠按及拿採開合等勁法的區別，但它們都是太極整勁在不同情勢下的不同表現，又服從於這渾元為一的太極整勁。

所以，只要把『一「作為心發出的命令，一切皆圍繞著」一』「而進退轉合，就能使神意、腰轉、身動、手勢、步法等內外合一，從而練成一個鬆柔圓滿、輕靈沉著、陰陽中和、渾然為一的統一體。

2. 渾身掤勁

掤勁，是太極八勁之首，諸多勁法皆由掤勁變化而來。本式直接為掤勁的動作雖然僅「上步右掤」一勢，但其他各勢，不僅手臂要含有掤意，全身內外均應含有掤意，所謂「掤勁不可丟」也。就上步右掤的右臂掤勁來說，臂要圓撐，呈拱形，像張弓，意想體內有股強大的內勁要向外掙彈出去，它既有利於承受壓力，又能發放彈出。

3. 捋在掌尺

本式捋法有二，一是動作 5 的「退身下捋」，二是動作 11 的「空掌平捋」。兩種捋法，各有心法及功用。

前者是用尺骨捋人，稱做「捋在尺中」。其法是用右前臂的尺骨黏貼對方肘臂一側，並翻腕滾肘；同時左手腕背黏貼對方腕關節，向左側後下方捋去。此種捋法，能訓

練前臂部位的觸覺靈敏，還有利於變換其他勁法，如由挒變擠、變肘、變按等。

後者是用掌心挒人，稱做「挒在掌中」。其法是掌心黏住對方肘節，便於隨勢變勁進著。但必須掌心鬆空輕靈，觸覺敏感，否則容易被對方察覺。所以口訣說：「平挒八勢掌心空。」

但是，無論是「挒在尺中」，還是「挒在掌中」，都必須隨腰（胯）而動，隨重心變換而走，在腰胯一轉，重心一變之際，把對方來勢引進落空，或使其身軀傾斜仆跌，或趁勢以擠按等勁法發放之。

4. 擠中有肘

本式有橫平擠與立肘擠兩法。即動作 7 的「進身前擠」，稱橫平擠；動作 12 的「雲摩肘擠」，稱立肘擠。這是本門常用的兩種擠法。

這兩種擠法都要藉助肘勁。前者，當橫平前擠之時，後手之肘，須鬆沉向前擠推，即以肘催掌，以後手之掌催發前手前臂，兩手合以雄渾之勁，向前橫平擠去。

至於立擠肘又稱加肘擠，則更要藉助肘勁了。雖然一般認為擠勁應以兩手合一發送，但在特定情況下，也可單手前擠。這就是動作 12 的加肘擠，在兩手雲摩轉圈、化發得機之際，右臂迅速鬆肩沉肘，以肘催動前臂，以前臂催掌，旋腕轉膀，滾翻向前、向上鑽彈而出；左臂在右臂後面助勢而動。據先師說，他在推手中常用此法，往往奏效。

5. 按在腰攻

按勁有雙手按與單手按兩法。摟膝拗步上手的推掌

勢，屬單手按；本式中有三種按法，均為雙手按。

「按在腰攻」，是說按法的雙手或單手只是起支撐作用，而腰腿之勁才是攻的主力。

這種主力往往表現為全身的整勁，也就是上文所說的以腰胯為軸帶動全身，練成渾然為一的太極整勁。即使如動作 13 的「鬆沉下按」，表面上雖不是腰腿向前攻，實際上仍然使用腰腿之勁。

按在腰攻還有一層心法，就是「按前有一化」。例如動作 10 的「進身前按」之前的分掌及採引過程，就是引化的動作，化之才能進身前按。最典型的「按前一化」，莫過於動作 14 的「環手前按」了。

例如推手時，我右臂與左手做橫臂擠狀，將擠未擠時，對方趁勢雙手按我，我即可用「環手」法化彼按勁，還以按勁，所謂以按破按也。

6. 開中寓合

開與合的勁意勁法，在前文有關拳勢中已有所述，這裡所說的開合僅就本式範圍而言，不涉及全面。

本式動作 8 的墜尾分掌，是在假設對方用雙按破我雙手擠時出現的態勢。對方雙手按來時，我兩手鬆沉分開，化解來勢，此時兩手雖然分開，仍內含合意，所以緊接著「後坐回採」。

7. 回採用肘

這裡所說的採勁，是緊接著上一勢開掌化解以後的情況而言。所以，此時的採勁是發揮進一步引化的作用。為了增強引化的威力，在充分發揮腰腿勁的基礎上，必須用「肘引法」，即用肘部領著前臂向側後沉採，使對方失

中，接著迅速用相關勁法趁勢攻去，常常奏效。

8. 刁拿要輕

動作 4 的「翻腕刁拿」，是捋勢的前期動作，是採勁的一種變勁。拳諺說「採在十指」，意思是採拿時，手指要鬆柔輕靈，否則對方容易覺察，失去效用。但是輕靈並非輕浮，而是要輕實，輕而又實，方為得法。

9. 腰胯為軸

上述 14 個分解動作，都要貫徹「腰胯為軸」的原則，就是以腰胯作為運作的軸心，帶動四肢運行及虛實進退、化勁發放，其理已在前述相關章節中說明。因其重要，再次提請注意。

【實用舉例】

1. 上述內功心法各點，已直接、間接地談到化發的問題，故這裡一般不再重複。但要說明一點，本式攬雀尾各勢與定步四正手推手的要求是一致的，只要持之以恆，必能收到學用一致的效果。

2. 我的一位美國弟子（中文名張悟納），2006 年他參加一次武術比賽得獎後，曾在一家武館與一位朋友切磋推手。雙方劃圈一陣後，悟納得機，用雙手橫臂前擠之勢欲向前擠去。對方聽勁靈敏，迅即採用雙按法化解悟納擠勢，並借勢反按過來，在幾乎將悟納按出之際，悟納迅即用「環手前按」法化去來勁，並趁其失空的瞬間敏捷地進身前擠，將其按出。

│第三十二式・左復勢攬雀尾│

【拳招釋義】

由於復勢攬雀尾是太極拳的總手，在練了右式之後，必須練習左式，以便左右平衡發展，全面領會其中奧妙。

【行功口訣】

與右式同。

【動作分解】

1.回身抱球

承上式。隨即腰胯鬆沉，重心後移左腿，左腳外撇，向左後方旋胯轉體，帶動雙手向左後方劃弧。當重心全部移寄左腿之際，右腳收回於左腳裡側扣步。（圖 7-3-253）

隨即重心回移右腿踏實，雙手順勢繼續劃弧，右手俯掌在上劃一小圈，左手向下劃弧抄至右掌下，兩掌掌心上下相對，成左虛步右抱球狀；此時面向正東，身正前視。（圖 7-3-254）

2. 從上步左掤起，至動作 14 止，練法均與右式相同，唯左右不同。

圖 7-3-253

【呼吸行氣】

與右式相同。

【內功心法】

與右式相同。

【實用舉例】

與右式相同。

圖 7-3-254

第三路

第三十三式・採挒手（右左）

【拳招釋義】

採挒式，是將太極八勁八法中的採挒兩法列為拳招訓練，使拳術套路較為全面地體現太極八勁的內涵，使體與用更好地結合起來，這是本門太極的又一特色。

採法，既是太極的勁別，又是一種拳法。即以己之手腕採執彼之手腕（或肘），往下向一側採去，屬於箝制、封拿、牽引之法，一般須與相關技法配合使用，如採挒、採挒、採按等等，也有直接撤步墜身下採之採跌法。

挒法，一般用於採法或捋法之際，利用合力與慣性等原理，順勢擰轉，把人挒出。有採挒、擠挒、內挒，橫挒等挒法。上述「野馬分鬃」拳式，是外向正挒法；本式操

練的則是採挒並用，或輕採重挒之法。

【行功口訣】

採挒二勁著法靈，
權衡輕重來牽引。
螺旋合力撥千斤，
陰陽相濟方為本。

【動作分解】

右式

（左右之分，以採法的手是左手還是右手為準，右手採，則為右式；反之則為左式）：

1. 後坐撤步

承上式。腰胯鬆沉，向右微微轉，重心移至右腿坐實，左腳撤回，收至右腳裡側，與右腳平立，腳尖外撇，重心隨即移至左腿，右腳虛站；同時，兩掌俯掌，隨著腰胯右旋及重心後移而弧形收回，按掌於胸前，兩掌靠近，間距約 4 公分；鬆肩垂肘，身正前視。（圖 7-3-255）

2. 右上步採挒

上動不停。隨即右腳向前上步，先腳跟著地，隨著重心前移踏實，成右弓步；同時腰胯左旋，向左過襠換勁，接著

圖 7-3-255

圖 7-3-256

又向右旋胯轉體，帶動兩掌先同步向左微微磨轉，再分別運作；右掌俯掌向右後方弧形採去；左掌手腕外旋，翻掌仰掌向前擠去，擠至中途變勁向右橫捯；此時右腿弓實，右腳踏勁，旋胯轉體至東南約 30°，成拗步右採左捯式；上體中正，目視前方。（圖 7-3-256）

　　註：從動作 1 的退步，到動作 2 的上步採捯，兩掌劃了一個平圓大圈，手法的採捯是在這個平圓中進行的。行拳時要留心這個平圓是否形成。

3. 旋胯左採捯

　　上勢右採捯甫成之際，腰胯迅即向左回轉，帶動兩掌同步運作：左腕內旋成俯掌向左側方採去，右掌則外旋成仰掌向前擠去，擠去中途變為捯法捯勢，與左掌同方向捯去；此時右腿依然弓實，右腳仍然踏勁，向左旋胯轉體約 40°，側身向偏東北，成右順步左採右捯勢；體正前視。（圖 7-3-257）

4. 轉折採捯

　　緊接上動。隨即重心迅速後移至左腿成右虛步，隨之腰胯迅速向右迴旋，帶動兩掌變勁；右掌內旋成俯掌，向右後劃弧下採；左掌外旋仰掌向前方擠捯。此時面向東，成右虛步轉折採捯勢；身正前視。（圖 7-3-258）

圖 7-3-257　　　　　　　　圖 7-3-258

5. 旋胯右採挒

緊接上動。不停頓地重心前移，成右弓步；同時右掌繼續向右側後方採去，左掌繼續向右挒去，動作與動作 2 相同。（圖 7-3-259）

註：動作 4 與動作 5 是一個動作的兩個過程，其間不可停頓。

6. 旋胯左採挒

練法與動作 3 相同。（圖 7-3-260）

圖 7-3-259

左式：

1. 後坐撤步

承接上動。重心後移至左腿坐實，右腳撤回，收於左

圖 7-3-260

圖 7-3-261

腳內側，與左腳平立，腳尖外撇，隨之重心移至右腿，左腳虛站；同時，兩掌俯掌收回胸前，鬆肩垂肘；身正前視。（圖 7-3-261）

2. 左上步採挒

上動不停。左腳向前上步成左弓步，同時向左旋胯轉體，帶動兩掌採挒。練法與右式的動作 2 相同，僅左右不同。成左弓步拗步採挒式。（圖 7-3-262）

3. 旋胯右採挒

上動不停。迅即向右旋胯轉體，做左弓步順步右採挒。練法與右式動作相同。僅左右不同。（圖 7-3-263）

4. 轉折採挒

練法與右式的動作 4 相同，僅左右不同。（圖 7-3-264）

5. 旋胯左採挒

練法與右式相同，僅左右不同。（圖 7-3-265）

圖 7-3-262

圖 7-3-263

圖 7-3-264

圖 7-3-265

6. 旋胯右採挒

練法與右式相同，僅左右不同。（圖 7-3-266、圖 7-3-267）

圖 7-3-266

圖 7-3-267

【呼吸行氣】

1. 一般呼吸

以右式為例：動作 1 為吸，動作 2 為呼；動作 3 為一吸一呼，動作 4 與動作 5 為一吸一呼；動作 6 為吸呼。

2. 拳勢呼吸

依據行拳需要調節呼吸頻率，如動作 3 的吸呼，吸氣可稍短些，呼氣可稍長些。

3. 臍輪調息

行拳時守臍，然後按臍息的層次逐步深入。若要採捌發勁，則氣由腳底及命門而上，達到兩臂，從兩掌一吐而出。

【內功心法】

1. 腰胯為軸

如前所述，腰胯為軸、旋胯轉體、帶動兩手運轉，是

太極拳的中心法則，是各個拳招的普遍要求，而採挒式更為明顯。

例如，右式動作 2 的拗步右挒採，以及動作 3 的旋胯左挒採的過程，都要以腰胯為軸、兩腳為樁，帶動兩臂兩手劃弧挒採，尤其旋胯翻掌、過襠換勁、變勁橫挒的瞬間，更須旋胯轉體，一旋而挒。

如果說腰胯旋轉作為公轉，那麼兩手運行就是自轉，必須以公轉帶自轉，才能奏效。

能否以公轉帶自轉的關鍵在於開胯鬆腰。其法是髖關節、胯根鬆開並下沉，同時腰放鬆柔塌，雙膝微微向外展，尾閭下垂並含前托之意，達到開胯圓襠，而且要虛領頂勁，鬆肩垂肘，一直鬆到腳底。鬆則能開，開而能活，活而能以腰胯為軸靈活旋轉。放鬆之法，可參見「鬆靜篇」相關介紹。

2. 立步如樁

無論何式，凡定步者都要立樁，即所謂「其根在腳」也。這是太極拳極重要的心法原則。尤其像「採挒式」「野馬分鬃」等訓練內外橫挒勁為主的拳式，更要注意立步如樁。

所謂立樁，就是兩腿、兩腳要像釘木樁那樣牢牢地「釘入」地下，不搖不動，穩如泰山。其要訣，不外「鬆沉」二字。鬆沉是每個拳式的共同要求，不過各式又有各自的具體要求和方法。就採挒式來說，更要注要鬆腰坐胯，氣注丹田，命門一沉，腳掌一蹬（踏勁），腰胯一旋而發出。

立樁又有靜立樁與動態樁之分，前者比較容易做到，

後者由於是在行進中立樁，所以難度比較大些。

例如，右式分解動作「右上步採挒」，由虛步變為弓步挒採的過程中，既有虛實前後變化，又要旋胯轉體帶動左挒右採，此時的立樁的確不容易做到。常見的毛病是，在挒勁時，前弓之腿的膝部出現晃動，以致立樁不固，勁力渙散。

如何克服這個病態，可參閱第十二式「野馬分鬃」內功心法的「貴在立樁」一目。

3. 挒勁三變

採挒式，主要訓練採挒兩勁，但它們並非孤立的，需要與有關勁路相輔進行。

例如，右手挒、左手採時，右手從起點到終點經歷三種勁路，開始一段是俯掌前按的按勁，中間一段是逐漸翻掌前擠的擠勁，最後達到彼身的剎那間，突然由擠勁變為挒勁。

應以此類推，刻刻留心每招每勢的勁意所在。

【實用舉例】

以定步四正手推手為例，雙方均為右弓步。若對方雙手按我胸前，我即鬆腰坐胯，重心隨其勢後移化解，並隨即左手俯掌採拿對方左腕，右手斜立掌黏其上臂上端處，隨之變換重心，向前鬆沉進身，立步如樁，帶動右掌外旋向前擠去；在前擠的過程中，向左旋胯轉體，促動右掌迅速變擠為挒（即向內橫）；同時左掌向左側下方採發，如此左採右挒同時發勁，可把對方旋甩而出。

但要充分注意，當右手橫挒、左手下採之際，務必

「立步如椿」尤其是前弓之腿，必須立椿、旋胯、踏勁，方能奏效，否則徒勞無功，甚至反受其害。

第三十四式・四正手（右左）

【拳招釋義】

四正手是太極拳推手訓練中的一個基本模式，亦是武當丹派太極拳套路中的一個招式。這是本門把拳術套路與推手訓練結合起來的又一例證。

在學練套路過程中，可以與同伴雙人對練，檢驗拳招動作是否正確。初時只求動作柔和順遂，相互協調，不可急於問勁。練之日久，有助於動作正確，勁路順暢，明白技法，且能活躍身心健康。

本式有右弓步順步推與拗步推，以及左弓步順步推與拗步推兩種情況，以求左右順、拗全面發展。

【行功口訣】

四正推手不用手，
捨己從人隨他走。
腰胯為軸隨機變，
隨來隨去順我走。

【動作分解】

右弓步順手推：
1. 轉身左抱球

接上式。轉身抱球是一個過渡動作。雖是過渡，卻有

三個小過程：

一是腰胯鬆沉，重心後移至右腿（圖 7-3-268）；

二是向左轉身左撇腳，左手收回，與右手上下相合（左手在上），成左抱球（圖 7-3-269）；

三是重心前移至左腿，右腳收回置於左腳內側，腳尖虛懸不落地，成左抱球懸足狀，中正前視。（圖 7-3-270）

圖 7-3-268

圖 7-3-269

圖 7-3-270

2. 上步搭手

承上動。隨即腰鬆沉，右腳向正前方上一步，同時右臂含掤意向前上方伸掤，意想自己的右手與對方的右手相

搭於腕背根部；自己的左手黏貼在對方的右肘處。此為四正手推手的搭手式，身正前視。（圖 7-3-271）

3. 順捋隨擠

承上動。意想對方捋我右臂，我隨即微微旋胯轉體，右臂順隨著被捋的方向而去，隨中含有擠意；左手順勢而動，置於自己右臂內側下方，掌心斜向前。此時右弓步之勢不變，僅上體微向左側身，中正前視。（圖 7-3-272）

圖 7-3-271　　　　　　　　　圖 7-3-272

4. 鬆沉掤退

承上動。意想對方雙掌向我右臂及身前按來，我隨即鬆沉腰胯，右臂鬆鬆掤接承負來勁，並順其來勢而重心後移至左腿，向後退身；左手蓄勢於右臂內側後方，掌心對右臂，此時成右虛步右掤勢；中正前視。（圖 7-3-273）

5. 合手前擠

承上動。在退身掤承來勁的過程中，向右旋胯轉體，

圖 7-3-273

即後胯根後移，左胯根前伸，尾閭旋轉，過襠換勁，帶動右臂承負著來勁向右轉移，化解並引領來勁落空；同時左手穿伸至右臂內側，貼著右臂，兩手會合成交錯形狀，手心均向裡；隨即沉身弓腿向前擠去，重心大部分移寄右腿，成右弓步合手前擠式；中正前視。（圖 7-3-274、圖 7-3-275）

圖 7-3-274

圖 7-3-275

6. 轉身環手

承上動。隨即腰胯右轉，帶動右手以肘為軸，向右、

向下並向上環形繞圈（如第五式「玉女浣紗」的環手浣紗勢），環繞至右側上方，意想黏在對方肘部或肩胛處；同時左手隨勢擺動至胸前，掌心側向外，與右手前後呼應，作勢欲捋；中正前視。（圖 7-3-276）

7. 左轉左捋

承上動。隨即腰胯鬆沉，向左旋胯轉體，同時重心後移至左腿，帶動兩手向左側下方回捋，捋至重心大部移至左腿，此時上體偏東北；中正前視。（圖 7-3-277）

圖 7-3-276　　　　　　　　　圖 7-3-277

8. 回身蓄勢

承上動。隨即向右回轉，旋胯過襠，帶動兩手運作，兩肘下沉彎曲，使前臂豎立，掌心向外、向前，面向正前方（東），提頂墜尾，蓄勢欲按；中正前視。（圖 7-3-278）

9. 進身前按

承上動。不停留地右腿前弓，左腿蹬伸，得心前移，鬆沉進身，帶動兩掌向前按去，須鬆肩、沉肘、伸臂、坐腕按去，雙掌指尖略高於肩。此時成右弓步雙按勢；中正前視。（圖 7-3-279）

圖 7-3-278　　　　　　　　　圖 7-3-279

右弓步拗手推：

1. 右旋隨擠

承上式。隨即腰胯鬆沉，微向右旋胯轉體，帶動左手腕內旋，邊旋腕邊向右方順勢隨擠，練法與順手擠的動作 3 相同，僅左右方向不同。（圖 7-3-280）

2. 鬆沉捋退

練法與順手推動作 4 相同，僅左右方向不同。（圖 7-3-281）

3. 合手前擠

練法與順手推動作 5 相同，僅左右不同。（圖 7-3-

282）

4.左轉環手

與順手推動作 6 相同，僅將右轉改為左轉。（圖 7-3-283）

圖 7-3-280

圖 7-3-281

圖 7-3-282

圖 7-3-283

5. 右轉右捋

與順手推動作 7 相同，僅將左捋改為右捋。（圖 7-3-284）

6. 回轉蓄勢

練法與順手推動作 8 相同，僅運轉方向不同。（圖 7-3-285）

圖 7-3-284

圖 7-3-285

7. 進身前按

練法與順手推動作 9 相同。

左弓步順手推：

1. 轉身右抱球

承上式。隨即腰胯鬆沉，重心後移至左腿，向右轉身，右腳尖外撇約 40°，做轉身右抱球狀。練法與右弓步推動作 1 相同，僅左右不同。（圖 7-3-286）

2. 上步搭手

練法與右弓步順推動作 2 相同，僅左右不同。（圖

圖 7-3-286

圖 7-3-287

7-3-287）

　　以下動作 3 至動作 9，練法均與右弓步順手推相同，僅左右不同，故不一一說明，也不另附拳照。

　　左弓步拗手推：

　　各分解動作均與右弓步拗手推相同，僅右弓步改為左弓步，以及左右手互換不同，故不另附圖片。

　　【呼吸行氣】

　　以右弓步順手推為例：

　　1. 一般呼吸

　　動作 1 為吸，動作 2 為呼；

　　動作 3 為一個小吸呼；

　　動作 4 為吸，動作 5 為呼；

　　動作 6 為吸，動作 7 為呼；

　　動作 8 為吸，動作 9 為呼。

2. 拳勢呼吸

以拳勢需要調節呼吸頻率，或用小吸呼（如動作3）；或者吸了再吸，如動作 4 與動作 5 之間，視拳勢需要，可以吸中又吸，再進身呼氣。但必須以不憋氣為原則，如感憋氣，即以小呼吸調節。

3. 臍輪調息

無論哪種呼吸，都應意守臍輪，以臍輪調息為中心進行。

【內功心法】

上述各項分解動作，均含勁意心法在內，而且前面第三十一式的「復勢攬雀尾」的內功心法，亦適用此式，故不再重複。但尚須指明兩點：

1.「四正推手不用手」

不用手，就是捨去手。「捨」的前提是放鬆，要放鬆到「手鬆手空似無手」的境界，即「鬆空若無」的妙境。具體練法，可參見「身法篇」第三章「捨去雙手滿身都是手——太極手」的介紹。

2.「練時無人勝有人」

四正手，是雙人推手的一個訓練模式。盤架子時，雖然僅自己一人在操練，但思想上要作為兩人在練雙人推手，進入「練時無人勝有人」的意境，似乎是彼進我退，我進彼退，配合默契，趣味盎然。

【實用舉例】

可與同伴練習雙人四正推手，以便將個人單練的動作放到雙人推手實踐中去檢驗。此時要貫徹「用時有人若無人」的心法，全身放鬆，完全憑感覺（聽勁）而隨勢變化，不要刻意造作，雖然兩人在推手，卻當作是個人在練拳，進入「若無人」的意境。

自己單練時，是「勝有人」，與人推手時，是「若無人」。「勝有人」是為了加強勁意，養成條件反射；「若無人」，則是捨己從人，以達「推手不用手，捨去雙手都是手」的境地。

|第三十五式‧大捋靠（左右左）|

【拳招釋義】

此式是大捋四隅推手中的一個式子，連同上式「四正手」及以下的「閃切按」，組成了從四正推手到四隅推手的一個過程。這三式連同第一路中的「金童推手」以及其他相關的拳招，是武當丹派太極拳拳架與推手結合訓練的範例，能有效地培養體用合一的整體意識與技法。

【行功歌訣】

大捋四隅莫等閒，
順勢順步插襠靠，
若問進靠誰者先，
定之正中順為高。

【動作分解】

左靠：

1. 隨捋進步

承上式。意想左手被人捋去，隨即鬆沉腰胯，左手隨著捋勢而去，重心全部移寄左腿，右腳提起向右前方進步踏實，以化解對方捋勢；此時面向東南，中正前視。（圖7-3-288、圖7-3-289）

圖 7-3-288　　　　　　　　　圖 7-3-289

2. 順勢收腳

承上動。意想對方捋勢未盡，還在繼續向其側後方捋去，我繼續順隨其捋勢，重心跟著移至右腿，同時左腳收回於右腳內側（虛懸，不落地），繼續化解其捋勢；此時仍面向東南，中正前視。（圖 7-3-290）

3. 進步插襠

承上動。意想已將對方捋勢化去，左腳趁勢進步插向其襠部，同時重心前移至左腿，沉身屈膝，坐臀墜尾，左肩趁勢靠撞對方胸口，右腳隨勢滑進半步而跟進，兩腿成側馬步；進靠時，左臂下垂，左肘微屈，肘尖隨著肩靠而微含打意；右掌附在左肘窩處，以作助攻，又可防對方擸臂反擊，形成肩靠肘打之勢。但「肘打」是一種暗打，應不露痕跡，即使露了痕跡，亦應瞬間收回，否則會喧賓奪主，沖淡肩靠之勢。此時左肩向西北，上體側向東，中正前視。（圖 7-3-291）

圖 7-3-290　　　　　　　　　圖 7-3-291

右靠：

1. 隨捋右提腳

承上動。意想右手被對方捋去，隨即順其勢隨之而往，重心全部移寄左腿，右手隨勢前伸，右腳提起收於左腳內側，虛虛鬆懸，成獨立懸足的過渡態勢；中正前視。

（圖 7-3-292）

2. 進步插襠右靠

上動不停。右腳隨即向對方襠下插進踏實，同時進身右肩前靠，成右側馬步右靠。練法與左靠相同，僅左右不同。（圖 7-3-293）

圖 7-3-292　　　　　　圖 7-3-293

左靠：

1. 隨抔左提腳

練法與右式相同，僅左右不同。

2. 進步插襠左靠

與左靠相同。

【呼吸行氣】

以第一次左靠為例。

1. 一般呼吸

動作 1 為吸，動作 2 為繼續吸，動作 3 進步左靠為

呼。以後的右靠、左靠，都是隨為吸，靠為呼。

2. 拳勢呼吸

視拳勢的需要調節呼吸頻率。

3. 臍輪調息

意守臍輪，吸則肚臍內斂，吸氣至命門；呼則由命門而至兩臂及進靠的左肩或右肩。

【內功心法】

1. 鬆沉黏隨隨他走

大将靠是化解對方大将並順勢靠的拳法。首先要捨己從人，隨他而走，在「隨」的過程中變被動為主動，伺機由化解變為進發。

2. 順步順勢順風靠

插襠進靠關鍵在於「順入」兩字。

何謂「順」？此處皆指陰順陽。對方将我為陽勢，我被将為陰勢。按陰陽八卦的變化定律是「陰順陽」，所以必須順從對方将勢而走，不能有絲毫脫節，應不前不後，恰到好處。

入者，要像風那樣逢隙即入，絲絲入扣，順入對方胸口而靠。若不順勢順入，而是急躁冒進或遲疑不決，則反被對方所乘。

至於順步的意思有二，一是順勢進步插襠，如動作 3 的插襠靠；二是順勢套步，管住對方前腳。練拳時雖然無此動作，但應有此心意，以便臨陣應變。

3. 定之正中順為高

歌訣說：「定之正中順為高」，道出了進步靠的要義

所在。此處所說「正中」內含三個勁意：

（1）肩的中正

靠勁發出時，肩不能出格，肩與胯必須相合，保持中正垂直線，切忌斜著肩膀向前撞去，否則必為人所乘。插襠靠或套步靠都保持肩的中正不偏。

（2）中正下沉

進步靠既要進身向前，更要向下鬆沉，不能單單向前進身，那樣會造成撞肩的缺憾。故必須鬆沉進身，用下沉之勁催發肩靠。

（3）沉身踏勁

在沉身靠勁之際，要注意腳掌踏勁，用湧泉穴（地面）反彈之勁發出靠勁。此種靠勁，既猛且穩，能顯示「靠要崩」的氣勢。

【實用舉例】

可與同伴雙人對練。一方撤步大将，一方順勢肩靠，並左右輪換，反覆訓練，練至純熟，可為大将四隅推手奠定基礎。

｜第三十六式・閃切按（右左）｜

【拳招釋義】

此式與上式大将靠密切相連，同是四隅推手的組成拳勢。進步靠為主動進攻，閃切按為陰順化發，各有妙用。

【行功口訣】

遇靠莫慌切肘閃，
切斷靠勁閃中閃。
順勢並步雙手按，
消息全在磨身圈。

【動作分解】

右式：

1. 收腳閃轉

承上式。意想對方左弓步左靠我胸口，我當時為左弓步，迅即向右旋胯轉體（重心全部移寄左腿），右腳提起收回左腳跟之後，右腳尖與左腳跟斜相對，兩腳形成交錯八字步，重心迅速移向右腿，身法從面向西北角轉向東南，宛如在原地磨轉半圈，含閃避鋒芒之意；中正前視。（圖 7-3-294）

圖 7-3-294

2. 隨轉閃切

在收腳閃身過程中，兩手隨之而動：左手向上劃弧，手腕內旋，揮掌閃向對方臉面；同時右手用沉肘法切打對方手臂，切斷其靠勁；中正前視。（圖 7-3-295）

圖 7-3-295

圖 7-3-296

3. 並步按

上述動作是在身法磨轉半圈（大半圈）中完成的，緊接著，不停頓地繼續向右轉完半圈，隨著磨轉重心移右腿，帶動左腳前輪轉，轉至面正南，形成兩腳並步態勢（間距與內肩同寬）；同時兩臂屈肘，掌心向前，置於胸前，趁勢沉腰坐身，催動兩掌微含按意。此即高架並步按之勢；中正前視。（圖 7-3-296）

注意：如果上述身法磨轉是一圈，這一分解動作則是那一圈的後半圈，應與前半圈一氣呵成。雖然作為三個分解動作，但實際上是三而為一，不可分割停頓，必須連綿為一。

4. 上步前按

如果作為大捋四隅手推手訓練，即在並步之後便是撤步大捋。而此處因列入套路，故以「上步前按」連接，即在並步按的同時，右腳向前邁出一步，弓腿進身，成右弓

步前按式。（圖 7-3-297）

左式：

隨即向左旋胯轉體，演習收腳閃轉、隨轉閃切、續轉並步及上步前按等動作。練法與右式相同，僅左右方位不同。

圖 7-3-297

【呼吸行氣】

1. 一般呼吸

動作 1、2、3 均是吸，因為它們是一氣呵成的。動作 4「上步前按」則為呼。

2. 拳勢呼吸

依照拳勢需要調節呼吸頻率。例如，在動作 3「並步按」時須訓練發勁意識，可以呼氣，然後在「上步前按」時又吸又呼。

3. 臍輪調息

意守臍輪，以臍輪為中心進行呼吸。

【內功心法】

1. 磨身轉圈

此式旨在化解被靠的危勢，並乘機反客為主，其中的關鍵在於磨身轉圈。當對方進步靠我胸口之際，我迅速以左腿為樁，收回右腳置於左腳跟後，兩腳成交錯八字步，同時以腰胯為軸向右磨轉一圈，並在磨轉中肘切掌閃，連消帶打。能否閃切成功，全在於磨身轉圈是否中正圓順。

此種原地磨轉（被靠處），有點像八卦掌中磨身掌的原地磨身轉圈，在磨身中又化又發。

磨身的步法亦很重要，當右腳收至左腳旁時為交錯八字步，隨著旋胯磨身，右腳不動，左腳須前輪碾轉，轉成兩足並行步，才能又化又發。

2. 閃己又閃人

所謂閃，一是自己閃，即閃戰騰挪的閃，閃避對方靠勢；二是手掌扇人臉面，又稱閃己不閃人。它們是在磨轉一圈中同時完成的，不可分先後。

3. 肘切是要害

凡是「靠」，都是近身之靠，正因為是近身，單純的「閃」是很難閃得開的，必須用肘切反擊之法，才能切斷對方靠勢。所以練習此式時，對「肘切」這一動作不能一滑而過，必須有肘切的意念及肘切的動作。

【實用舉例】

在動作熟練的基礎上，可以兩人做試驗性對練。甲捋乙靠；乙進靠，甲閃切。然後調換位置，甲進靠，乙閃切。如此反覆練習，雖然還不是全面的大捋四隅推手，但練至純熟後可為四隅推手奠定基礎。

｜第三十七式・撤步龍捲手｜

【拳招釋義】

此式由步法及兩手攬捲的動作組成，因其攬捲的姿勢如龍擺尾的攬捲狀態，故名龍捲手。

龍捲手旨在訓練「動急則急應」的勁意及法則。所謂「急應」，是指在突然遇襲的情況下，如何接手應變的問題。

太極拳的接手是個大問題，只有把對方來手、來勁接住、接妥，才能談到化與發的問題。對此「內勁篇」已有詳述，此處是著重在招式及法則上進行訓練。接勁不是目的，目的是要化去來勁並予以還擊。

顧名思義，「撤步龍捲手」是運用撤、接、捲的法則達到化與發的目的。實際上，接勁與化發都在一個捲手之圈中完成，即半圈接化，半圈發放。所說半圈並非絕對的百分之五十，只是比喻，實際上隨化隨發、連消帶打都在雙手龍捲之中。

由於撤步龍捲手整個動作比較活躍強健，很能促進強身體健體，激發青春活力。

【行功口訣】

撒步急應接手拿，
腰胯帶動龍捲手。
退而復進步法多，
化發都在一捲中。

【動作分解】

右式：

1. 撒步接手

承上式。意想對方突然用左拳襲我面部，我重心移至右腿，左腳迅速後撤一步（斜線），退身避敵，重心回移

至左腿，右腳趁勢收回半步，
腳尖向前成高架右虛步；在撤
步退身的同時，兩手向上迎接
來拳，左掌黏執其腕部，右掌
黏拿其肘部，蓄勢待變，左手
在後，右手在前；中正前視。
（圖 7-3-298）

2. 進步龍捲

在退步接手將老未老之
際，迅速進身發勁，所謂「以
退為進」。其法是，腰胯鬆

圖 7-3-298

沉，向左、再向右旋胯轉體一小圈，帶動兩手自右向左攪
捲，像龍捲尾似的攪捲一周，在捲手一圈中連化帶打地向
前發勁，仍是右虛步，但重心調整為前四後六；中正前視
（圖 7-3-299～圖 7-3-301）

圖 7-3-299

圖 7-3-300

圖 7-3-301　　　　　　　　圖 7-3-302

3. 縱跳換步

撤步龍捲手，屬於活步類型的拳式，故上述動作熟練後可以加大撤步動作的幅度，逐步升級，升到高級時，就是縱跳換步龍捲手。

即撤步時雙腳蹬地，身體騰空，落地時兩腳前後的位置已經互換，原來在前面的左腳，變換到後面去了。

這種縱跳換步龍捲手，主要是應對近距離緊急狀況所用。在騰空換步的過程中，同時接勁攪捲，雙腳落地時即刻進步發勁。（圖 7-3-302～圖 7-3-305）

圖 7-3-303

圖 7-3-304

圖 7-3-305

左式：

1. 撤步接手

動作與右式相同，僅左右不同。

2. 進步龍捲

動作與右式相同，僅左右不同。

3. 縱跳換步

動作與右式相同，僅左右不同。

【呼吸行氣】

1. 一般呼吸

此式僅一個吸呼，即撤步接手為吸，進步龍捲為呼。

2. 拳勢呼吸

與一般呼吸同，但呼吸的頻率可以根據拳勢節奏的快慢而快慢。若仔細分析辨別，則上述吸呼頻率稍有差異，

吸氣稍長（包括接手及捲手之初），呼氣發勁較短促。

3. 臍輪調息

意守臍窩，撤步吸氣與進步呼氣均要以臍輪調息為中心，尤其在發勁時更要注意。

【內功心法】

1.「軟柴捆硬柴」

動作 1 的撤步接手，必須兩手放鬆，尤其是手腕必須柔且活，才能黏接黏拿來拳，我勁接入彼勁。假如手腕、手臂僵硬，便是硬碰硬的接勁，怎能接好！俗語說：「軟柴捆硬柴，才能捆得牢。」

兩手鬆柔的關鍵，除了手腕、手臂自身放鬆外，更要由旋胯轉體帶動兩手捲攪。如口訣所言：「腰胯帶動龍捲手。」

2. 化發都在捲手中

撤步接手、兩手絞捲、進步發勁等動作，均須在絞捲一圈中完成，大致是半圈接化，半圈進發，其間無斷續、無停頓地捲化捲發。

這是取名龍捲手的由來，因為龍捲尾是一捲而起的一陣旋風，撤步、接手、捲化、捲髮都在這一陣旋風中完成。故口訣說：「化發都在一捲中。」

3. 四步歸一

此式的手勢動作僅僅是雙手一捲，但步法卻有四步，即撤步、收腳、進步、跟步。撤，是前腳後撤一大步；收，是原先的後腳順勢收半步；進，是虛步之腳前進半步或一步；跟，是在後的實腿跟上半步（或大半步）。

前兩步是接化，後兩步是進發。說起來分四步，動的時候僅是一步，其過程是「一動無有不動」，所謂「四步歸一」也。

4. 整勁一捲

太極拳任何一招都是整體一勁，此式使用的捲勁當然亦是整體歸一的整勁，本來毋須贅言，奈此式外形動作簡單，僅僅是步法一變、兩手一捲而已，容易忽略整勁之意，故需重提一下。

特別要留心退而復進的發勁瞬間，要把意、氣、神、勁以及腰、腿、手、腳等集合在一起，體現在鬆沉進身、命門一坐、尾閭一墜、兩腳一踏的共體動作之中，這樣便能意正勁整。

【實用舉例】

2005 年秋，在西雅圖太極拳訓練班上來了一位年輕人，站在邊上旁觀，並與擔任助教的我的一位女弟子美惠交談，詢問武當太極拳的功用。女弟子告訴他，可以強身，可以防身。

他問：可以試試嗎？

她回答：可以。

話音剛落，那位年輕人疾出右拳迎面打她。事發突然，距離又近，情況相當緊急。

美惠遇驚不慌，心中一靜，迅即縱跳換步，用龍捲手黏接對方右腕右肘，落地即發，後客為主，把對方發出。事後，她興奮地說：龍捲手真實用。

第三十八式・烏龍盤旋

【拳招釋義】

此式乃解脫擒拿之一法。被拿之手（或左或右）像龍尾巴似的順著拿勁而盤旋化解，且化中有發，故名烏龍盤旋。

【行功口訣】

捨己黏隨若無骨，
手臂纏繞鬆腰胯。
烏龍盤旋訣何在？
陰陽滾肘是妙著。

【動作分解】

左式：

1. 捨己盤旋

承上式。意想左臂被對方擒拿，迅即意念上捨去雙臂，順著拿勁方向，腰胯微向右轉，重心亦微移右腿，身略下蹲，帶動左臂向內轉腕旋胯盤旋而下，指尖下垂，掌心向後，化解拿勁，右掌置於左臂內側；上體中正，目視前方。（圖 7-3-306）

2. 下沉滾肘

緊接上動。不停頓地腰胯邊旋邊下沉，並繼續蹲身，帶動左臂順著彼勁向內盤旋滾肘。

當感到左臂被拿處行將解脫、對方欲變勁之際，我意在先，迅速腰胯向左迴旋，帶動左臂外旋滾肘，左掌心外

圖 7-3-306

圖 7-3-307

旋向前，此時可趁勢反擊。（圖 7-3-307）

　　註：上述兩動實際是一個連續動作，中間不可停頓。

3. 偷步靠按

　　所謂趁勢反擊，是指「下沉滾肘」之勢將成未成之際，左腳乘下沉之勢悄然偷進半步（或插襠或套腳），並迅速重心前移至左腿，腰胯向左迴旋，弓腿進身，左肩沉靠，左臂屈肘下垂，掌心向上，右掌前按；同時右腳後輪碾轉，成低架側弓步；上體中正，目視左肩前方。（圖 7-3-308）

右式：

1. 上步盤旋

　　接上動。重心全部前移至左腿，右腳提起向右前方進一步，右臂內旋盤旋而下。其餘動作均與左式相同，僅左右方位不同。（圖 7-3-309）

圖 7-3-308　　　　　　　　圖 7-3-309

2. 下沉滾肘

動作與左式相同，僅左右方位不同。（圖 7-3-310）

3. 偷步靠按

動作與左式相同，僅左右方位不同。（圖 7-3-311）

圖 7-3-310　　　　　　　　圖 7-3-311

【呼吸行氣】

1. 一般呼吸

動作 1 與動作 2 為吸，動作 3 為呼。

2. 拳勢呼吸

依據拳勢的快慢調節呼吸頻率。例如動作 3，若要練習明勁發放，則「呼」氣短促，還可隨著短促的呼氣輕發「哼」的一聲。

3. 臍輪調息

無論怎樣呼吸，都要以臍輪調息為中心。例如在「偷步靠按」的發勁時，須命門呼氣，緣脊而上，通於前靠之肩及按出之掌。

【內功心法】

1. 舍臂黏隨

「捨己從人」是公認的太極拳要訣，但遇到具體情況就各有不同了，其核心問題是一個「捨」字如何應用。此處的「捨」是在肘與腕均被對方拿住的嚴峻情況下的「捨」，因此要捨得徹底，即被拿的手臂須徹底放鬆，我不要它了，你要拿去就給你拿去，一點不留痕跡，完完全全地順從對方的拿勁方向，盤旋繞臂，如口訣所說「捨己黏隨若無骨」。這是臨陣實用時的理法心法，但在練拳時應抱著「練時無人勝有人」的心態去練，才能練好。

2. 陰陽滾肘

捨臂從人，並不是說手臂毫無作用了，應該說手臂還是有作用的，所以既要「捨」，又要「用」，兩者非但不

矛盾，而且是有機的統一。「捨」是為了「用」，「用」
是捨的延續，其中連接的關鍵在於「滾肘」。

當被拿之際，要捨去被拿的肘與腕，隨著其拿勁的方
向向內滾肘旋腕。此種內滾肘，屬陰，陰主化，化去拿
勁：當陰滾肘行將解脫、對方欲變之時，我意在先，迅即
向外旋腕滾肘。此時滾肘，屬陽，主攻，趁勢發動反擊。

當然，這並非僅僅肘在動作，而是有腰胯鬆沉旋轉、
變換虛實、進身肩靠按掌等組成的整體行動，但關鍵在陰
陽滾肘的得法。

第三十九式・復勢玉女穿梭

【拳招釋義】

在「穿梭」之前冠以「復勢」，表明不同於一般的玉
女穿梭，而是動作較多，內涵豐富。

就手法來說，就有搬、纏、掤、擄、捋（大捋、下
捋）、滾、架、穿（上穿、下穿）等，就步法步型來說，
有擺、踹、扣、進、跟以及虛步、丁步、八字步、弓步
等，所以稱「復勢玉女穿梭」。

【行功口訣】

（一）

玉女穿梭多復勢，
螺旋滾臂穿化掌。
身靈步活轉四方，
左顧右盼定正中。

（二）

搬臂纏繞踩腿攻，

回身大捋又一穿。

連續行步連續穿，

萬變不離滾臂穿。

【動作分解】

由於復勢穿梭的動作較多，為了方便初學，特分列若干細目，每一方位約有九動過渡，以便記憶。

東北隅穿梭：

1. 虛步蓄掌

接上式。腰胯鬆沉，重心後移至左腿，成右虛步；兩手隨著退身而轉動，置於小腹前，左掌在後，掌心向上，右掌在前，掌心向下；中正前視，成右虛步蓄掌勢。（圖7-3-312）

圖 7-3-312

2. 搬臂踩腿

承上動。腰胯向左旋並迅速向右迴旋，旋轉一圈，帶動右手與小腿同時動作：右手鬆握拳，以肘為軸，前臂環弧形向前搬出，拳腕外旋，拳心向上；左手附在右肘窩處；同時右腿提膝，右腳斜橫，向前方踩出，暫不落地，成左獨立右踩腿勢；中正前視。（圖 7-3-313、圖 7-3-314）

圖 7-3-313

圖 7-3-314

3. 踏步裏纏

承上動。隨右腳向前下方踩出，重心前移至右腿，腰胯鬆沉，並微向右旋轉，右腳斜擺踏實；同時右前臂繼續前搬，搬至前臂平置身前，右拳鬆開變掌，掌心向上，左手旋腕順著右肘外裏纏繞，經過右肘尖向前上方穿出，掌心向上，意為纏繞穿化被拿的右肘，左掌與右掌交錯成斜十字形。此時重心大部在右腿。（圖 7-3-315）

圖 7-3-315

4. 進步上穿

承上動。腰胯鬆沉，重心全部移至右腿，左腳提起向

左前方（偏北）進一步（意為插襠或套步）；同時左掌趁
進步之勢，沿著右臂向上方穿出，指尖斜向上，掌心向
內，右掌置於左肘內側；此時重心約八成在右腿，面向偏
東，中正前視。（圖 7-3-316）

5. 轉身滾挪

　　承上動。腰胯鬆沉前進，並向左旋胯轉體及左腿鬆沉
前弓，帶動左臂、左掌從右向左、再向上做弧形滾挪，轉
身至面向東北；重心大部移寄左腿，中正前視。（圖 7-3-
317）

圖 7-3-316

圖 7-3-317

6. 斜行下捋

　　承上動。重心全部移寄左腿，右腳提起，經過左腳
跟，向右側斜行一步，腳尖朝偏東南，隨即重心移向右腿
約七成，變為右側弓步；隨之腰胯右轉，帶動兩手向下、
向右捋回，左掌在前，右掌在後；中正前視（圖 7-3-318）

7. 收步蓄勢

接上動。重心全部移寄右腿，左腿收回，腳尖下垂，虛懸於右腳踝內側（或腳尖點地成寒雞步）；兩掌隨勢弧形收蓄於上腹前，掌心均向上；中正前視。（圖 7-3-319）

圖 7-3-318　　　　　　　圖 7-3-319

8. 上步亮掌

接上動。隨即左腳向左前方上一步，腳跟著地成左虛步，同時腰胯鬆沉；兩掌由上腹處向上微微伸展，指尖斜朝上，掌心斜朝內，成左虛步亮掌勢；重心仍然大部在右腿，中正前視。（圖 7-3-320）

9. 滾臂穿梭

接上動。隨即腰胯鬆沉，重心前移至左腿，弓腿進身，

圖 7-3-320

並向左旋胯轉體，帶動兩手同時動作：左掌上穿，左臂向上並向左弧形滾翻，意想用滾臂旋腕上穿之勢卸架來力，使來力在滾臂旋腕翻掌上穿中卸去；右手在左臂上穿的同時向前方穿行推掌，須手腕內旋，用螺旋勁穿向對方胸口，兩手臂均須鬆肩沉肘，不可聳肩露肘，成左弓步穿梭式；面向東

圖 7-3-321

北角，立身中正，凝視右掌前方，關顧左右。（圖 7-3-321）

　　註一：這是四隅之一的東北角穿梭，雖然分列 9 個動作，但操練時應整體運行，不可分割停頓。尤其是最後三個動作更應一氣呵成。對各動作不能一滑而過，也不能分割滯重，更不能斷斷續續。

　　註二：此式步法計有四步：即右擺步、左進步、右斜行步、左弓步，如果加上步型那就更多了。所以應連續進步、連續穿行。

西北隅穿梭：

1. 後坐大将

　　承接東北隅左弓步穿梭勢。腰胯鬆沉，重心後移至右腿，右腳後輪外轉，腳尖外撇；同時向右側旋胯轉體，帶動兩掌旋腕成橫掌，手指向左，掌根向右，掌心均朝外，隨著重心轉移而向右側橫掌大将，将至胸朝東南；左腳隨勢碾轉，腳尖內扣，形成右側弓步大将勢；立身中正，目視前方。（圖 7-3-322）

2. 扣步回搌

承上動。向右旋胯轉體，繼續橫掌大挒，及至重心全部移至右腿，左腳提起向右腳前扣步，成丁字步；同時，右手向右後方劃弧回搌，暫置身體右側，掌心向裡，指尖斜朝下；左手屈臂在上，掌心向下，與右掌上下斜相對，宛似抱球狀；此時面向偏西南，重心大部寄在左腿，立身中正，雙目前視。（圖 7-3-323）

圖 7-3-322　　　　　　　　圖 7-3-323

3. 點足抱球

接上動。繼續向右旋胯轉體，轉至面向西南，帶動右掌繼續劃弧搌至左掌下，兩掌上下相對，成左抱球狀：同時右腳前掄碾轉，腳跟離地寸許，腳趾黏點地面，成右腳點地（寒雞步）的左抱球勢；中正前視。（圖 7-3-324）

4. 上步蓄掌

接上動。沉腰落胯，重心全部移寄左腿，右腳提起向右前方跨上一步，腳跟著地成右虛步；同時，左掌外旋下

落，掌心翻轉向上，與右掌同置於上腹前，做勢欲變；中正前視。（圖7-3-325）

圖 7-3-324　　　　　　　圖 7-3-325

5. 跟步探掌

接上動。隨即重心移至右腿，右腳踏實，弓腿進身，左腳趁勢跟上半步，腳掌著地；右手隨進身之勢向前上方穿出探掌，掌心轉向下，左掌隨右掌而行，置於右肘旁；目視右掌前方，成左跟步探掌勢。（圖7-3-326）

6. 斜行下捋

接上動。隨即重心全部移

圖 7-3-326

寄右腿，左腳提起向左側斜正一步，腳尖朝偏西，隨之重心移向左腿約七成，變成左側弓步，向左旋胯轉體；兩手

隨著重心左移及向左轉體向下、向左捋回，右掌在前，左掌在後；此時面向西北，立身中正，雙目前視（圖 7-3-327）

7. 懸足蓄勢

接上動。重心全部移寄左腿，右腳收回暫不落地，腳尖下垂，虛懸於左腳內側；同時，兩掌收回，置於上腹兩側，蓄勢待進；中正前視。（圖 7-3-328）

圖 7-3-327　　　　　　　　　圖 7-3-328

8. 上步亮掌

接上動。隨即右腳向前方進一步，腳跟著地成右虛步，腰胯鬆沉；兩掌由上腹處微微上穿，指尖斜向上，成右虛步亮掌式；中正前視。（圖 7-3-329）

9. 滾臂穿梭

接上動。隨即腰胯鬆沉，重心前移，弓腿進身，並向右旋胯轉體，帶動兩手同時動作；右掌上穿，右臂向上並向右弧形滾翻，意想用滾臂旋腕穿掌之勢卸架來力，使來

力在滾臂旋腕中卸去，右掌向上滾翻直至過頂，置於右額前上方；左手則與右手同時向前穿梭推掌，須手腕內旋滾轉，似螺旋形穿發，兩臂須鬆肩沉肘，肩不高聳，肘不外露，成右弓步穿梭式；面向西北角，中正前視。（圖7-3-330）

圖 7-3-329

圖 7-3-330

註一：西北隅穿梭雖分9動，但操作時應整體運作，不可分割停頓，應一氣呵成，當然對各動作也不能一滑而過，既要分清，又要聯貫。

註二：西北角穿梭的步法亦是四步，即左扣步、右進步、左斜行、右弓步。應連步連穿不停。

西南隅穿梭：

1. 退身下捋

承接西北角穿梭。腰胯鬆沉，重心後移至左腿，向後鬆沉退身，帶動兩掌轉腕外旋，轉成兩掌掌心上下斜相對，右掌在上、在前，左掌在下、在後，隨著重心後移而

向左側下方回捋，此時成右虛步下捋勢；中正前視。（圖
7-3-331～圖 7-3-334）

圖 7-3-331

圖 7-3-332

圖 7-3-333

圖 7-3-334

2. 搬臂踩腿

動作與東北角穿梭的動作 2 完全相同，而且一直到動

作 9 都完全相同，僅僅方向從東北角轉變為西南角而已，故文字說明與動作圖解均不再重複。

東南隅穿梭：

緊接西南角穿梭。隨即後坐大挒，開始轉向東南角穿梭，其間的各項動作完全與西北角穿梭的 9 個動作相同，僅僅是運動的方向從西北轉變為東南，故不再附文字說明及動作圖。

【呼吸行氣】

1. 一般呼吸（以東北角穿梭為例）

動作 1 為吸氣，動作 2 與動作 3 為呼氣，動作 4 與動作 5 為吸，動作 6 為呼：動作 7 及動作 8 為吸氣，動作 9 滾臂弓腿穿梭為呼氣。

2. 拳勢呼吸

由於本式過渡動作多，分解得比較細，所以上述的一般呼吸僅指一般情況而已，如果由於動作速度的變化而需要調整呼吸頻率，或是吸長些，或是呼長些，視情況靈活調度，以順暢與有勁為原則。

3. 臍輪調息

不論如何呼吸，都要意守臍輪，以臍息為中心。由於復勢玉女穿梭分解動作多，四角相加達 36 個動作，而且步法多、身法活，更要刻刻留心在「臍息」。

【內功心法】

此式動作多，相應的心法也多，此處僅談主要的三點：

1. 螺旋滾臂穿化掌

「玉女穿梭」的亮相定式動作，與外家拳的「弓步架打」相似。但是，如果僅僅是「弓步架打」，那就算不上是太極拳了。「玉女穿梭」有太極拳自身的特色。

其中一個主要的特色，就是「螺旋滾臂穿化掌」。例如，對方從上往下擊我頭部，不可用手臂直接上架（那樣就是一般的架打，犯了頂抗之病），應當上右步（或先退左步再上右步），出右手，前臂弧形上穿接勁，並迅速右腕外旋，轉腕滾臂，在滾臂上穿中，輕鬆地把來力卸向外側；與此同時，左手腕內旋，邊旋腕邊滾臂，用螺旋勁向前穿掌反擊。此即「螺旋滾臂穿化掌」。

但要注意，此種螺旋穿化，須由腰胯旋轉及弓腿進身為原動，即在右手上穿接勁之際，須微向左旋胯轉體，一經接手的瞬間，須迅速回轉，向右旋胯轉體，並重心前移，弓腿進身，帶動右臂滾臂穿化，化卸來勁；同時帶動左掌向前穿出，推掌反擊。

當然，這種滾臂穿掌不僅貫徹在動作 9 的「滾臂穿梭」中，而且整個四角穿梭中都應予以貫徹。

例如，東北角穿梭中動作 3 的「踏步裹纏」，也含穿掌之形（纏掌後微微平穿），及至動作 5 的「進步上穿」更是明顯的穿掌了，即使動作 5 的「轉身滾掤」，也含邊滾邊穿的勁意。因此「螺旋滾臂穿化掌」，應貫徹於「玉女穿梭」的全過程修練，只有各個環節的修練都得法了，才能使「螺旋滾臂穿化掌」最終一擊成功。

2. 連續行步連續穿

復勢穿梭還有個重要心法，就是口訣所說「連續行步

連續穿」。每一隅的穿梭步型、步法都很多，前面分解動作的附註中已談到了這點，但那僅僅是指步法，如果加上步型，則每一隅的步法、步型就有八種之多。這說明復勢穿梭的步法多樣，變化多端，忽左忽右，忽前忽後，而且身隨步轉，手隨身使，連續行步，連續穿掌，氣勢騰挪，應對四方。

3. 左顧右盼定正中

由於此式身法多變，對眼的左顧右盼要求更高。眼神必須隨著身形、步法的變化，或顧或盼或前視，切忌目光吊滯，也不能低頭視物。那種眼睛低頭看手的練法，不符合顧盼的真意。

「身法篇」中已對顧盼作了闡述。顧盼者，即目光之顧盼，眼睛之轉動。

由於手勢有高有低、有上有下、有遠有近，如果呆板理解「眼看手」，就會出現「仰頭看高，低頭視下」的現象，以致產生搖頭晃腦、低頭哈腰等弊病。必須弄清顧盼的真意，才能做到「左顧右盼定正中」。

【實用舉例】

僅舉數例：

（1）若對方上右步、出右拳擊我前胸，我可採用「搬臂踩腿」及「踏步裹纏」法接手還擊。其法是，腰胯迅速微向左轉再向右迴旋一圈，帶動右前臂以肘為軸，環形搬接來拳之前臂化解攻勢，同時提右腿踩其右膝或下踩其腳背，隨即重心前移至右腿，用旋胯轉體及重心前壓之勁將對方搬出，在此過程中，左掌附在自己右前臂內側，

以助右臂前搬。

（2）若對方化我搬勢，並趁勢拿我右臂，我左手向裡裹纏穿化，解化對方拿我之勁，同時左腳迅速插入其襠（或套步），左手從右臂下穿向上方並向外滾掤；右掌同時按擊其上胸或肩、脯等處，將其發出。此法就是「進步上穿」「轉身滾掤」的運化。

（3）若對方左弓步、出左拳擊我面部，我腰胯微右轉，帶動左臂上穿，黏按其左臂外側，隨之左腳進步插入其襠，腰胯迅速向左迴旋，帶動左臂內旋滾翻，邊滾臂邊滾翻邊外捌，使其背勢；同時右掌按擊其肩部，用螺旋沉勁使其跌出。這就是「滾臂穿梭」的運用。

（4）若對方從我身後偷襲，我左腳迅速向右腳扣步，向右轉身回頭，重心迅移左腿，右腳進步；同時右手隨著扣步轉身向右後方回攦，右肘截其心窩，彼若閃避，我右臂就順勢橫掤其肋，或攦其手背，使其背勢或被截出。此即「扣步回攦」的運化。

（5）對方以右順步、出右拳擊我胸部（或面部），我迅速向左旋胯轉體，帶動兩手上舉：右手黏按其右腕，左手黏執其右肘，拽直其手臂；同時右腳後撤一步（或斜行開一步），用下挒或橫向大挒法使其向我右側或後方跌出。這是「斜行大挒」或「後坐下挒」的運化。

第四十式·退進指襠捶

【拳招釋義】

此式與一般的進步指襠捶比較，在步法及手法上豐富

得多。就步法而言，在摟膝打捶之前，先有左右貓洗臉的動作，然後進步指襠打捶。不僅步法靈活，忽退忽進，而且手、眼、身、步柔和為一，寓勁於飄逸自然之中，把修心養性與練勁防身融為一體。

【行功口訣】

退中寓進進亦退，
忽退忽進指襠捶。
貓行洗臉螺旋手，
上上下下勁意在。

【動作分解】

右式：

1. 後坐右洗臉

承上式。腰胯鬆沉，重心移向左腿，向左旋胯轉體，帶動右掌向內旋腕，邊旋腕邊洗臉至左臉外側，掌心向左頰；左手同時劃弧向下置於左腹前，掌心向下；同時右腳後輪轉，使腳尖內扣，成右虛步洗臉勢；面向東北，中正前視。（圖 7-3-335）

2. 右退步左洗臉

接著不停頓地右腳提起，經左腳內側向右後方斜退一步，重心移向右腿，向右旋胯轉體，帶動左掌向上劃弧，向右洗臉，洗至右臉外側，掌心向右頰，右手同時由上而下劃弧至右腹前；同時左腳右輪轉，腳尖內扣，成左虛步洗臉勢；面向偏東南，中正前視。（圖 7-3-336）

圖 7-3-335　　　　　　　　圖 7-3-336

註：關於右左兩手交錯洗臉的具體練法，依照「身法篇」中「進退貓洗臉」的功法進行。

3. 左退步右洗臉

緊接著腰胯鬆沉，左腳提起，經右腳內側向左後方斜退一步，重心移向左腿，向左旋胯轉體，帶動右手向上劃弧，向左洗臉，洗至左臉外側，掌心向左頰；同時左腳後輪轉，腳尖內扣，成右虛步洗臉勢；中正前視。（圖 7-3-337）

4. 右墊步洗臉

緊接著右腳提起，向前墊步，右腳尖外撇。同時左手劃

圖 7-3-337

弧上舉向右洗臉，掌心向右頰；重心仍在左腿，面向偏東

南，中正前視。（圖 7-3-338）

5. 左進步握拳

緊接著腰胯鬆沉，重心移寄右腿，左腳提起向前進一步；左手弧形下落，屈肘橫臂於胸前，掌心向下；同時右手腕外旋，劃一小弧圈，變為鬆握拳，拳心向下，置於右腰處；立身中正，凝視前方。（圖 7-3-339）

圖 7-3-338

圖 7-3-339

6. 左摟膝指襠捶

緊接著腰胯鬆沉，左腿前弓，鬆沉進身，邊進身邊向左旋胯轉體，帶動左手放鬆，指尖下垂，經胸前弧形下摟過膝，左掌在左膝前劃弧而過，置於左胯外側，坐腕沉掌，掌心向下，指尖向前；同時，右拳經腰側向前方斜形下打，指向對方襠部而出；此時面向正東，立身中正，雙目前視，成左摟膝右指襠捶式。（圖 7-3-340、圖 7-3-341）

圖 7-3-340

圖 7-3-341

左式：

左式練法與右式完全相同，僅左右方位不同。故從略。

【呼吸行氣】

1. 一般呼吸

動作 1 為吸，動作 2 為呼；動作 3 為吸，動作 4 為呼；動作 5 為吸，動作 6 為呼，前後計三個呼吸。

2. 拳勢呼吸

以拳勢的節奏調整呼吸頻率。如果動作 4、5、6 的速度加快，則動作 3 的吸氣為一次長吸，包括動作 4、5 在內均在這一長吸之中，動作 6 的呼則相對比較短促，一呼而打。

3. 臍輪調息

行拳時，意守臍輪，各次呼吸不論快慢長短，均須以臍息為中心進行。

【內功心法】

1. 退身要墜

當重心後移、向後退身時，應腰胯鬆沉，斂臀墜尾，用千斤下墜之意穩定身法，才能使步法進退自然，使手法洗臉靈活。

2. 撤步要斜

本門心法，凡撤步均要斜行，不可直線後退。其法可以橫開一步，如「三角穿掌」式的撤步橫開；也可斜線後退，本式的退步是斜線後退。拳諺說：「斜撤得橫（敵側面），直退易潰（自身潰退）。」這樣的左右連續斜撤，身法忽左忽右，就能夠「退中寓進進亦退」，從而「閃開正中得橫中」。

3. 墊步要悄

動作 4 的墊步，是進步打捶的前奏，須輕輕地、悄悄地、不動聲色地進行，屬偷進一步之意，才能出其不意地進步打捶。

4. 洗臉要旋

兩手左右交錯洗臉時，須突出一個「旋」字，即坐腕立掌，開始掌心向外，隨後手腕內旋，在臉前旋掌洗臉，旋至掌心向臉。旋掌洗臉要注意三點：

一是要坐腕，用掌根旋轉帶動手掌旋轉；

二是掌根旋轉須由肘的滾轉帶動；

三是滾肘須由旋胯轉體帶動。

歸結起來說就是「三催」，即腰胯催肘，肘催腕，腕催掌，在螺旋旋轉中洗臉。

5. 斜進正出

進步摟膝打捶的過程，就是斜進正出的過程。即進步蓄勢時，面向東南，弓腿進身時是斜線切進，及至摟膝打捶，就是正面進擊了，故稱為「斜進正出」。應細細品味這「斜」「正」的心法。

【實用舉例】

此式用法在摟膝打捶方面，與第十六式「進步摟膝」及第十七式「換步摟膝」相似，不再重複。僅就進退與洗臉方面說三點：

（1）若對方進右步、出右拳打我面部，我迅即撤右腿（幅度大小視情況而定），腰胯右旋，帶動左手上舉立掌，用尺骨處內側黏接來拳之前臂，甫一接勁，迅速用螺旋「三催」法向右洗臉化解，將來拳旋化在一旁，迅速上左步打捶（指襠、指胸皆可，視勢而定）。

（2）對方若將其右拳隨我洗臉勢而向下用撩拳襲我，我左手可趁勢下摟（摟胸摟膝），摟開其襲，並進步捶打，使其處於背勢或直接跌出。

（3）若對方來勢洶洶，兩手連環擊我面部，我可用連續退步洗臉法化解，並伺機用撩拳反擊，即在兩手洗臉化解過程中，一手在另一手的掩護下撩擊其胸口，也可在退步洗臉中忽然進步打捶。此法因事出突然，無不奏效。

第四十一式・金雞獨立

【拳招釋義】

本式取名金雞獨立，是由於雞與鶴皆有單腿獨立之能，因而本式的功用亦是一腿獨立，一腿提起，兩手分展，上下皆可防守反擊，故名之。

前文放鬆功中有「金雞報曉」一式，亦是一腿支撐，一腿提起，練法大體相同，都是取金雞獨立的雄姿，喻拳招的神韻。當然本式還兼有頂膝、足踢、挑掌、按掌等特點。

【行功口訣】

金雞獨立顯神韻，
一腿支撐入地根。
挑臂按掌兩手分，
膝頂足踢又踏勁。

【動作分解】

右獨立：

1. 後坐托掌

承上式。腰胯鬆沉，微向左旋轉，重心後移至左腿，帶動兩手同時旋腕翻掌向上托起，右掌托在前，高與肩平，掌心向上，指尖向前；左掌在

圖 7-3-342

後，掌心側向左，指尖向前，置於左額外側，前後兩臂均須鬆肩垂肘；中正前視，面向東，成高架虛步托掌勢。（圖 7-3-342）

2. 橫步伏掌

接著，重心全部移寄左腿，腰胯下沉，催動右腿提起，腳不落地，經左腳內側向自身右側（南）橫開一步踏實，腳尖外撇約 40°，迅即重心移向右腿；同時兩掌劃弧而下，按伏在左側前方，左掌在前，右掌在後，掌心均朝下，指尖向左前方；面向偏東北。中正前視。（圖 7-3-343、圖 7-3-344）

圖 7-3-343　　　　　　　　圖 7-3-344

3. 獨立穿掌

緊接上動。腰胯鬆沉，向右旋轉，重心全部移寄右腿，坐腰墜尾，湧泉踏實，左腿提起，左膝向上提頂，儘可能提至與上腹同高，腳尖下垂；兩掌同步運作：左手自下而上，先托掌再向上穿掌，穿法是用肘推送前臂上挑，

並坐腕立掌，指尖上穿，掌心向右，與額同高；右手則從左向右弧形上提，與肩同高，向左側方橫掌撐出，掌心橫向右側，右臂呈半環形橫撐，鬆肩沉肘；此時面向正東，成金雞右獨立勢，須右腿支撐穩定，立身中正，凝神前視。（圖 7-3-345）

4. 掌劈足踢

緊接上動。左掌向前劈出，用掌緣或掌根劈打；同時左腳向前點踢。在劈掌踢足的同時，右掌暗勁外撐，劈、踢、撐三者須同時同步進發，並同時收回；中正前視。（圖 7-3-346）

圖 7-3-345   圖 7-3-346

左獨立：

1. 橫步伏掌

承上動。隨即腰胯鬆沉，臀部斂墜，左腳趁勢向左側（北）橫開一步踏實，腳尖外撇約 40°，重心迅速移向左腿；同時，兩掌轉腕旋膀，劃弧而下，均成俯掌，按伏於

右側前方，右掌在前，左掌在後；此時面向偏東南，中正前視。（圖 7-3-347）

圖 7-3-347

2. 獨立穿掌

練法與右式相同，僅左右方位不同。（圖 7-3-348、圖 7-3-349）

圖 7-3-348

圖 7-3-349

3. 掌劈足踢

練法與右式相同，僅左右方位不同。（圖 7-3-350）

圖 7-3-350

【呼吸行氣】

以右獨立為例。

1. 一般呼吸

動作 1 為吸，動作 2 為呼；動作 3 為吸，動作 4 為呼。

2. 拳勢呼吸

以拳勢的節奏調整呼吸頻率。動作 1 至動作 4，動作緩慢時分作兩個呼吸，如果速度加快，則一個吸呼就夠了，即動作 1 至動作 3 為吸，動作 4 為呼。

3. 臍輪調息

各項呼吸，都要以守臍、臍息為中心進行。例如呼氣時，氣由命門而上，經夾脊，通於兩臂、兩掌而出。

【內功心法】

1. 托掌要沉

動作 1 的後坐托掌，必須腰胯鬆沉，尾閭下墜，雙腳踏勁，意想用下沉反彈之勁將雙掌上托，外形上雖無明顯表露，但心法上要十分明確。此即所謂「如意要向上，即寓下意」也。

2. 提膝要頂

一腿支撐、一腿提膝時，要含向上頂膝的勁意，盡量

提得高些。但提膝不僅是膝自身提起，還應由另一腿的踏勁及鬆沉墜尾之勢襄助提膝上頂，才能增強提膝之威。

3. 獨立要穩

眾所周知，獨立支撐之腿必須穩定才能防守反擊，才能鍛鍊下肢，增強腿力，防止老化，防止摔跌。如何穩定？一是腰胯鬆沉；二是尾閭下墜；三是湧泉入地；四是膝部微屈；五是兩肩持平；六是提頂吊襠，立身中正；七是眼神平視，不可低頭看手。

4. 穿掌用肘

動作 2 的向上穿掌，不單是手掌自身上穿，還應由肘的上挑催動前臂及手掌上穿，及至向前劈掌，也是肘關節鬆活彈出。假如用上臂劈掌，勢必牽連獨立的穩定。另一手的橫撐，也是肘部放鬆，由前臂撐出。所以鬆肘、活肘十分重要。

5. 踢足要彈

動作 4 的踢腳，必須膝關節放鬆靈活，由膝部的鬆彈將腳踢出。外形上看不出是腳踢還是膝彈，這主要是意念上的法門。

如果要把彈膝與踢腳在意念上分出先後的話，那麼前者意在先，後者意在後，但這先後僅是一閃之間，不能有絲毫滯留。分清了勁意上的先後，練拳就能事半功倍。

【實用舉例】

（1）若對方用左順拳擊我胸或臉部，我隨即左腿後撤（幅度大小視情況而定），重心迅速後移至左腿，避其鋒芒，並迅速用動作 1 的托掌式，左手執其腕，右掌托其

肘，兩掌鬆沉上托，使其背勢。彼若向後撤臂，我即趁勢弓腿（或進步）發送。彼若不撤臂，而是鬆化下沉進擊，我就隨其勢向左旋轉，雙掌下按，使其前傾或下仆，此時我既可順其背勢向左捋挒，又可向前發送，使彼跌出。

（2）獨立提腿有三用：一是用膝尖衝敵腹部；二是腳踢其襠部；三是腳踩其前腿的膝蓋或迎面骨。

（3）若對方用右拳擊我頭部，我迅速左掌托其肘，右掌用掌根衝托其下巴，或用掌指扣其喉部，將其封鎖住（瞬間），然後立即乘隙用膝頂或腳踢，逼其就範。

｜第四十二式・連環撲面掌｜

【拳招釋義】

此式以掌由上而下撲擊面部，而且左右開弓連續撲擊，故名連環撲面掌。

【行功口訣】

> 連環步法連環掌，
> 中宮直進顧三前。
> 雙掌翻飛環環扣，
> 掌根吐勁尤剛健。

【動作分解】

1. 擺步採挒

接上式。腰胯向右旋轉約 35°，右腳輕輕踩地，腳尖

外擺，重心大部在左腿；兩手隨著旋胯轉體同時動作：右手腕內旋，變俯掌，含採意，向右側方採去；左掌手腕外旋，變仰掌，掌根及尺骨處含捌意，向前並向右側方捌去，成右擺步左捌右採式；面向略偏東南，中正前視。（圖 7-3-351）

2. 上步掩手右撲掌

緊接上動。腰胯鬆沉，向左回轉至正東向，重心前移至右腿踏實，左腳提起向前一步，右腳同時跟進半步，重心回移右腿，成左虛步（即動態虛步練法）；在上步的同時，左手隨轉腰向內微捌，並立即旋腕翻掌，在額前劃一弧圈，掩面而下，按於腹前，掌心朝下；右手同時移至腹部，從丹田向上，沿著胸部自下而上，與左手上下交錯而過，並在左手的掩護下，從上而下向前撲擊對方臉面，勁意在掌根，此為左虛步右撲掌。（圖 3-7-352）

圖 7-3-351　　　　　　　圖 7-3-352

上步跟步、左手掩面、右掌撲擊等動作，必須同時到位，不能分割停頓。

3. 左進步左撲掌

緊接上動。腰胯鬆沉，重心全部移寄右腿，隨即左腿提起；同時，左手上提至左臉前，掌心向下，鬆腕鬆指，右掌經臉面下落，與左掌上下交錯，按於腹前，掌心向下，蓄勢待進。隨即不停留地左腳向前進一步，右腳跟進半步；同時左掌由上而下向前撲面發掌，勁意在掌根，成左虛步左撲面掌；立身中正，雙目前視。（圖 7-3-353、圖 7-3-354）

圖 7-3-353　　　　　　　　圖 7-3-354

4. 右進步右撲掌

緊接上動。腰胯鬆沉，重心全部前移至左腿，右腿提起；右手上提，左手下落至腹前，蓄勢待進。隨即不停留地右腳向前進一步，左腳跟上半步；同時右掌自上而下撲擊對方臉部，勁意在掌根，成右虛步右撲掌；中正前視。

圖 7-3-355　　　　　　　　　圖 7-3-356

（圖 7-3-355、圖 7-3-356）

【呼吸行氣】

1. 一般呼吸

動作 1 為吸，動作 2 為呼；動作 3 的提腿提掌為吸，進步撲掌為呼；動作 4 的提腿提掌為吸，進步撲面為呼。

2. 拳勢呼吸

上述一般呼吸過程的速度比較均衡，但拳勢呼吸就有長短快慢之分了。因為三次撲面的拳勢有快慢，第二次、第三次撲面的速度較第一次撲面稍快，尤其是第三掌撲面是緊接著第二掌發出的，刻不容緩，所以它的呼吸更是一次短促的呼吸。

3. 臍輪調息

無論呼吸長短快慢，都應以守臍、臍息為中心進行，尤其在快捷短呼吸時更要注意，不可遺忘。

【內功心法】

1. 貴在連環

連環撲面掌，貴在「連環」二字。步法的連環與掌法的連環，必須環環相扣，密切相連，不可脫節。初練時可以按分解動作分別練習，一旦熟悉了，就必須聯貫起來結為一體。雙掌要上下翻飛，像車輪滾向前，勢不可擋。

尤其是步法更要注意連續性，如將動作 1 的擺步計算在內，共計六步，即第一動擺步；第二動進步、跟步；第三動進步；第四動進步、跟步。除第一動擺步須輕鬆緩緩下蹲之外，其餘五步均要輕靈快捷，連綿進發，步步趕催，以助雙掌翻飛撲擊之威。

為了練習「連環進發」的勁意，此式可單獨修練，至一定火候，可免去跟步，步步都是連續進發，一步一掌，環環撲面，最後一步時可縱躍一步撲掌，練出追風趕月的神韻，體現「連環進步連環掌」的風采。

2. 掌從胸出

所說兩掌翻飛，是指縱向劃圈翻飛，即先是由下而上穿出，再由上而下撲面。問題是上穿之掌從何處穿出？應該經胸口上穿，即掌從丹田而上，經胸口上穿過頂而下撲。這樣出掌不露痕跡，加上另一掌的上下交錯的掩護，可收到「出手不見手」的效果。

3. 掌根發勁

撲面的掌法，並不是手掌拍打，而是掌根發勁。其練法是：手腕放鬆，掌心向下，手指朝前，呈俯掌形態。當由上而下撲掌時，須迅速沉腕，使掌根下墜，手指上揚，

由俯掌變為立掌，接著掌根迅速向前、向下撲彈而出。掌根發勁撲彈，必須由肘節的鬆沉彈發襄助，才有威力。

4. 顧在三前

連環三掌撲面，都是中攻、直進，更要照顧好自己的「三前」：手前、足前、眼前；並盼注對方的肩、膝、肘、胯、頭、手、足等稱為「七星」的七個出擊點，以防不測，才能立於不敗之地，順利撲面。

【實用舉例】

在心法介紹中已有用法在內，這裡再補充兩點：

（1）若有人進右腿、出右拳襲我胸部，我迅即以左手掩按其拳，同時右掌從下而上，從胸口穿出，撲擊其面部，使其後跌。

（2）若對方退避，而且退速很快，我即用「連環步法連環掌」追擊，不可稍有滯疑。

｜第四十三式・翻身撇身捶（右左）｜

【拳招釋義】

撇身者，閃身之意，用於背後遇襲，迅速翻身閃身，並趁勢右拳反擊，左掌連續撲擊。對於鍛鍊身法、步法的靈活轉動有莫大的助益，更能修練遇襲不驚、從容應對的性格。

【行功口訣】

背後遇襲莫驚慌，

扣步翻身閃正中。
旋胯轉體又踏足，
撇身三捶連環攻。

【動作分解】

右式：

1. 扣步大翻身

承接上式。假設對方從我
背後左側襲擊，用拳打我左背
部，我迅即重心前移至右腿，
向右旋胯轉體，左腳隨轉體之
勢向右大扣一步踏實，左腳踵
對右腳尖，成不規則丁字步
（僅僅是過渡），重心速移左
腿；右腳隨著轉體，前輪碾
轉，腳跟微離地，方便轉體，
使身體從面向東翻轉向略偏
西，約轉 270°，以化避來敵；

圖 7-3-357

同時右手下落於小腹前，鬆握拳，拳心向內，左手劃弧上
舉於左額前，掌心向右側方，蓄勢待發。（圖 7-3-357）

2. 進步藏暗肘

緊接上動。腰胯下沉，右腳提起向右前方進一步；同
時，右前臂屈肘上提，橫置於上腹前，拳面向左，肘尖向
右，左手同時下落，俯掌按撫在右拳上，成右虛步藏肘
式；上體中正，目視右側前方。（圖 7-3-358）

圖 7-3-358　　　　　　　　　圖 7-3-359

3. 撇身右打捶

緊接上動。迅速向右旋胯轉體，撇身打捶，其過程是：腰胯鬆沉右旋，轉至面向西北，右腿前弓；右肩鬆轉（含卸字訣），右拳弧形向前撇出，拳心向上，落點時拳略高於肩；左手同時下按於左胯前，成右弓步右撇打勢；右肩、右膝、右腳上下相照，中正前視。（圖 7-3-359）

4. 右旋左撲掌

緊接上動。腰胯再向右旋轉，重心略微後移一成許，帶動右拳收回於右腰側，拳心向上；與此同時，重心迅速向前回移，帶動左掌劃弧向上再向前撲掌，掌心向前，坐腕立掌；中正前視，變成右弓步左撲掌，正面向西北。（圖 7-3-360）

5. 左旋右衝拳

緊接上動。腰胯向左鬆沉旋轉，左膝外旋，右胯內轉向左側身，帶動左掌沉腕外旋，掌心朝上，向後撤回，置

圖 7-3-360

圖 7-3-361

於臍腹處；同時右拳沉腕內旋，拳心向下、向前衝打而出，略高於肩，衝拳時，右腿須墜尾踏勁，以助衝拳之威。此時成右側弓步右衝拳勢；中正前視。（圖 7-3-361）

左式：

1. 換步右磨左削掌

承接上動。腰胯鬆沉，重心後移至左腿，右腳趁勢提起收回，經左腳內側，向後退步，馬上重心回移右腿，左腳向前伸出半步，成高架左虛步，面向偏西南；與此同時，右拳變掌，手腕外旋，掌心向上，隨即劃弧收回於胸前，掌緣輕貼胸前；左手掌心向下，同時由胸部向左前方削

圖 7-3-362

出，勁意在掌緣；立身中正，目視左掌前方。（圖 7-3-362）

2. 進步藏肘

接上動。腰胯鬆沉，左腳提起向左前上一步；左臂橫置胸前。練法與右式相同，僅左右方位不同。（圖 7-3-363）

3. 撤身左打捶

練法與右式相同，僅左右方位不同。（圖 7-3-364）

圖 7-3-363　　　　　　　　圖 7-3-364

4. 左旋右撲掌

練法與右式相同，僅左右方位不同。（圖 7-3-365）

5. 右旋左衝拳

練法與右式相同，僅左右方位不同。（圖 7-3-366）

【呼吸行氣】

1. 一般呼吸

動作 1 為吸，動作 2 與動作 3 為呼。因為動作 2「進步暗肘」是很短暫的過渡性動作，是與「撤身打捶」合為

圖 7-3-365

圖 7-3-366

一起的，所以一呼而成。

　　動作 4 為又吸又呼，動作 5 亦是又吸又呼。

2. 拳勢呼吸

　　以行拳的速度，調節呼吸頻率。例如動作 4 與動作 5，動作緩慢時，分兩次呼吸。如果動作加快，左撲掌與右衝拳一氣呵成，則只須一次吸呼就可以了。

3. 臍輪調息

　　各種呼吸，均要以守臍、臍息為中心進行。

【 **內功心法** 】

1. 扣步翻身要旋轉

　　動作 1 的扣步翻身，關鍵在於旋轉。一是腰胯後旋；二是身體旋轉 270°；三是右腳掌碾地旋轉。

　　這三個旋轉，是在左腳大扣步啟動後進行的，所扣步的幅度要大，扣就是轉。若要轉得靈，又必須分清虛實。

扣步之前，重心在右腿，一經扣步，甫一踏實，迅即重心
移至左腿，才能方便右腳前輪碾轉，掃除身體旋轉的障
礙，完滿旋轉270°。

2. 撇身打捶要卸肩

撇身打捶時，手臂須弧圈打出，而這個弧圈必須以鬆
肩轉肩（卸字訣）為中心，好比自己的肩被對方所制，即
用卸肩之法卸去來勁，撇打反擊才能奏效。

卸肩之法可參閱「鬆靜篇」放鬆功中的「老牛卸磨」
式練習。

3. 連環進擊靠腰胯

此式雖名為撇身捶，實際上連化帶發有三次出擊，即
撇捶、撲掌、衝捶等連環進擊。這兩捶一掌，必須靠腰胯
的右旋左轉及重心的變換，才能上下交錯、前後往來、一
氣呵成。

換句話說，掌捶的連續化發，都是靠腰胯帶動的，並
非只有手的動作，還是那句老話：「腰胯帶手。」

｜第四十四式・炮打捶（左右）｜

【拳招釋義】

此式與形意拳的炮拳相似，都屬於架衝拳一類的拳
法，但練法各有特點。

本門的練法雖然也是左右斜線進發的，但在腰胯旋
轉、拳法鑽翻以及內氣內勁的修練上有鮮明的太極特點，
至於外形動作則有明顯的發勁。當然也可以練習暗勁，明
勁與暗勁可以輪換鍛鍊。

【行功口訣】

左右斜行炮打捶，
一拳鑽翻一拳衝。
動態虛步像陣風，
臍輪調息腰腿功。

【動作分解】

左式：

1. 提步抱拳

承上式。隨即腰胯鬆沉，右腳提起，收於左腳內側的踝關節處，不落地，腳尖虛懸；同時，左臂沉肘旋腕，拳心轉向上，邊旋腕、邊收回於左腰側；右手同時向內旋腕，再向外旋腕，鬆握拳，拳心向上，收置於右腰側，此時左右兩拳分別抱拳於左右兩側；上體中正，面向西，目視前方又關顧右側，蓄勢待進。（圖 7-3-367、圖 7-3-368）

圖 7-3-367　　　　　　　　　圖 7-3-368

2. 右轉蓄勢

緊接上動。鬆腰落胯，向下鬆沉，向右轉體約 40°，面向西北；右拳微微上鑽至胸口附近，右腳仍虛懸，中正前視。這是一個瞬間的過渡動作，為了方便初學，才把它標出來，防止一滑而過。故不列圖片，以防誤解。

3. 進步鑽翻炮打

緊接上動。不停留地左腳蹬地，右腳向前進一步，左腳再跟進半步，重心先移至右腿，再迅速回移至左腿，此即動態虛步的步法；在進步的同時，右拳從胸前斜向左方上鑽翻，經過左臉，掩面向右外旋滾翻，置於右耳上方（右額上角）；同時右轉體側身，帶動左拳向前方打出，與右腿同一方向，拳眼向上，拳高與胸口齊；目視左拳前方，上體中正。（圖 7-3-369）

圖 7-3-369

右式：

1. 墊步抱拳

接上動。腰胯鬆沉，右腳向前墊步，重心立即移寄右腿，隨即左腿提起，懸腳於右腳內側，雙手抱拳於身體兩側。練法與左式相同。

2. 左轉蓄勢

練法與左式相同，僅方位不同。（圖 7-3-370、圖 7-3-371）

圖 7-3-370

圖 7-3-371

3. 進步鑽翻右炮打

練法與左式相同，僅方向方位不同。（圖 7-3-372）

【呼吸行氣】

1. 一般呼吸

動作 1 為吸，動作 2、動作 3 為呼，左右式皆同。

2. 拳勢呼吸

與一般呼吸同。唯呼氣炮打時，呼氣較短促一些。

圖 7-3-372

3. 臍輪調息

一吸一呼，均須意守臍輪調息，即吸氣時臍窩吸氣，呼氣時由命門而上，形於炮打之捶。

【內功心法】

1. 弧形鑽翻

以左炮打為例。右拳的鑽翻具有卸化來敵的重要作用，是左拳能否炮打成功的首要一著，因此必要講究鑽翻之法。

所謂鑽翻，就是右拳一面向上、向左、又向右弧形鑽去，一面右腕外旋，拳心從裡向外翻轉，翻至拳心向外，置於右耳上側方；同時右臂沉肘，右前臂滾轉。這樣，就使鑽拳、旋腕、翻拳、沉肘、滾臂等聯結成一個弧形鑽翻的整體，加上腰腿之勁，就能化敵於無形，甚至能乘對方猛烈衝拳之勢，把其捋化跌出。

不過，鑽、旋、翻、沉、滾必須五位一體，鑽翻即卸，才算得法，才能為左拳炮打奠定順勢。

2. 側身斜打

左拳炮打，是取側身斜面拗步勢，側身約 40°左右斜面。因此，要大幅度向右旋胯轉體，轉至左肩在前，右肩在後，左拳順肩向前衝打，右拳向後滾翻，形成前後兩拳對拉之勢，氣順勁正。

3. 勁發腰腿

太極拳的發勁，即「其根在腳，發於腿，主宰於腰，敷於兩臂，形於手指」。

此處是在貫徹上述原則的前提下，突出腰胯的大幅度旋轉，以及兩足的踏勁，還有向前蹬腳進步的衝力，使左拳炮打、右拳鑽翻如矢放的，威風凜凜。

4.動態虛步像陣風

炮打捶的步法是動態虛步，其中的關鍵是前腳的進步，主要是由後腳的蹬地送出去的，當然前腳自身亦有進步之意，但主要是由後腳蹬地前送的；前腳一進，後腳及時跟上半步；同時身法亦隨之進身。這樣，蹬腳、進步、跟步、進身、打捶融為一體，天衣無縫，同進同出，像一陣風似地席捲向前，勢不可擋。

【實用舉例】

上述心法中已含用法在內，再舉一例如下。

若對方出右拳打我臉部，我隨即右拳向上鑽翻，同時進步左拳炮打，按上述心法那樣整體前進，就能使對方或被我鑽翻捋出，或被左拳打出。

｜第四十五式·轉身擺蓮腿（右左）｜

【拳招釋義】

擺蓮腿，就是武術中常見的外擺腿。此腿法的功用，是用腳背的外側橫向踢敵胸部或肋部，或橫掃其腿膝。目前青少年武術訓練中有內擺腿和外擺腿的練項。當然，太極拳的擺蓮腿自有太極的特點。

太極先賢鑒於此式身法、腿法的旋轉，狀如「風擺荷葉」，故名轉身擺蓮。然而風擺荷葉的風有大有小，從致用的角度看，此旋轉之風應像一陣龍捲旋風，才能擺出威風。

本門的練法是左右皆練，既有旋轉 360° 的右擺腿，又有轉身 270° 的左擺腿，前後左右來回旋轉，好似一陣龍捲風，它對於鍛鍊身體的穩定及其靈活旋轉有莫大助益。

【行功口訣】

左右擺蓮龍捲風，
穿掌拍腳亦逞勇。
強勁旋流何處來？
業師細說中軸功。

【動作分解】

右擺腿：

1. 擺步穿掌

承接上式。重心前移至左腿，腰胯右旋，右腿提起，經左腿內側向右側方擺步，腳尖指向西北，重心還在左腿；同時向右轉體，帶動右拳變掌，向上、向右穿掌旋腕，掌心向外，置於頭部右上方，右臂鬆肩屈肘，呈弧形上舉勢；同時左拳變掌，向右肋下穿，屈肘橫臂，俯掌按於肋前；此時成右擺步穿掌護肋勢，面向西北，目視前方。（圖 7-3-373）

圖 7-3-373

2. 扣步旋轉

緊接上動。不停頓地腰胯鬆沉旋轉，重心移寄右腿，隨即左腳趁勢落地，同時左腿提起向右後方大弧形扣步（腳暫不落地）；同時以右腳掌為軸，向右後快速旋轉至偏西南（即第一動起點處），隨即左腳落地；兩掌原姿勢不變，隨轉而動。至此，從第一動計算起，作了360°的大迴環旋轉。重心仍寄右腿，為左虛步，中正前視。（圖7-3-374、圖7-3-375）

圖 7-3-374

圖 7-3-375

註：年老體弱者、旋轉360°有困難者，可採用小幅度擺扣步法代替腳掌旋轉。即從動作1的右擺步算起，第一步右擺，第二步左扣，第三步再右擺，第四步再左扣步，計四步就能完成360°一圈。此種快速擺扣步法的鍛鍊效果，也是相當好的。

3. 擺腿橫掃

緊接上動。腰胯鬆沉，重心前移至左腿，左腿獨立，

右腿提起，隨著腰胯旋轉，先向左、向上，再向右弧形外擺，用右腳背的右外側橫掃踢擊；同時左手前臂上揚，與右手同時旋腕翻掌，使掌心均向左側不停留地向左側捋去，迎著右腳腳背連續拍擊，先左掌拍響，再右掌拍響，啪啪兩響，清脆入耳；此時立身中正，左腿穩定，眼視拍腳。（圖 7-3-376）

圖 7-3-376

註：擺蓮腿的高度，一般應與頭同高。若年老體弱或有困難者，可量力而行，能踢多高就多高，不必勉強。雙掌能擊響腳面固然是好的，如果夠不到腳面，拍小腿甚至拍大腿也可以，但必須意識到位，即腿必須是由內向外擺動的，是由腰胯的旋轉帶動外擺的，不能僅僅上提一下就算了事。換句話說，提腿的高度低一點是允許的，但必須有擺腿的意識才行。

4. 獨立揚掌

緊接上動。腰胯鬆沉，左腿穩定獨立，右腿屈膝收回，平置於腹前，踝節放鬆，腳尖自然下垂，雙掌拍腳之勢揚掌於身前，左掌在前、在上，略高於肩；右掌在後、在下，略高於胸，兩掌掌心斜相對；此時面向偏西南，目視左掌前方，成左獨立揚掌式。（圖 7-3-377）

註：獨立揚掌僅是一個短暫的過渡動作，左獨立停留的時間不宜過長，應適時轉入下一分解動作。

5. 退步下捋

緊接上動。腰胯鬆沉，身略下沉，左腿屈膝，右腿趁勢向後斜線退一步，先腳掌著地，待重心大部移向右腿時再全部踏實；同時，左右兩掌乘退步之勢向下、向右外側回捋，成左虛步下捋式；立身中正，目視前方，關顧左手。（圖7-3-378）

圖 7-3-377

圖 7-3-378

註：退步的幅度，初學時可小些，練熟後適當加大，但用擺扣步法轉圈以及低擺腿的習者，退步的幅度適宜小些。

左擺腿：

1. 穿掌左擺步

緊接上動。腰胯鬆沉，左掌弧形收回，經腹部向右上方、再向左上方穿出，邊穿掌邊旋腕鑽翻，翻至掌心向外、指尖朝上，置於頭部左上方，臂呈半弧形；右掌轉腕

成俯掌，掖置於左肋處；
同時，向左旋胯轉體，面
向偏東，帶動左腳提起向
左側方外擺；此時左擺步
穿掌護肋勢。中正前視。
（圖 7-3-379）

圖 7-3-379

2. 扣步旋轉

練法與右擺腿動作 2
相同，僅兩點不同，一是
左右方向不同，二是右擺
腿旋轉 360°，而左擺腿只
旋轉 270°，即從西南轉西北，餘皆相同。（圖 7-3-380、
圖 7-3-381）

圖 7-3-380

圖 7-3-381

圖 7-3-382

3. 左擺橫掃

練法與右擺腿相同，僅方向及左右不同。（圖 7-3-382）

4. 獨立揚掌

練法與右式相同，僅方向及左右不同。（圖 7-3-383）

5. 左退步下捋

練法與右式相同，僅方向及左右不同。（圖 7-3-384）

圖 7-3-383

圖 7-3-384

【呼吸行氣】

1. 一般呼吸

動作 1 為一個呼吸，即在穿掌提腿時為吸，右腳外擺

落地時為呼。

動作 2 扣步旋轉，亦是一個呼吸，即向右大迴旋時為吸，旋轉完成、左腳落地時為呼。

動作 3 擺腿拍腳，又是一個呼吸，即右腿提起時為吸，外擺拍腳時為呼。動作 4 獨立揚掌為吸，動作 5 退步下捋為呼。

2. 拳勢呼吸

依拳勢需要調節呼吸頻率。動作 1 至動作 3 雖然都是一個呼吸，但其中呼吸的長短不一，有時吸長些、呼短些，有時則吸短呼長，這就需要行拳者細心捉摸，自行掌握了。

例如，動作 4 與動作 5 可以合為一次長吸。如果是這樣一次吸，緊接轉為左式的穿掌擺步就是一次呼了。

3. 臍輪調息

無論如何呼吸，都要臍輪調息，並刻刻留心在命門，才能意到氣到，氣到勁到。

【內功心法】

轉身擺蓮的心法集中在「轉」字上，由轉而擺而穿，所以「轉」身是否得法是個核心問題，分述如下。

1.「轉身」的深意

太極拳招式中，有轉身、回身、翻身、撤身等名稱。一般的轉身，只轉 30°到 90°之間，如果 180°或 270°，就稱回身與翻身了，至於撤身那是側面轉身反擊之勢。只有「轉身擺蓮」的轉身與眾不同，它是轉身 360°的轉身，同樣是「轉身」之名，內容與要求都不一樣。

不但轉身的幅度不一樣，而且轉身的速度也不同。大多數招式的轉身速度是緩慢的，只有少數比較快些，而最快的當然是「轉身擺蓮」了。此式不但轉的速度快，而且要求在快速轉動中產生能量，像一陣龍捲風那樣席捲而過，形成一股強勁的旋流，由這股旋流推動擺腿橫掃。換句話說，擺腿動作是這股旋流的迸發。依這種心法練拳，就能練得意氣風發，虎虎生風，用之於臨陣，就能在旋流中出招，先聲奪人。

2.「軸」的細解

中軸的軸，就是拳論所說的「氣如車輪腰如軸」的軸。此處所說的「腰」，不單指左右兩個腰眼，更指「腰隙」。王宗岳提出的「命意源頭在腰隙」，意思是說，人的生命及拳的心意，其源頭都在腰隙。

腰隙即命門，命門及與之密切相連的尾閭，是人體中心線的末端。如果說人體中心線是一根軸的話，那麼命門與尾閭就是這根軸的軸承。

旋轉時不僅「軸」不能歪斜，「軸承」更須穩定靈活。因此，「腰如軸」的概念，應是包括腰隙（命門）與尾閭在內的，必須「軸」與「軸承」兩者俱佳，才能毫無障礙地靈活轉動。

不過這是指一般意義上的「腰如軸」。轉身擺蓮的「軸」，除了腰胯為軸，還有個以腳為軸的問題，即動作2所說的「以右腳為軸，向右後快速旋轉」。這兩者是何關係？應該說「以腳為軸」是腰胯為軸的延伸，或說是「腰如軸」的顯現，兩者是一體的。

因為此式是單足支撐旋轉，沒有腳掌的碾轉就不可能

快速旋轉 360°；但如果僅僅靠腳的碾轉，沒有腰為軸的主
宰，也是難以大幅度旋轉的，所以兩者在「轉身擺蓮」中
是一體二用，不可偏廢。

3. 整體旋轉

就轉身來說，各個拳式雖有速度與幅度的不同，但旋
轉的整體性則是共同的，即使只轉身 30°也是整體性的，
並非局部轉動。

而「轉身擺蓮」的整體旋轉，要求更高、更明顯，要
求以心為令，以中軸為中心，協同內外各部分同時旋轉。
就是說，意念一轉，身體各部分無有不轉，整個身體像一
個陀螺在旋轉，像一陣龍捲風在旋轉。

4. 借勢旋轉

所謂借勢，就是有意念指令下各個動作相互借勢。從
動作 1 起就開始借勢，即從重心移至左腿、腰胯右旋，中
軸就開始旋轉，右腳就借旋胯之勢外擺，同時身法亦乘擺
步之勢右旋（身隨步轉）。當右擺步踏地之際，又借身
法、腰胯的轉動而碾腳旋轉。當以右腳掌為軸旋轉時，腰
胯、臀部、尾閭及身法、手勢，同時相互借勢而轉，形成
整體的快速旋轉。所以「借勢」這一心法加上整體意識，
是轉出一陣龍捲風的保證。

5. 穩定旋轉

由於是快速的整體旋轉，又是單腳碾轉，中正穩定顯
得特別重要。若是身法不正、雙肩不平、尾閭不墜、頂心
不提、下盤不固，勢必邪邪歪歪，如何能轉身如風，如何
能擺腿擊人，所謂「己不正，焉能正人」！如何穩定旋
轉，參見「身法篇」中定部分。

6. 旋轉擺腿

前邊談到，擺腿動作是一股旋流的迸發。這就是說，腿的外擺是靠整體旋轉的慣性將腿擺出去的，並非是一條腿的局部作用，而是整體旋轉的功用。只有做到了這一點，才能擺腿有風，才著實有效。

與此相關的是擺腿的高度，練拳時應適當高一些。從實用角度說，擺腿不僅擺踢對方腰肋部位，還可擺踢肋以上部位。假如自己身高腿長，在得機得勢的情況下為何放棄踢對方頭部呢？假如自己身材矮些，遇到對方人高馬大，你練慣了低擺腿，那時就無所適從了。

因此，盤架子應儘可能練習高擺腿，使用時就遊刃有餘了，或高或低可從心所欲。

【實用舉例】

（1）若對方襲擊我背後，我迅速重心前移左腿，腰胯右旋，右腳右擺，轉身避敵，同時右掌上穿黏接彼腕，左掌黏截其肘或按擊其肋；同時右腳趁勢擺踢對方（或肩或肋或腰或腿膝，因勢而定）。此謂手腳並用，轉身反擊，能使彼或跌或退。

但這一轉身僅是 180° 的轉身法。

（2）若對方在我正面突襲，且快速凶猛。我即退右步，避其鋒芒，並穿掌防護身前，迅速以右腳為軸向右快速旋轉 360°，右手黏扣其腕，左手黏截其肘，向我右側採捋，如得法即可把對方捋出。或乘其退縮之機，擺腿掃踢肩肋或胸部等處。此種上下連續反擊，對方防不勝防，往往敗退。

（3）兩掌擊響腳面的作用，是趁勢揮掌拍擊對方面頰或太陽穴。其中關鍵是必須手腕放鬆、旋腕弧形揮掌，才能拍得有勁道。如果缺少旋腕揮掌，就會大大減弱拍擊的勁道，而且也不夠瀟灑。

第四十六式・勒馬雙捶（左右）

【拳招釋義】

此式十指屈攏、雙手勒採的動作，宛如騎士勒馬韁狀，故名。

【行功口訣】

> 勒採磨圈意無意，
> 巧勒馬韁制奔馬。
> 進退轉換雙捶打，
> 此情此景不在馬。

【動作分解】

左式：

1. 虛步蓄勢

承接上式。左腳向左後方落地，重心移左腿踏實，成右虛步；同時，雙手向左側後採後将，採将至左胸前，左手在後，右手在前，掌心均向下，十指屈勾，宛如勒馬韁狀；面向正西，上體中正，雙目凝視前方。（圖 7-3-385）

2. 退步磨勒

　　承接上動。腰胯鬆沉，重心全部移寄左腿，右腳提起向後斜退一步，重心移向右腿，左腳尖內扣，成左虛步；同時，兩手弧形向後勒韁，在胸前磨勒一小圈，蓄勢於胸前，成左虛步磨勒勢；上體中正，神貫於頂，凝視前方。（圖 7-3-386）

圖 7-3-385　　　　　　　　　　圖 7-3-386

3. 進步雙撞捶

　　承接上動。在兩手磨圈將成未成之際，腰胯鬆沉，後腳（右腳）蹬地，促動前腳（左腳）進一步，右腳又跟上半步踏實，可震地有聲；與此同時，兩手鬆握拳（拳心均向下），繼續磨勒半圈，乘進步進身之勢向前衝撞，須在圈中一彈而出，此為動態虛步雙衝撞態勢；亮相後的瞬間，重心仍在右腿，中正前視。（圖 7-3-387～圖 7-3-389）

圖 7-3-387　　　　　　　　　　圖 7-3-388

：在退步磨勒到進步衝撞，其間的磨圈不停，是在磨圈中進步，是在磨圈中雙捶出擊。

右式：

1. 退步磨勒

承接上動。腰胯鬆沉，左腳向後斜退一步；同時，兩拳變掌，十指屈勾，向後、向左在胸前磨勒一小圈，成右虛步磨勒勢；中正前視。（圖 7-3-390）

2. 進步雙衝撞

承接上動。右腳進步，左腳跟上半步；雙手握拳趁勢向前衝打。練法與上述左

圖 7-3-389

圖 7-3-390

圖 7-3-391

式同，僅左右不同。（圖 7-3-391、圖 7-3-392）

圖 7-3-392

【呼吸行氣】

以左式為例。

1. 一般呼吸

動作 1 為吸，動作 2 為呼；動作 3 的前半圈為吸，後半圈衝撞為呼，是一個短促的吸呼。

2. 拳勢呼吸

依據拳勢需要調節呼吸頻率。如果拳速加快，上述三個分解動作可以合成一個吸呼，即動作 1 與動作 2 為吸，動作 3 為呼，而且吸是長吸，呼是短呼，因為是快速打捶，所以呼氣短捷，一呼即打，一打就止。

3. 臍輪調息

無論呼吸頻率如何，均須臍輪調息。尤其在進步打捶時，更須注意由命門呼氣，緣脊而上，通於兩臂，透於兩捶。

【內功心法】

1. 忘象無意

此式取騎士勒馬之象，故初學時應有騎士穩坐馬鞍、雙手勒韁、威風凜凜的意象，但熟練後就要逐步忘卻馬象，如口訣所言：「此情此景不在馬。」

同樣的道理，初練時要明象明理，尤其要明白勒韁磨圈的勁意，熟練後則入「勒採磨圈意無意」的境界。換句話說，先要明意再進入無意，無意即真意。就「明意」來說，必須明白勒馬磨圈中的勁意所在。

以右式為例，三個分解動作是一氣呵成的，其中包含著勒、捋、採、磨、發五勁。動作 1 的開始是捋（手指鬆展），接著是勒（手指屈攏）；動作 2 是勒（含採意）及磨轉勁，動作 3 是磨圈中發勁。

這些勁別必須意念明確，待熟練以後再揣摩默識，漸至從心所欲，進入虛空無意之境。其實這「意無意」的心法，同樣適用於各招各式。

2. 整體推進

整勁是太極拳各招各式的共性，但「勒馬雙捶」更明顯，它的發勁是整體推進，不僅內在是整勁，連外形亦是整體推進。

例如，退步磨勒與進步衝撞，都是手腳齊動，身法共

進。整個身體好像是一架推土機，一按電鈕，轟然而進。

3. 屈指如勾

既是「勒馬」，就須手指屈攏、手腕堅實，才能勒住馬韁。所以在練拳時，手指須屈攏如鉤，氣貫指肚指尖，意想鉤指勾住韁繩而不脫。練之日久，可逐漸產生感覺，感到十指個個貫氣，鉤鉤有勁。平時，手指鬆柔和順，使用時則指指如鉤，到那時用於擒拿鎖腕就得心應手了。

【實用舉例】

（1）若對方出左腿用左拳擊我胸部，我隨即退左步、出右步，向左轉身；同時兩手上舉，左掌外旋，小指上揚，五指如鉤，扣拿其左腕，右手則捲指合掌鎖其左肘，兩手同時向左側後方勒採發勁，必能轉危為安，反擊成功。

（2）若對方及時發覺上述態勢，欲變勁、或退身，我隨即順其變勁方向，兩手磨勒，並上右步、跟左步，用磨勒雙撞法沿著其左臂向其胸口衝撞，雖然我雙拳未達其胸口，但由於我雙拳沉黏在其左臂上，等於借用他的手臂把他撞出。

｜第四十七式・右連環三肘｜

【拳招釋義】

肘勁肘法，是太極拳八勁八法之一，但在一般套路中只有少數的暗勁，鮮有明勁的招式。本套路這一招式，集中了頂勁、挑肘、繞肘、撅肘、卸肘等招式勁意，較明顯

的是頂、挑、撅，故名連環三肘。

　　此式的動作過程比較活躍，有 270° 的大轉身，有虛步變馬步、馬步變弓步，並有撲面掌穿插其間，而且左右旋轉，兩面開弓，氣勢不凡，既可鍛鍊身、心、靈的整體一致，以及步法手法的靈活多變，又能直接加強肘法肘勁的鍛鍊效果，於養生與防身，均有莫大助益。

【行功口訣】

　　　　　　太極八法艮山肘，
　　　　　　明肘暗勁皆不偏。
　　　　　　連環三肘忽隱現，
　　　　　　整體一肘動則變。

【動作分解】

1. 合手擺步

　　承接上式。腰胯鬆沉，重心後移至左腿，微向右轉，帶動右腳外擺；兩拳變掌，收回於胸前，兩掌交合成斜十字，掌心均向內，鬆肩垂肘，重心仍在左腿；上體中正，目視前方。（圖 7-3-393）

2. 碾腳轉身

　　接上動。重心移寄右腿，左腳提起向右做扣步勢（腳不落地），同時以右腳掌為軸向

圖 7-3-393

右大幅度旋轉，轉體180°，即從面向西轉至胸向偏東南，左腳趁勢落地扣步（腳尖向東南）踏實，重心迅速移至左腿，右腳跟提起、右腳掌虛著地；兩手交叉於身前，掌心向內，指尖斜向上，肘下沉；上體中正，左膝微屈，成半蹲式，目視身前。（圖7-3-394、圖7-3-395）

圖 7-3-394

圖 7-3-395

3. 馬步頂肘

承接上動。不停頓地繼續向右轉身約 90°，沉腰落胯，右腳提起，乘向右轉體之勢向右側橫開一大步，屈膝坐身，成大馬步；同時，兩手下按，左掌附於右掌掌背，右手鬆握拳，拳心向下，兩手橫臂於胸前，乘右腳橫向開步及重心橫移之勢，右肘向右側（西）頂肘（肘不外露），左肘向西，提頂墜尾；立身中正，胸向正南，眼光關注右肘前方。（圖7-3-396）

註一：以上三個分解動作應是一轉而成的，中間不可停頓，但初學必須分清三個過程，不得含糊。待純熟後，

應從擺步踏實起，就迅速轉身
270°馬步頂肘。

註二：至於馬步的幅度大
小，各人量力而行，可逐步加
大。待身法靈活後，可以加練
滑步，即右腳橫開一大步踏實
之際，左腳隨著滑進半步而成
馬步；這種滑步由於是整體性
的，具有較大的衝勢和衝勁。

4. 碾轉撲掌

圖 7-3-396

承接上動。腰胯鬆沉，向
右旋胯轉體 90°，帶動兩腳後
輪碾轉，轉至左腳尖向西南，
右腳尖向西北，重心左腿約占
六成，右腿約占四成；同時，
右手隨碾轉之勢向前上方做撲
面掌，鬆肩垂肘，左手隨之擺
動，置於左胸側；此時面向正
西，成高架大虛步撲掌勢，中
正前視。（圖 7-3-397）

5. 上步挑肘

圖 7-3-397

緊接上動。腰胯鬆沉，重心迅速移向右腿，左腳提起
向前方上一步，重心前移，弓腿進身，成左弓步；左手同
時屈肘沉肘前臂豎立，鬆握拳，隨著弓腿進身之勢向前挑
肘（不可露肘）；右手隨勢而動，按於左肘內側，掌心向
下，護肘護胸；此時成左弓步左挑肘勢，面西，立身中

正，目視前方。（圖 7-3-398）

6. 繞肘撅肘

承接上動。意想左肘被對方拿住，隨即腰胯鬆沉旋轉，帶動左肘繞纏一小圈，化解來勁；當左肘纏繞一圈將滿之時，迅速順勢向右撅肘，拳在上，肘在下，前臂斜立，不可平橫抬肘，右手隨勢而動，與左臂撅肘同時同方向劃弧向上，置於左拳前方，掌心向下；此時上體中正，微微轉向右側，目視前方，關顧左臂一方。（圖 7-3-399）

至此，連環三肘右勢已成。

圖 7-3-398　　　　　　　　圖 7-3-399

【呼吸行氣】

1. 一般呼吸

動作 1 為一個小吸呼，即重心後移，兩手收回是吸，轉體擺步為呼。

動作 2 的碾腳轉身為吸，動作 3 的馬步頂肘為呼。

動作 4 的碾轉撲掌為吸，動作 5 的上步挑肘為呼。

動作 6 的繞肘一圈為吸，向右撅肘為呼。

2. 拳勢呼吸

依拳勢快慢調節呼吸頻率。假如動作加快，動作 1 的一個小吸呼，改為一次長吸，併入動作 2 的轉身一吸之中，即從動作 1 到動作 3 是一次吸呼（吸長呼短）。以此類推。

3. 臍輪調息

無論如何呼吸，均須意守臍輪調息。由於連環三肘練的是明勁明發，更須注意臍息。以動作 6 的繞肘撅肘為例，在繞肘一圈吸氣時，應臍窩與湧泉同時吸，臍窩吸至命門；湧泉直上命門；呼氣撅肘發氣時，氣由命門而上，這樣就能氣順勁正，彈發力強。

【內功心法】

肘勁、肘法是太極八勁八法之一，「內勁篇」對肘勁、肘法作了全面闡釋，此處再結合「連環三肘」拳式作些具體闡述。

1. 肘勁如山

肘勁與易經八卦對應的是艮卦，「艮」取象為山，比喻練肘、用肘應如山之象，如山之義。好比自身是一座山，用肘法時，肘尖不能超越山界，嚴守內外三合，尤其要注意肘與膝合，如果肘關節超過膝尖，遠離身體前伸，就是「越界犯規」。

例如，此式的「上步挑肘」，左肘前挑的幅度不能出格，必須與弓腿之膝及上體中正保持一致，如果左肘超越

左膝，或上體前俯，都是越山犯規。

正確的練法是：左腳上步與左腳前挑應同時啟動、同時到位；尤其要注意在步與肘同時到位的一剎那，應頭頂一領，命門一坐，尾閭一墜，腳掌一踏，就能保持立身中正，穩如泰山。

2. 整體一肘

使用肘法進攻，既不能越界，又不能單肘匹敵，而要整體行動。

例如，此式的「馬步頂肘」，從擺步起，經旋身270°，至右橫步、左跟步、進身馬步頂肘時止，是上上下下、內內外外的整體一肘。其整體性包括如下要素：

在上，要虛領頂勁，舒胸擴背，腰胯鬆沉，鬆肩屈肘，雙臂橫向，軀體中正。

在下，馬步沉穩，尾閭下墜，鬆膝活踝，腳踩湧泉，五趾貼地。

在內，要以心為令，臍輪調息，氣貫丹田，命門發動，氣行背脊，氣透兩肘，神貫內外，關注肘尖前方。要體現出「如山之整，似岳之威」的神態。

3. 腰胯運肘

「連環三肘」的幾種肘法，都應由腰胯的鬆沉或旋轉來帶動運作，才能整體如山。尤其是分解動作的「繞肘撅肘」，更須由腰胯的旋轉來催動。特別是繞肘，如果不靠腰胯帶動，單憑肘繞，雖然也能繞圈，但那是局部的圈，很難化解被對方所拿之勁，只有腰胯旋轉帶動肘轉，才能化去來勁，並在化中發勁撅肘。

【實用舉例】

（1）「以肘領化，以肘送勁」，是本門很重視的心法，在推手中很實用。當然，練習、交流的推手不宜直接用肘進攻；在正式推肘比賽中禁止使用「肘尖」，否則被判犯規。但若是「以肘領化」就能避免犯規。假如對方以雙掌按我右臂，我若向右側轉化，就可以使用「以肘領化」的勁意，即腰胯右旋，帶動右臂右移，右肘向下、向右鬆沉，意想用肘尖領著右臂運行，以此化解對方來勁，就可收到「引進落空」的效果。

（2）若對方以掌推我右肘，我就可用上述繞肘法化解，並接著用「以肘送勁」法撅臂反擊（不是撅肘），既能取勝，又可避免犯規。

（3）若是散手臨戰，對方得機得勢，上左步，右手執我左手向外将去，逼我側身；同時彼以左手制我右臂，向我右胸推按而來。我隨即腰胯鬆沉旋轉向後退身，帶動右臂順來勁方向旋化一小圈，迅即屈右臂，進右步，以肘反擊其心胸，如本式的「馬步頂肘」勢，不過馬步改為弓馬步。

｜第四十八式・左連環三肘｜

【拳招釋義】

此為連環三肘的左式，除右式變換左式的過渡動作不同外，其餘動作均與右式相同。目的是左右皆練，平衡發展。

【行功口訣】

太極八卦艮山肘，
左右皆練兩不偏。
連環三肘忽隱現，
整體一肘動則變。

【動作分解】

1. 搬臂擺步

承接上式的左弓步撅肘。
腰胯鬆沉，重心後移至右腿，
向左旋胯轉體至面向西南，帶
動左臂、左拳外搬，拳心向
上；右手同時撲掌，置於左拳
內側上方；同時左腳後輪轉，
腳尖外擺步，為旋身蓄勢準
備，軀體中正；目視左拳前
方，關顧左側。（圖 7-3-
400）

圖 7-3-400

2. 碾腳左轉身

動作與右式相同，僅左右方向不同。（圖 7-3-401、
圖 7-3-402）

3. 馬步左頂肘

動作與右式相同，僅左右方向不同（圖 7-3-403、圖
7-3-403 附圖）

圖 7-3-401

圖 7-3-402

圖 7-3-403

7-3-403 附圖

4. 碾轉左撲掌

動作與右式相同，僅左右方向不同。（圖 7-3-404）

5. 上步右挑肘

動作與右式相同，僅左右方向不同。（圖 7-3-405）

圖 7-3-404

圖 7-3-405

6. 繞肘撅肘

動作與右式相同，僅左右方向不同。（圖 7-3-406）

【呼吸行氣】

一般呼吸、拳勢呼吸、臍輪調息均與右式相同。

【內功心法】

上述右式的心法皆適用於左式，僅補充一點，即注意肘法的廣泛性。

圖 7-3-406

太極拳的肘，不單指肘關節的肘，它包括以肘尖為中心的周圍相關部分，即前臂與上臂近肘處的一小區都包括在內。在用法上，既有直接用肘進攻的動作，如頂、挑、

橫、撅、截、繞、沉、滾等，又有以肘領化、以肘送勁等法，這是「肘法廣泛」的一個方面。

另一方面的廣泛性，就是拳諺所說的「六勁融通後，用肘始無窮」。哪六勁？即掤、捋、擠、按、採、挒六勁，這六勁融會貫通以後，就能「肘通六法」，更顯肘法之威。例如，本式連環三肘，假如沒有掤勁作為後盾，肘法就缺乏威勢。

【實用舉例】

上述右式的實用舉例，同樣適用於左式，唯左、右手及方位不同而已。連環三肘若用於推手，比較猛烈，切切慎用。

第四十九式‧卸勢跨虎（右左）

【拳招釋義】

原名退步跨虎，因此式與上勢連接過渡時有一個以肘為起點的卸勢動作，不僅有手臂的卸勢，還包括步法和身法的卸勢，故名「卸勢跨虎」。

而跨虎之名，許多拳術中皆有，一般以兩手上下穿插開合為之跨虎。本式的跨虎，即兩臂趁勢上下開勁為跨虎，一手上掤外挒（含掤開來勁並反擊之意），一手向下橫掤（含摟開來勁之意），一腳提起，屈膝橫置，宛似伏虎之姿。

【行功口訣】

卸勢跨虎卸字訣，

卸肩滾臂卸中擠。

退步開掤曾伏虎，

提腿橫踹又逞奇。

【動作分解】

右式：

1. 卸勢回擠

承接上式。意想對方扣我右腕、左手拿我右肘，向我左方挒去。我隨即腰胯鬆沉，吸臍吸氣，隨著對方挒勢向左適度旋胯轉體，再向右適當回轉，形成一個小圈。由這個小圈帶動右臂旋腕轉膀，沉肘滾肘，化解來勁，同時重心也隨之前後略有移動，意想對方來勁被化去之際，乘迴旋之勢，我左手掌貼在自己右臂尺骨處向前擠去。此時成右弓步右擠勢，須立身中正，鬆肩垂肘，凝神前視。（圖7-3-407、圖7-3-408）

圖 7-3-407

圖 7-3-408

2. 後坐沉掌

接上動。腰胯鬆沉，重心後移至左腿，成右虛步；同時兩肘下沉，帶動兩腕旋轉（掌心向上），兩掌下沉，交錯相疊，左掌疊於右掌上，置於小腹左側；上體中正，目視前方。（圖 7-3-409）

3. 退步開掤

接上動。腰胯鬆沉，重心全部移至左腿，右腳提起，經左腳裡側向後右斜退一步，重心隨即移向右腿，成左虛步，帶動兩臂左右開勁外掤，右臂滾肋上掤，手腕外旋，掤至右額上方，掌心向外，臂呈弧形，鬆肩沉肘；

同時左臂向左、向下開掤下摟，手腕內旋，俯掌按於左胯上前方；

此時左膝微屈，左腳趾著地、腳跟虛懸；上體中正，面向正西，雙目前視，宛如白鶴亮翅狀。（圖 7-3-410）

圖 7-3-409　　　　　　　　圖 7-3-410

4. 提腿橫踹

接上動。腰胯鬆沉，兩臂對撐，提頂墜尾，提起左腿，鬆左膝，左小腿斜橫於右腿前，腳心斜向右，接著左腳向前踹踢，須彈發而踹，右腳穩定獨立；兩臂左右分撐，軀體中正圓滿；面正西，神聚氣合，雙目炯炯，呈現伏虎之威。（圖 7-3-411～圖 7-3-413）

圖 7-3-411

圖 7-3-412

圖 7-3-413

左式：

1. 收腳抱掌

承接上動。腰胯鬆沉，左小腿鬆垂收回，向後穿伸，腳掌著地，腳跟虛懸，重心仍在右腿；同時，右掌移至身

前，左掌劃弧而下，置於右掌之下，兩掌上下合抱；上體
中正，面向偏西，雙目前視。（圖 7-3-414）

2. 後坐蓄掌

接上動。腰胯鬆沉，重心後移至左腿踏實，成高架右
虛步，微向左旋胯轉體；同時左掌上穿、右掌下按，兩掌
交叉而過，略微開，左掌在上（掌心朝上），右掌俯掌，
略低於左掌，成高架右虛步蓄掌勢；身體中正，面西，雙
目前視。（圖 7-3-415）

圖 7-3-414　　　　　　　　　圖 7-3-415

3. 轉身開掤

接上動。腰胯鬆沉，向左旋胯轉體，從偏西北轉至正
西，轉身之勢帶動兩臂開掤；左臂一邊旋腕翻掌一邊上
穿，向左上方滾臂外掤，置於左額前上方，掌心朝外；右
臂向右橫掤下摟，按掌於右腰前上方；右腳掌點地，上體
中正，凝神前視。（圖 7-3-416）

圖 7-3-416

圖 7-3-417

4. 提腿橫踹

接上動。隨即提起右腿橫踹。練法與右式相同，僅左右腿不同。（圖 7-3-417～圖 7-3-419）

圖 7-3-418

圖 7-3-419

【呼吸行氣】

1. 一般呼吸

以右式為例。

動作 1 為一個吸呼，即一個小圈的前半圈為吸，後半圈搭手回擠是呼。動作 2 為吸；動作 3 的退步為呼，開掤為吸（長些）；動作 4 的踹腳為呼，收腳為吸。

2. 拳勢呼吸

以拳勢需要調節呼吸頻率。例如動作 3 的兩臂開掤與動作 4 的提腿是同時啟動、同時完成的動作，只須一次吸氣，所以吸氣應深長些，而踹踢因是一彈而踢，故呼氣宜短促。

3. 臍輪調息

無論動作或快或慢，都要意守臍窩，臍輪調息。

【內功心法】

1. 卸勢四義

口訣說：卸勢跨虎卸字訣。其義有四（以右式為例）：

（1）卸肩滾肘

動作 1 的卸勢，就是卸肩滾肘轉一小圈，其滾肘動作比較明顯，而卸肩動作外形上不易察覺，它是放鬆功法的「老牛卸磨」法的運用，主要靠內氣與心意的運轉，帶動肩的放鬆下沉及微小的旋轉。

（2）巧移重心

動作 1 的「卸勢回擠」就有巧妙變移體重位置的過程。說它巧移，是因為重心的變移也是一種隨勁，須隨著對方來勁及自身腰胯旋轉而變動，不能超前，也不能滯

後，須恰到好處，所以說它是巧移。

（3）卸在腰胯

上述的卸肩、巧移及往下的退步，關鍵都在腰胯的放鬆、下沉及旋轉。

例如「卸勢回擠」的一個小圈，是靠腰胯的旋圈帶動而實現的，並非肩、肘獨自行動。因此腰胯旋轉是否圓滿得法，是卸勢的關鍵。

（4）退步忌直

退是卸勢的重要舉動，而此處所說的退，包括重心後移的退身與退步兩種情況，都切忌直線後退。

例如，動作 2 的「後坐沉掌」，不能直線退身後坐，而應在後坐過程中腰胯微向左轉再微回轉，這樣既利於化解來力，又利於自身穩定，在穩定中退身卸勢。再如動作 2 的「退步開挪」的退步，也須腰胯鬆沉，右腿斜線後退一步，以便斜中寓正，避免潰退。而且退步穩定，才能提腿彈踢。

2. 滾臂開挪

右式的「退步開挪」與左式的「轉身開挪」，都是開合勁的運用。由於兩臂向左右上下開放的幅度比較大，更須注意開勁的運作。

此時應意想內氣由下而上充滿著兩臂，使兩臂灌滿挪勁的勁意，同時兩臂應旋腕滾翻，邊滾翻邊向外開挪，才能開出勁意，開出氣勢。

【實用舉例】

（1）若對方拿我右腕、右肘，我即可用動作 1 的心

法，卸肩滾肘，化去來勁，並趁勢回擠還擊，常能奏效；即使被對方化去，自己仍處順勢地位。

（2）若對方左拳擊我頭部，右拳擊我胸部，我隨即用「退步開掤」心法，右腿退步，左手向下、向外掤摟其右臂，同時右手向上滾臂，掤開來拳並趁勢反擊其肩窩或胸部。

（3）若對方得機推我左臂，我隨即用「轉身開掤」心法，左手滾臂向上、向外開掤，化去來勁，同時左手趁勢擊其胸部，演變成「玉女穿梭」式。也可在化開來勁的同時，提腿踢其襠部或膝部。

｜第五十式・獨立打虎（左右）｜

【拳招釋義】

本門此式兼具打虎、伏虎及獨立三義，還有過渡動作的「回身揮鐮」，內容比較豐富。

打虎與伏虎，比喻對方來勢凶猛如虎，我避其鋒芒而打之（一拳打頭部，一拳打腹部），或兩手使用採勁，伏虎於地。獨立者，提腿可勾、可踢，也可撤步下採成伏虎之勢。或打或伏，皆要神采奕奕，顯出武鬆打虎的威武氣概。

【行功口訣】

左右打虎獨立腿，
伏掌伏虎無所畏。
上打頭部下搗腹。
武松打虎顯神威。

【動作分解】

左獨立打虎

1. 擺步亮掌

承接上式。腰胯鬆沉，尾閭下墜，向右旋轉 30°左右（偏西南），帶動右腳向右前方外擺，腳尖向西北；雙手左上右下，左掌掌心向外，右掌掌心斜向下；重心仍在左腿，

圖 7-3-420

上體中正，成右擺步亮掌勢，目視前方。（圖 7-3-420）

2. 轉身揮鐮

擺步亮掌僅是一個過渡動作，故甫一擺步就要迅速重心前移至右腿，提起左腿向右大扣步轉體 180°，迅即左腳踏實，重心移向左腿，右腳隨勢伸前半步，右腳掌前實後虛；在扣步轉體之初，兩掌就協同運作；

左手手腕內旋，掌心向上，經身前劃弧圈向右肩後側揮鐮削掌，置右肩內側前；

當左掌揮掌將及右肩之際，右掌迅速提起，從左掌下弧形穿出，向右後方揮掌削擊，掌心向下，此時成高架右虛步雙掌揮鐮勢；立身中正，面東方，凝神前視，關顧兩手。（圖 7-3-421、圖 7-3-422）

註：左右兩掌的劃弧揮鐮，應與扣步轉身同時啟動，在 180° 轉體剛剛完成之際，兩掌已經揮出。至於兩掌的揮削在時間上雖有先後（左先右後），但應緊密相連，幾

圖 7-3-421

圖 7-3-422

乎是同時揮出，中間不可停頓。此「揮鐮」動作近似八卦
的「揮鐮割草」，僅過程不同。

3. 墜尾伏掌

接上動。腰胯鬆沉，尾閭下墜（與左腳跟上下虛虛相
對），上體微下坐，同時向
右旋胯轉體至偏東北，帶動
兩臂鬆沉，兩掌下按（掌心
均朝下）伏掌；右臂前伸，
右肘與右膝上下相對，右掌
與右腳對齊，伏掌的高度約
與胯齊；左掌按伏在左腹
前，兩掌一前一後相互呼
應；須提頂吊襠，軀幹中
正，凝神前視。（圖 7-3-
423）

圖 7-3-423

4. 獨立左打虎

打虎的動作由三個部分構成：

第一部分是腰胯旋轉一小圈。即緊接上動，重心仍寄左腿，腰胯鬆沉向左旋胯轉體至偏東北、再向右迴旋至正東。

第二部分是兩手上下打虎。即在腰胯左旋右轉的過程中，兩掌先翻轉手心向上，再內旋掌心向下，邊旋腕邊握拳。接著兩拳分開，分別鬆沉滾翻劃弧：左拳內旋經腹前向外、向上弧形打去（擊敵頭部或背部），置於左額上前方，拳心向外，拳背向內，拳眼斜向下；右拳內旋劃弧繞一小圈向左回打（打敵腹部），置於小腹前，拳面向左，拳眼斜向內，拳心斜向下。兩拳進擊的線路，宛如上下迴環相向。

第三部分是，兩拳在即將完成打虎之際，左腿支撐獨立，右腿提起，右大腿持平，小腿下垂微橫，腳底斜向左下，腳尖上勾。至此完成左獨立打虎勢，須立身中正，提頂吊襠，尾閭下墜，獨立穩定，目視前方，精神奕奕，顯出打虎威風。（圖 7-3-424）

圖 7-3-424

右獨立打虎

1. 撤步伏掌

接左打虎勢。腰胯鬆沉，尾閭下墜，身微下坐，右腳向右側後撤退一步，屈膝坐身，重心移至右腿踏實，右腳

尖朝東南，成右側弓步；兩拳變掌，掌心均朝下，向下按伏，左掌在前，置於身體左側，高度與左腰相等，左臂與左腿上下相合；右掌在後，按於小腹前，手指向左，掌向右，臂成弧形，鬆肩鬆肘；上體中正，面向東北，凝視左掌前方。此時右側弓步伏掌勢已完成。（圖 7-3-425）

圖 7-3-425

註：練至功深，腰腿柔軟，可大幅度撤步，架式較低，伏掌下採之勁也增大，如千斤墜地。

2. 右獨立打虎

緊接上動。腰胯右旋，再向左迴旋，帶動雙掌變拳劃弧打虎。練法與左獨立打虎相同，僅左右方向不同。（圖 7-3-426、圖 7-3-427）

圖 7-3-426

圖 7-3-427

【呼吸行氣】

以左式為例。

1. 一般呼吸

緊接上式跨虎橫踹腳的收腳吸氣，本式動作 1 的擺步為呼；動作 2 的轉身 180°為吸，兩手揮鐮為呼；動作 3 的伏掌吸氣；動作 4 的腰胯左旋右轉為繼續吸氣，獨立打虎為呼。

2. 拳勢呼吸

依拳勢需要調節呼吸頻率。例如動作 3 的吸氣與動作 4 的腰胯旋轉吸氣，是連在一起的一次長吸。其餘各分解動作的呼吸，也有短有長，可細心體會。操練時若感不舒，可用小呼吸調整，總之以呼吸順暢為原則。

3. 臍輪調息

不論呼吸快或慢，均應以臍輪調息為中心進行。

【內功心法】

1. 轉身若猴

此式「轉身揮鐮」的轉身，與前面幾種轉身有所不同，主要不同在於速度快，要似靈猴轉身那樣瞬間轉180°，而且兩掌也要相應地快速揮鐮削掌。拳論說：「動急則急應，動緩則緩隨。」這是急應背後遇襲的招式，快速轉身避其鋒，快速揮鐮予以反擊。

2. 伏掌如伏虎

左式的墜尾伏掌與右式的撤步伏掌，皆要如伏虎似的整勁伏掌，不單單是雙掌下伏。撤步伏掌更含有千斤墜地

之意，兩掌須隨著撤步、沉腰、坐身而下採，這是打虎式中的重要一法，切莫一帶而過。

3. 兩拳打虎走弧形

兩拳打虎的運行軌跡，必須走弧形線路。以左式為例，動作 4 的第二部分就是兩拳劃弧打虎，問題是弧形要走得圓弧靈活，尤其是打敵腹部的右拳，不但要走繞一小弧圈，而且手腕也要旋腕轉拳，在旋轉中弧形打出。此亦是「勁由圈中生，勁由圈中發」的心法。

4. 獨立須穩固

獨立支撐腿能否中正穩固，是獨立打虎的成敗關鍵。其法已在第三十九式「金雞獨立」的心法中介紹，此處重提一下，以引起重視。只有獨立腿穩固如椿了，才能顯現打虎威風。

【實用舉例】

（1）若對方出右拳、進右步襲我背部，我迅即用「轉身揮鐮」法，扣步轉身，避鋒還擊，左掌削其手腕，右掌削其肩或右肋。

（2）若我右手為對方所制，我隨即用「撤步伏掌」法，右手旋腕反扣其腕，左手拇指、中三指扣拿其肘節，撤右步，右腿屈膝蹲身，用「伏掌如伏虎」的心法，向下抖勁猛採，如千斤墜地，對方必被傾倒於外門。

（3）若對方以左拳擊我右胸或右腰，我即以右手截其左拳；若對方收回左拳，改以右拳擊我胸部，我即以左手沉拿其右拳，同時右拳旋腕上翻，反擊其頭部。如得巧得勢，還可以提腿踢其襠部或前腿膝關節。

第五十一式‧壓肘搬攔捶（左右）

【拳招釋義】

搬攔捶者，乃武術中常用的拳名，唯練法與功用各有不同。本門的搬攔捶，除搬、攔、捶之外，尚有撲掌、踹腿、壓肘三法；如果加上使用「搬」法時有一個引将的「将」法動作，合計有七法。而「搬」自身又有搬拳、搬臂、搬腕「三搬」；攔又有前攔和左右攔之別；再加上與眾不同的「壓」法，故名「壓肘搬攔捶」。

【行功口訣】

搬攔之捶著法多，
撲掌踹腿又壓肘。
若問七法何為準？
腰胯為軸第一春。

【動作分解】

左式：

1. 撲掌踹腿

承接上式。腰胯鬆沉，右拳變掌向前、向下撲掌；同時，左腿前踹著地，腳尖外展約 40°，面向東北，大部重心還在右腿，左拳仍置腹上；中正前視。（圖 7-3-428、圖 7-3-429）

2. 弧圈左三搬

緊接上動。意想對方制我左臂，我隨即向右旋胯轉

圖 7-3-428

圖 7-3-429

體、再向左回轉，帶動左臂引化來勁，並以肘為軸，向上、向左、向前弧形搬出，此謂搬臂；在左臂前搬的過程中，左拳同時同步旋腕外搬，搬翻至拳心向上，此謂搬拳、搬腕；「三搬」搬至前臂平置左側，高度與腰間相齊，與左腿上下相對；在左搬的同時，重心前移至左腿，向前進身，以助左臂左拳前搬之勢，同時右掌隨

圖 7-3-430

著左臂前搬而收回於左肘內側；此時面向東，須立身中正，向前凝視。（圖 7-3-430）

　　註：動作 1 與動作 2 的三個搬，實際上是一個完整的連續過程，只是為了使初學者分清每一個組合動作才分目

敘述的，操練時，必須同時啟動，同時到位。即右掌從上
而下撲掌，與左拳由下而上搬出，是上下交錯的同一個過
程，而且左腿端出落地，三者合而為一。

3. 蹲身壓肘

緊接上動。不停留地鬆沉腰胯，左腿屈膝，上體下
蹲，帶動左臂下沉壓肘，同時右掌撫著左肘下壓，一直壓
至坐盤勢（可半蹲，可全蹲），蹲身時左腿的大腿持平，
小腿應豎立，左膝尖不能超左腳尖；須上體中正，提頂墜
尾（不可撅臀），目視前方。（圖 7-3-431）

4. 轉胯前攔

緊接上動。隨即左胯向左後方抽收，右胯向右方前
伸，向左旋胯轉體約 25°，面向偏東北，帶動右掌立掌向
前方攔出，掌心向左，掌緣著勁，同時左拳也隨著體轉而
移動；須懸頭墜尾，神貫於頂，目視前方。（圖 7-3-
432）

圖 7-3-431　　　　　　　圖 7-3-432

5. 劃弧左攔

緊接上動。繼續向左旋胯轉體，帶動右掌旋腕伸掌，向左側攔擊，勁點在掌緣；同時左拳內旋（拳心向下），向左後劃弧捋引，此謂捋；目視前方。（圖 7-3-433）

6. 上步右攔

緊接上動。腰胯鬆沉，重心全部移寄左腿，提起右腿，經左腿裡側向右前方上步，同時腰胯右旋，帶動右掌坐腕翻掌，掌心斜向外，用掌緣及掌根向右方攔截；左拳旋腕，繼續向左、向右、再向內劃一小圈，拳心翻轉向上，置於左肋旁，蓄勢待進；此時重心大部仍在左腿，上體中正，目視前方。（圖 7-3-434）

圖 7-3-433　　　　　　　　圖 7-3-434

7. 進身打捶（跟步）

緊接上動。鬆沉腰胯，鬆沉進身，右腿弓腿，成右弓步；左拳乘進身之勢螺旋形向對方胸部打去，著點時成立拳，高不過頦，低不過胸，拳眼向上，拳心向右，拳面微

偏，打捶的著勁點在三指（食指、中指、無名指）中節彎曲的尖端處；同時右掌收至左拳的尺骨附近，坐腕立掌，掌心向右，意在維護左腕，此時左右兩臂均須鬆肩沉肘；在左拳向前打捶的同時，後腳（左）須乘進身之勢跟上半步，以催助打捶之勁，置於右腳後側，跟步之腳可以震腳發聲，也可不發聲；此時面向正東，須立

圖 7-3-435

身中正，目視左拳前方。至此，左式壓肘搬攔捶完成。（圖 7-3-435）

註：上述分解動作的四、五、六、七，亦是連續的整體動作，今動細述，是為了明確每一動的練法與作用，不致籠統，不明所以。但演練時必須聯成一體，不可斷斷續續，也不可遲疑等待。雖然有前攔與左右攔之分，但應與打捶協調一致地進行，不可有停留的痕跡。

右式：

1. 旋胯磨掌

承接左式搬攔捶。腰胯鬆沉，先向右旋轉，再向左回轉，帶動兩手原勢磨轉一斜形小圈，即左拳變掌，先向右再左後磨一圈，收置於左胸前，掌心向上；右掌先微向右再劃弧向左向前方磨削，掌心斜向下，掌緣側向前，手指略高於肩，鬆肩沉肘；同時，身體重心也要隨著腰胯旋轉而微調：當左轉時，重心略後移；當右旋時，體重略前

移，仍是右弓步；須立身中正，目視右掌前方。（圖 7-3-436）

2. 獨立揚掌

接上動。重心後移至左腿，提起後腿懸於身前，成左獨立勢；同時，右掌隨重心後移而弧形收回，鬆握拳，斜橫於胸腹前，拳面向左，拳心向下；左掌向下、向左、向上劃弧，舉於左額前上方，掌心向前，掌形微右斜；須立身中正，懸頭墜尾，獨立穩定，作勢即發，目視前方。（圖 7-3-437）

圖 7-3-436

圖 7-3-437

3. 撲掌踹腿

接上動。隨即左掌向前下方撲擊，右腳向前、向下踹踢。練法與左式相同，僅左右方向不同。（圖 7-3-438）

4. 弧圈右雙搬

接上動。右拳、右臂向前弧形搬擊。練法與左式相同，僅左右及方向不同。（圖 7-3-439）

圖 7-3-438

圖 7-3-439

5. 蹲身壓肘

接上動。隨即屈膝蹲身，連同左掌向下壓肘。練法與左式相同，僅左右方向不同。（圖 7-3-440）

6. 轉腰前攔

練法與左式相同，僅左右及方向不同。（圖 7-3-441）

圖 7-3-440

圖 7-3-441

7. 劃弧右攔

練法與左式相同，僅左右及方向不同。（圖 7-3-442）

8. 上步左攔

練法與左式相同，僅左右及方向不同。（圖 7-3-443、圖 7-3-444）

圖 7-3-442

圖 7-3-443

圖 7-3-444

9. 進身打捶（跟步）

練法與上述左式相同，僅左右及方向不同。（圖 7-3-445）

圖 7-3-445

【呼吸行氣】

以左式為例。

1. 一般呼吸

動作 1 為吸呼；動作 2 的引化為吸，搬出為呼；動作 3 的壓肘為吸，動作 4 前攔為呼；動作 5 與動作 6 均為吸；動作 7 打捶為呼。

2. 拳勢呼吸

可依行拳的快慢調節呼吸頻率。例如，若行拳速度加快，則動作一、二、三為一次吸呼。依此類推，但須以呼吸順暢為原則。

3. 臍輪調息

行拳始終都要注意臍輪調息，留心臍輪（前丹田）與命門（後丹田）相通，上述各次呼吸，都要如此前後相通，才能練氣練勁，養生長壽。

【内功心法】

此式七法，雖各有功用，但都是圍繞搬攔捶進行的，故先說搬、攔、捶的心法（均以左式為例）。

1. 欲搬先引

這在動作 2 中已有敘述，這裡要著重說明的是，不僅腰胯帶動左臂引化是化，而且左臂自身的劃弧繞圈亦是引化，也就是說，若要搬勢得法，必須引領得巧。事實上，若是得機得勢，一個轉腰引化就能把人引領抝出。

2. 搬中有搬

單從外形上粗看，似乎只有手臂弧形搬出，其實還有很重的搬拳與搬腕，可合稱為「三搬」。當手臂以肘為軸弧形搬出時，手腕與拳應同時、同步地外旋、外搬，要意在大拇指，由拇指領勁向外搬腕搬拳。

可參照「鬆靜篇」中的「搬腕」功法修練。如果僅僅手臂外搬，必然事倍功半，甚至勞而無功。只有「三搬」齊發，才能馬到成功。

3. 變勁之搬

搬的方向，可以向前搬，亦可向側後方搬，還可變化別的招式，均須視對方來勁的走勢而定。假如對方制我左前臂的勁道，直中有偏，微偏我右側，我隨即腰胯右旋，帶動左臂向右引化，並趁勢向左回轉及重心前移之勢，弧形向前搬去。此謂前搬。

假如對方來勁直中偏我左側，我則腰胯左旋，重心後移，帶動左臂向左後方弧形外搬。此時須特別注意，不但要以肘為軸，而且左肘還須有鬆沉及後抝的勁意，加上右

掌推截其肘，對方必被我搬倒而去。此謂側後搬。

假如對方在我側後搬時改變手法，擒拿我左腕左肘，我隨即左臂用「烏龍盤旋」法解脫，右手用「摟膝拗步」法反擊其胸部，就能敗中取勝。此謂變招之搬。

為了熟練各種搬法，可抽出來單練，以便「由著熟而懂勁」。

4. 攔法有三

按程序上說，搬之後便是攔。攔之意有三：

（1）搬攔同使

上述側後搬的右掌推截對方肘節，就是搬攔同時使用的一例。用的是攔推、攔截之法。

（2）一搬就攔

即上述左臂一經擺出及壓肘的瞬間，迅即轉腰右掌向前攔去，用的是側立掌掌緣前擊之法，勁意是前開之勁。

（3）打捶鋪墊

上述左攔為仰掌削擊之意，亦屬攔擊之法，右攔，則為俯掌，含攬拿對方前鋒手之意，並兼攔截。左攔與右攔均須腰胯帶動，手掌揮灑翻轉，在揮掌之間，左拳趁勢打捶。

5. 欲捶先捋化

左拳在進身打捶之前，先有一個向左、向後、再向前劃弧的過程，這是把對方來勁捋化引卸的過程，叫做欲打必化。若得巧，這種捋化也能把人捋出。但要留心，左拳的捋化不單是指「拳」自身須旋腕翻滾，還包括前臂也要劃弧捋化，兩者不可偏廢，須同時同步進行。

然初學者往往顧此失彼，尤其對前臂的小幅劃弧更易

疏忽，理應細心操練。

6. 打捶如螺鑽

向前打出之拳（捶），其進軍線路是螺旋形的，即從腰間出發時，為拳心向上；及至出拳，應一邊旋腕一邊行拳，如螺旋形鑽物似地向前鑽進，拳型不可直線進擊；到達終點著點時，拳腕正直，拳心轉向右，拳面四指的中間骨節朝前，著勁點就在骨節處。

7. 捶打整勁出

左拳（或右拳）打捶所出之勁是太極整勁。說起整勁，乃是各招式的共同要求，但就本拳式的具體情況來說又有它的特點，主要體現在正身、整體、彈發三點。

（1）正身

即周身中正如一，要求頭頂上提，尾閭下墜，舒胸圓背，兩肩持平，鬆肩沉肘，臀部內斂，坐腰沉胯，足踏湧泉，上體中正，切忌向前探身，重心中定，不可歪邪。向前打捶時，周身宛如一座山岳推進。

（2）整體

即內外渾然一體。內者，即內氣內勁。須臍輪調息，丹田貫氣，命門鼓動；出拳時勁由下而上，由肩而肘，由肘而拳，由拳面通出。外者，即周身協調為一，並要藉著周身整體推進之勢出拳。總起來說，前打之拳並非只有拳頭自身在打，而是由內氣內勁、周身一體以及整體推進打出的。

（3）彈發

即打捶之拳須一彈而出。動作 7 的「進身打捶」，須「三催」一彈而出。即使暗勁，雖無明顯的彈發動作，然

亦須有彈發的勁意，才稱得法。

8. 吐勁三要素

吐勁，即發勁的出勁瞬間，比喻一吐而出。可按本門的發勁「九一」心法進行（載「內勁篇」）。此處所說的吐勁三要素，主要是從本式的具體情況說的。

（1）鬆沉進身

即打捶時須腰胯放鬆下沉，重心向前平移（身形不可抬起），前腿鬆沉弓腿，身法沉穩進身，帶動拳捶向前打出。

（2）墜尾踏勁

即在鬆沉進身的同時，須尾閭下墜，前腳踏勁。其具體過程是，當重心前移到前腿之際，尾閭一墜，腳掌一踏，湧泉入地，使內勁由下而上反彈而出。

（3）跟步助勁

發勁之勁，「其根在腳」。墜尾踏勁是「其根在腳」的生動體現，而跟步助勁亦是「根」的一種體現。當重心前移至右腿、左拳打出之捶到位之際，左腳趁勢跟進半步，與前腳的踏勁同時到位，震腳助勁（**註：**震腳，不可用腳跟震，以防震傷後腦，只能用前腳掌鏟地震腳），也可以不震腳，但意思要到。

9. 壓肘有三法

壓肘的本意是用沉勁壓制其手，它是搬的繼續與後著，因搬的功用除上述幾點外，尚有搬壓制人的含義，再加上壓肘動作，就增強了搬壓的作用，所以說它是搬的繼續與後著。

壓肘有前壓、側壓與下壓之別。當左臂弧形前搬時，

右掌附在左臂內側協同前往，是謂前壓；當左臂側後搬時，右掌協同推壓對方肘部，是謂側壓；當搬勢將老而形勢又需要下壓時，右掌可借蹲身之勢向下沉壓，如動作 3 的「蹲身壓肘」，是謂下壓。操練時須蹲身到底，應用時視情況需要而定，或全蹲、或半蹲，只要能發揮「壓」的作用就行。

10. 撲踹搬合而為一

撲掌、踹腿與搬，在運行的時間上應是三位一體的，即右掌由上而下撲擊之際，就是左拳從胸部向上、向前搬出之時，兩手在胸前交會而過；同時左腿向前下方踹踢，與撲掌、搬臂同時到位。

從各自的功用來說，右掌可撲擊對方臉、胸、肩、臂等處；左腿則踹踢對方的膝、迎面骨或踩踏其腳面；搬，則搬拳發勁。此三法若聯合使用得法，則有很大威力。

11. 腰胯為軸第一春

此式動作多，內涵豐富，必須靠腰胯的左旋右轉來帶，才能協同一致。所以口訣說：「若問七法何為誰？腰胯為軸第一春。」

｜第五十二式・回身白蛇吐信（右左）｜

【拳招釋義】

此式因其 180°大回轉掄臂揮掌，復以穿掌戳指以及連續進步的動作，與蛇的回首吐信相似，故名。

關於此式的練法，本門有三點與眾不同之處，一是扣步大回身；二是手勢動作有抹肩、揮掌、四駢指穿掌及兩

叉指前戳等四法；三是快速多變，連進三步，猶如蛇之長
身探首之狀。

【行功口訣】

> 白蛇吐信手指功，
> 回身三步快速攻。
> 揮掌叉喉又戳眼，
> 寶劍利刃慎使用。

【動作分解】

右式：

為方便初學，先介紹定步（上一步）練法，待手勢純
熟後再練快速進三步。定步練法如下：

1. 回身抹肩

承接上式。腰胯鬆沉，重心全部移寄右腿，左腳提起
向右腳扣步，成丁字步，重心迅速移回左腿，右腿為虛，
腳跟虛懸，前輪碾轉，使右腳尖轉向西南，兩腳並列，隨
即身隨步轉，向右旋胯轉體 120°左右，從正東轉向偏西
南；同時兩手協同動作：左掌由下而上劃弧，經過頭前向
右肩處下抹，掌心向下，右拳變為掌，前臂橫斜於胸腹
間，掌心向下，手指向左後，肘尖朝右前方，在左掌抹肩
的同時，右肩須鬆沉卸肩。此時成高架並步回身抹肩勢，
須立身中正，注視前方。（圖 7-3-446）

2. 上步背掌

接上動。腰胯鬆沉，重心全部移至左腿，坐腰沉身，
右腳提起向右肩前方進一大步，先腳跟著地，隨即重心移

圖 7-3-446　　　　　　　　圖 7-3-447

向右腿而踏實，成右弓步，同時腰胯繼續右轉約 50°，從偏西南轉向正西微偏北，完成回轉 180°。在扣步回轉的同時，帶動右臂繞圈劃弧（手腕外旋，掌心朝上，手背向下），反背掌下擊，左掌則附在右肘內側，掌心向下，五指朝前；此時成右弓步背掌勢，須弓步規範，軀體中正，凝神前視。（圖 7-3-447）

3. 駢指穿掌

緊接上動。重心後移至左腿，向右旋胯轉體，即右胯向後抽轉，左胯向前伸送，上體由正面轉向偏西北，同時左掌除拇指外四指併攏，不可懈怠，拇指自然伸張，趁腰胯右旋之勢駢指向前上方穿出，如放箭般地一射而出，勁貫指尖，彈叉對方喉結；同時右掌趁左駢指前穿之勢，肘尖鬆沉後抽，帶動前臂內旋收回，掌心仍朝上，置於左肘內側處；立身中正，凝神前視左掌前方。（圖 7-3-448）

圖 7-3-448

圖 7-3-449

4. 兩指吐信

　　緊接上動。重心前移至右腿成右弓步，並向左旋胯轉體，即左胯向後抽轉，右胯向前伸送，帶動後掌叉開食、中兩指（另三指彎曲捲攏），趁旋胯轉體之勁向前上方穿出，戳向對方雙目；左臂左掌同時收回，掌心翻轉向上，置於右肘附近，此時成右弓步兩指吐信勢；立身中正，弓步規範，凝視右指前方。（圖 7-3-449）

　　註：以上是回身右弓步吐信勢，待熟練以後，再快速進步，其動作如下：

　　（1）**回身抹肩**

　　練法與上述相同。

　　（2）**上步背掌**

　　練法與上述相同。

　　（3）**騈指穿掌**

　　手勢動作與上述定步相同，僅步法不同。

緊接「上步背掌」勢，隨即腰胯鬆沉，重心全部移寄右腿，左腿迅速向前上一步，左掌隨著進身上步之勢，向前上方騈指穿出，與左腿上步同時到位。

（4）兩指吐信

騈指穿掌即將到位之際，右腿快速上步，左腳跟上半步，右掌趁勢叉指吐信，與右腳上步同時到位。此時重心前六後四，成弓馬步側身吐信勢。其餘練法均與上述相同。

註：這種連進三步的步法，與手勢的背掌、穿掌、叉指要同時協進，不可脫節。第一次上右步，同時右背掌；第二次上左步，應同時左穿掌；第三步又是上右步，應同時右叉指。

回身左式：

1. 回身抹肩

練法與上述右式相同，僅左右方向不同。（圖 7-3-450）

圖 7-3-450

2. 上步左背掌

手勢與右式大體相同，主要不同點是步法不同，即左上步後不是變成左弓步，而是右腳跟上半步，成高架跟步式左背掌。（圖 7-3-451）

3. 騈指右穿掌

動作與右式大體相同，主要是步法不同，即右腳不進步，反而重心後移右腿，變成高架左虛步，依旋胯轉體之

圖 7-3-451

圖 7-3-452

勁，推動骿指穿掌。（圖 7-3-452）

4. 兩指吐信

手勢動作與右式相同，主要不同點是步法。即左腳進步不是進一大步，而是先由右腳蹬地，再左腳前進，然後右腳又跟上半步。（圖 7-3-453）

圖 7-3-453

【呼吸行氣】

以右式定步吐信為例。

1. 一般呼吸

動作 1「回身抹肩」為吸，動作 2 為呼，動作 3 骿指穿掌為吸，動作 4 的吐信為呼。即右式動作是兩個吸呼。

2. 拳勢呼吸

依據動作快慢調節呼吸頻率。上述呼吸是一般情況下的呼吸，如果背掌、骿指、吐信三勢連續地快速進行，雖

然也是兩個吸呼，但都很短促，尤其是駢指穿掌連接兩指吐信的吸呼，是一吸即呼，既短又快。

3. 臍輪調息

無論哪種呼吸，都要以臍輪調息為中心，尤其在背掌、駢指、吐信三勢連續快速發勁之時，更要留心臍窩與命門的出入，勁氣由命門而上，達於指尖。

【內功心法】

此式與前面的「翻身撇身捶」有許多相似之處，這裡僅說幾點不同之處。

1. 勁貫掌指

本式出勁部位偏重於手指、手掌。上步背掌是反背捶法，勁點在手背；駢指穿掌是駢指法，勁點在四指及其指尖；兩指吐信是二龍取珠法，勁點在兩指及其指尖。明白了勁意勁點，練拳時就有所遵循。

例如練背掌，意氣到手背；練駢指，意氣到四指；練吐信，意氣就到食中兩指。如此練習，日久功深便能意到氣到，氣到勁到。

2. 步法協調

步法的連續進步，是本式與撇身捶的明顯不同之處。撇身捶的連續進擊，僅僅上一步，而本式卻要連進三步（右式為二進二跟）。即第一步背掌，第二步駢指，第三步吐信。

換句話說，是一步一掌指。因此步法要與掌指上下相隨，協調如一，做到步動手動，步到手到身法到，才能靈活如蛇，氣勢如虹。

3. 抹肩卸肩

「回身抹肩」的抹肩動作有兩法，一是手掌抹向肩的位置，二是肩自身要鬆沉卸肩。前一法有形有像，清清楚楚，後一法並不明顯，容易忽略，所以要重點指出。卸肩之法，可循放鬆功中的「老牛卸磨」法修練。

【實用舉例】

（1）若對方用右拳從背後偷襲我右肩，我隨即用「回身抹肩」法卸力避峰，同時左手截其腕，右手用撩拳擊其胸、肋，或用反背捶擊其頭、臉，亦可駢指彈叉其喉結，隨情況而用。

（2）若對方撤步，並用右手拿我背掌之手，我隨即旋轉腰胯，旋腕翻掌，繞過來手，叉出兩指，戳其喉或雙目。

（3）若對方連連退卻，我即用連續進擊法，步步追擊。

｜第五十三式・翻身下勢（右左）｜

【拳招釋義】

翻身下勢與單鞭下勢有三點不同：一是翻身，二是刁拿，三是千斤墜地。雖然同是下勢，因有翻身等不同，故名「翻身下勢」。

此式鍛鍊的部位，側重於腰、胯、膝、踝等處，因其能促使韌帶的鬆柔，對防止腰腿老化、退化很有裨益。若從自衛防身角度講，則主要鍛鍊翻身應敵的心法和技法。

【行功口訣】

> 背後遇襲回身刁，
> 腰腿鬆柔第一條。
> 撤步下勢雙手拽，
> 千斤墜地逞英豪。

【動作分解】

右式：

以仆步之腿區分左右，右腿仆地為右式，反之則左式。

1. 扣步刁手

承接「白蛇吐信」式左式。腰胯鬆沉，重心全部移寄左腿，右腳提起向左腳扣步，重心約七成回移至右腿，成丁字步；同時身隨步轉，向左後方旋胯轉體約 90°，從面向東轉向偏西北，此為扣步轉身。

在右扣步轉身的同時，左手隨勢向後方轉腕刁，意想刁拿背後襲擊的來手，右手隨勢向上方弧形托起，掌心向上，成高架扣步左刁手勢；立身中正，鬆肩垂肘，目視左刁手前方。（圖 7-3-454）

2. 撤步拽掌

接上動。繼續向左旋胯轉體約 40°，轉至西北，重心全部移至右腿，接著迅即提起左腳向後方撤退一大步，左腳尖外擺，重心又移至左腿，右腳碾轉，腳尖內扣；在轉身撤步的同時，左刁手旋腕成俯掌，意為扣人手腕，右手劃弧變為俯掌，意為扣拿人的肘節，兩手作勢欲拽；目視

圖 7-3-454

圖 7-3-455

前方，關顧兩手。（圖 7-3-455）

　　註：撤步拽掌僅是一個瞬間的過渡動作，應不停頓地做仆步下勢的動作。

3. 仆步下勢

　　緊接上動。不停頓地鬆腰落胯，左腿屈膝，上體下蹲，臀部下墜，右腿伸直，腳尖內扣，成右仆步；在仆步蹲身的同時，左手扣著人腕，右手拿著人肘，乘蹲身之勢，雙掌合勁向下猛拽，宛似千斤墜地，兩臂、兩掌伏於右腿內側；目視右前上方。

　　此時已完成「翻身下勢」式，須上體正直，不可俯身低頭；臀部低墜內斂，不可翹臀；屈膝的左腿，應平直踏實，腳跟不可翹起；仆步的右腿，膝關節自然伸展，不可僵硬挺直，腳尖內扣，須全腳著地；頭項鬆正，神貫於頂。（圖 7-3-456）

4. 弓腿挑掌

承接上動。腰胯鬆沉，重心前移至右腿，並向前弓腿，長身而起，帶動兩手沿著右腿內側向前穿掌，並乘弓腿起身之勢，向上挑掌，兩掌側立，右掌在前，左掌在後。此時成大跨度右弓步挑掌式；上體中正，目視挑掌前方。（圖 7-3-457）

圖 7-3-456

圖 7-3-457

左式：

1. 扣步刁手

承接上動。腰胯鬆沉，重心全部移寄右腿，提左腿向右腳扣步，並向右旋胯轉體；右手刁拿。其練法與上述右式相同，僅左右方向不同。（圖 7-3-458、圖 7-3-459）

2. 撤步拽掌

練法與右式相同，僅左右方向不同。（圖 7-3-460）

3. 仆步下勢

練法與右式相同，僅左右方向不同。（圖 7-3-461）

圖 7-3-458

圖 7-3-459

圖 7-3-460

圖 7-3-461

【呼吸行氣】

以右式為例。

1. 一般呼吸

動作 1 為吸氣，動作 2 與動作 3 為呼氣，動作 4 的穿

掌為吸，起身挑掌為呼。

2. 拳勢呼吸

以動作快慢調節呼吸頻率。例如，動作 1 和動作 2 可以連續為吸氣，因為動作 2 是一個短暫的過渡動作，在動作加快的情況下，可以繼續吸氣，待下勢墜地時，一呼而下，便能助長千斤墜地之勁氣。

3. 臍輪調息

無論何種呼吸，均須臍輪調息。尤其在仆步蹲身時，更須三田相通，即前丹田（臍）、後丹田（命門）、下丹田的內氣相通，一呼而下，促進蹲身穩定，下勢有勁。

【內功心法】

1. 氣衝關節

在三田相通、呼氣而下的過程中，還須注意氣衝關節，才能蹲得下、架式低、有勁道。影響低架仆步的障礙，主要是胯與膝兩大關節。氣衝關節，就是下勢之際意念內氣衝向胯與膝，把它們衝鬆衝開。初練似乎無甚感覺，日久就有體會。長期氣衝關節，確能使關節鬆柔，增強腰腿內勁，又能防治腰腿老化。

2. 刁在手腕

刁手的功用是刁拿對方的手腕，是擒拿法中的一法。因此必須增強自身手腕和手指的靈活性與堅韌性，俗稱增強腕力與指力。「鬆靜篇」放鬆功法中的「四季長青」，就是專門訓練腕力的，須勤加修練。至於練習本式時，要重點注意刁手的旋腕捲指，意念把對方手腕拿扣翻捲，如蛇纏物。這一動作，在整個「翻身下勢」招式中雖然是不

顯眼的局部動作，但十分重要，不可忽略。

3. 下勢要墜

仆步下勢時，心意上要整體下墜，包括屈膝下蹲、軀體下坐、臀部下斂、尾閭下墜以及兩手下拽、內氣下沉，應一氣呵成，這樣才能使「仆步下勢」發出千斤墜地的威勢。如果練明勁，則可腰腿發動，兩手抖彈發勁。

平時練拳架須練低架仆步；若應用，可視情況而定，若得機得勢，也可使用高架子跌人，不過那樣做，使仆步變成了大跨度側弓步。

【實用舉例】

（1）若對方上左步出左拳擊我面部，我隨即右步小退，側身避峰，同時左手上舉，用刁拿法拿住對方手腕，右手扣住其肘關節，兩手相錯合力，將其制服。

（2）同時上右步插入其左腿外側，腳尖內扣，套牢其左足踵，切斷其後路。彼若抽臂退身，我即順借其勢向右轉體，右臂乘轉體及進身之勢向其胸部橫搠，須快速凌厲，使對方絆跌而出。

（3）若對方向我背後左側襲擊，我迅速右扣步、左轉身，閃開鋒芒，同時用刁拿法擒拿來臂（腕），並退左步，重心後移，用千斤墜地法猛然採拽，使對方跌仆。

第五十四式・順水推舟（左右）

【拳招釋義】

此式動作由下而上，從後往前，兩手前推，形似順水

推舟，故名。

在「武當活步快太極」套路中，下勢以後的連接拳招是「上步七星」，而本套路則是「順水推舟」，兩者各有妙用。前者屬防禦型的拳招（防中寓攻）；本式屬進攻型的（攻中寓防），而且左右左三勢各具特點。

其左式是從下而上起身進攻，上下兩掌的形狀近似八卦掌中的「金龍合口」；右式則是由後往前推掌進攻，其態勢近似進步團撞掌；再一個左式，又是換步團撞掌。這表明本門太極的拳招內涵豐富，各有妙用。

【行功口訣】

順水推舟順水推，
左勢合口右團撞。
換步提掌隨勢行，
萬變都在心意中。

【動作分解】

左式：

1. 起身蓄勢

承接「翻身下勢」左式。腰胯鬆沉，重心逐漸移向左腿，同時起身，帶動兩手上提，左手在上，提至與左乳同高，間距 10 餘公分，左臂屈肘貼肋，沉腕立掌，掌心斜向下；右手屈肘提至左手下面，肘部貼在右肋處，掌根在上，手指斜向下，掌心斜朝上，與左掌上下相對，兩掌的掌根相近（間距約 3 公分），掌指張口，宛似金龍張口，蓄勢待進；此時重心六成在右腿，四成在左腿，成高架半

弓步；上體中正，凝視前方。（圖 7-3-462）

註：這個蓄勢動作僅是瞬間的過渡動作，與下一勢「金龍合口」緊密相連，不可停頓。

2. 金龍合口

緊接上動。重心快速前移至左腿，弓腿進身，帶動兩掌掌根相靠向前撞，須抖彈撞出；同時右腳乘進身撞掌之勢跟上半步，震腳發聲，以助推掌之威，此時重心八成在前腿（左），後腿（右）為虛；面向東北，上體中正，目視前方。（圖 7-3-463）

圖 7-3-462

圖 7-3-463

右式：

1. 退身封門

接上動。腰胯鬆沉，向右旋轉約 40°，轉向東，重心大部分後移至右腿，成左虛步，兩掌趁勢分開，均旋腕翻掌成為橫掌，掌心向外，十指相對，間距約 3 公分，兩臂圓撐，鬆肩沉肘，在身前構成一個圓圈，宛似閉門推月；

須立身中正，懸頭墜尾，鬆肩沉肘，舒胸圓背，氣貫兩臂、兩掌，目視兩掌前方，關顧兩掌。（圖 7-3-464）

2. 獨立右提掌

承接上動。重心全部移寄右腿，左腳提起，經右腳內側向後退步，重心迅速全部回移至左腿，左腳踏實，腳尖外撇；接著迅速提起右腿，腳尖虛懸離地，大腿鬆平，成左獨立勢；在退步提腿的過程中，兩掌同時外旋，邊旋腕、邊坐腕、邊沉肘，然後兩掌邊旋腕分開，分別向兩側劃弧下落，塌掌於左右兩胯前，掌心均朝外，掌根在上，手指向下，兩前臂貼於左右兩腎，成獨立提腿、提掌勢；面向正東，立身中正，左腿穩定，鬆肩沉肘，氣注丹田，神貫於頂，目視前方，蓄勢待發。（圖 7-3-465）

圖 7-3-464

圖 7-3-465

3. 右進步撞掌

承接上動。腰胯鬆沉，左腳蹬地，右腳前進一大步，左腳跟上一步，重心前移至右腿，弓腿進身成右弓步；兩

掌乘上步進身之勢整體向前推撞。（圖 7-3-466）

左式：

1. 退身沉掌

接上動。重心後移至左腿；兩掌內旋成俯掌，分別按於腿前。其餘動作與右式動作 1 相同，僅左右方位不同。（圖 7-3-467）

圖 7-3-466　　　　　　　　　圖 7-3-467

2. 獨立左提掌

動作與右式相同，僅左右方位不同。（圖 7-3-468）

3. 左進步撞掌

練法動作與右式相同，僅左右方位不同。（圖 7-3-469）

【呼吸行氣】

1. 一般呼吸

動作 1 的前半段（重心後坐）為吸，後半段（兩掌封門）為呼；動作2提腿提掌為吸；動作3「進步撞掌」為呼。

圖 7-3-468

圖 7-3-469

2. 拳勢呼吸

依據拳勢需要調節呼吸頻率。例如，動作 1、2、3 如快速進行，則可一次呼吸完成，即動作 1、動作 2 為長吸，動作 3 撞掌為短促呼吸。

3. 臍輪調息

時刻意守臍窩，進行臍輪調息。尤其在進步撞掌時，更須注意臍輪吸氣，命門吐氣，兩掌一吐而出。

【內功心法】

1. 封門圓撐

在兩掌封門及進步撞掌時，內氣內勁要向外撐出。例如右式動作 1 的虛步封門，應吸氣吸胯，坐腰斂臀，空胸圓背，兩臂及兩掌都要向外圓撐，內氣內勁由命門而上，通於兩臂，從掌心與掌指外放。此時似乎周身都是圓撐的。至於進步撞掌，則是圓撐之勁向外撞出發放。練拳

時，如果不明這種圓撐的心法，則徒勞無功。

2. 整體團撞

進步撞掌與左式的金龍合口，都是整體性的衝撞性進攻，是名副其實的「團撞」。當然，太極內勁是整體性內勁，每招每式都要發揮整勁，而本式表現得更為突出。

在向前撞擊的瞬間，並非兩手在推撞，而是內外合一的整體向前衝撞：在內，是內勁外撐；在外是兩掌、兩臂及身軀以及進步的前衝之勢的相加，再加精神意念的專注，成為整體團撞。

3. 用無定法

「學有定式，用無定法」，是武當內家拳的特點，此式亦是如此。例如動作 2 的「金龍合口」，練拳時依照定式訓練，使用時可根據當時情況靈活變化。

兩掌合口的形狀及其上下的位置，可因人因勢制宜，可以照原式樣，也可以前後交錯，還可以前掌下沉、後掌上抬，只要符合原理，各種形式均可採用。

【實用舉例】

這是幾年前的故事。我的一位弟子與人推手。推了一陣，對方突然使了一招下勢探陰式，進右足，出右手，朝那弟子插襠探陰。弟子聽勁尚可，及時察覺，迅速應了一招退步下勢，右手執彼右腕，左手扣其右肘，借對方進擊之勢，向下拽採，對方立即陷於背勢，似有退卻之意。機不可失，那位弟子隨即腰胯旋轉帶動手腕旋轉，用右手扣托對方右腕使之上抬，左手則沉壓其肘，上下交錯，拽直彼的手臂，並前後攪纏一小圈，用類似「金龍合口」法發

勁。對方情知不妙，為防仰面倒地，迅速跳步後退，但餘勁並未完全消去，仍然噔噔噔連退數步。

｜第五十五式・五氣朝元｜

【拳招釋義】

「五氣朝元」，原是道家靜坐修練內丹功的一種至高境界，常與「三花聚頂」並稱。如果一個修練者能夠達到「頂上聚三花，胸中有五氣」的境界，他就能返老還童，長生不老，成為得道真人。始祖張三豐在《金丹詩三十六首》中說：「五氣朝元隨日長，三花聚頂逐時新，煉成大藥超凡去，仔細題詩警後人。」

初聽「五氣朝元」，似乎感到很玄秘，其實一旦說白了，並不難懂。五氣者，比喻人體之五臟六腑也，即心、肝、脾、肺、腎等是也，有的又把它比作肺金、肝木、腎水、心火、脾土等五行的代號，反正都是指臟腑而言，都是一種比喻、一種代號而已，自己不必拘謹。

但是，對朝元的「元」字的理解歷來有不同的說法，甚至發生過爭論。筆者贊同國學大師南懷瑾先生的見解。從學理和中國文學的詮釋看，這個「元」字，是與本源的源字通用，是指原來的初始的本位現象。五氣朝元，是說人體內部的臟腑之氣，經過修練，各歸原初的本位狀態。

原初的本位，就是人之先天本位。各歸本位，就是返璞歸真，恢復本性，返回到初生嬰兒的完好景象，一切都處於美滿的「中和」本位。到此地步，自能祛病延年、健康長壽了，而且可以邁向煉丹得道、回歸本性的境界。

　　這原是靜坐煉丹的一種功法、一個層次，現今移植到拳術中來，是為了進一步把練拳與煉丹結合起來，促進內外兼修，返璞歸真。

【行功口訣】

五氣朝元隨日長，
三採三灌細品嚐。
煉精化氣逐日新，
修成中和本性還。

【動作分解】

1. 退步披身

　　承接上式「左進步撞掌」。腰胯鬆沉，重心全部移寄左腿，右腳向右後方斜退半步（或一步），腳尖外撇；迅即向右旋胯轉體，轉至偏南，重心移向右腿，屈膝弓腿，成右側弓步；在退步轉身的過程中，兩掌先上托至與肩同高，然後兩掌分開：右掌右臂繼續向上、向右劃弧，直至右掌劃至頭部右上方，並旋腕翻掌，掌心向外，掌型斜橫，小指上揚，拇指斜向下，右臂呈月牙形舉於右額上前方；同時左掌在原位內旋翻掌，掌心向外，掌型斜橫，向左前方撐開，手指略高於肩。此時左掌與右掌斜相向，右掌高，左掌低，近似「披身伏虎」的態勢。（圖 7-3-470）

2. 坐身捧掌

　　隨即腰胯鬆沉，繼續向右旋轉至正南方向，重心全部移向右腿，左腳收回，與右腳並行開立，間距與肩同寬，

圖 7-3-470

圖 7-3-471

身體重心分置兩腳，坐身屈膝；同時，兩臂劃弧下落，經身體兩側會合於腹前，掌心朝上，十指相對，間距約 3 公分，兩掌狀如捧氣。（圖 7-3-471）

3.展臂採氣

　　隨即腰胯鬆沉，兩臂向左右兩側分開，徐徐劃弧上舉，分別斜向前上方伸展，分置於頭部左右兩側，距頭部 70~80 公分，兩掌掌心向天，意念用勞宮穴採納天地靈氣。在兩臂上舉的同時，身體緩緩上升，成開立步舉臂採氣態勢；雙目凝視前方。（圖 7-3-472）

圖 7-3-472

4. 合掌灌氣（上）

當上動觀想掌心已採到靈氣時，立即雙掌在頭部前合攏疊掌，左掌在外，右掌在內（女性右掌在外，左掌在內），掌心向祖竅穴（上丹田）灌氣。（圖 7-3-473）

圖 7-3-473

5. 坐身降氣

隨即鬆腰沉胯，身體徐徐下降，帶動兩掌（掌心向內）經頭部、胸前緩緩向下降氣，直降至下丹田。（圖 7-3-474、圖 7-3-475）

圖 7-3-474

圖 7-3-475

6. 展臂採氣

隨即兩手分開，身體上升，展臂採氣，動作與分解之 3 相同。

7. 合掌灌氣（中）

動作與分解之 4「合掌灌氣」相同，不同處是不灌向祖竅穴，而是灌向胸部膻中穴。

（圖 7-3-476）

8. 坐身降氣

練法與動作 6 相同。

9. 展臂採氣

練法與動作 3 相同。

10. 合掌灌氣（下）

圖 7-3-476

練法與前式合掌灌氣相同，不同的是向臍窩灌氣。

（圖 7-3-477、圖 7-3-478）

圖 7-3-477

圖 7-3-478

11. 合掌按摩

隨即上體徐徐上升，雙掌自下而上摩至胸口，沿順時針摩一小圈；隨即繼續向下摩至臍窩，按摩一小圈再向下

摩至下丹田，也按摩一圈，身體隨之徐徐下降至坐身。

　　這上、中、下三圈按摩要徐徐而行，每摩一圈，呼吸一次，意想真氣充盈於臟腑，處處呈現陰陽中和的美景。摩圈的形象與上述灌氣相似，故不再列圖。

【內氣內功心法】

　　此式旨在採氣、練氣、養氣及返歸原初，肢體動作並不複雜，僅僅兩臂上下劃弧和身體升降而已。所以，行氣心法與內功心法不分開敘述，綜合起來說明幾點：

1. 一吸俱吸

　　三次展臂採氣都是吸氣，而且一吸俱吸，連其他器官及皮膚、毛孔都在吸氣，齊心協力把外界的自然靈氣採歸於體內。

　　當然，兩掌的勞宮穴是採氣的主渠道，要意想自然靈氣從勞宮吸入，積盈於掌心，形成一個小氣球，準備把它灌入相關氣穴。練之日久，掌心會感到溫熱，手指有麻脹的感覺，甚至內氣呼之慾出。

2. 小吸小呼

　　在舉臂採氣將畢、準備灌氣之前的片刻，也就是兩掌合攏之初，可要做一次小呼（短小的換氣），及至兩掌到達祖竅穴之際，再做一次小吸，吸至喉頭，再變呼氣，灌氣直下丹田。這小吸小呼，適宜初學者和功淺者練習。如練之日久，呼吸能夠深長細密時，可以免去這個小呼吸，直接用一次長呼吸。

3. 吞氣嚥氣

　　無論長呼吸或小呼吸，當吸灌至喉頭（十二重樓）

時，要有吞氣的動作，像喝水那樣，把氣吞嚥入肚內，喉頭會發出咕嚕一聲，甚至感到吞入之氣汨汨地直下丹田，很快臍輪及丹田會產生溫熱感。

4. 五田相會

第三次灌氣是向臍輪灌氣，要意想兩掌改採之氣緩緩灌入臍窩，臍窩要隨著氣之進入而微微內斂，並直接通向命門穴，使前丹陽（臍輪）與後丹田（命門）相通，連通上、中、下三處丹田貫通，達到「三田反覆」「五田相會」，以收百脈通暢、練精化氣之效。

5. 意想朝元

此式安排在套路終結之前一式，意在全套拳術即將行功圓滿之際，對前面五十多式的修練作一總結提高，把各項成果彙集到五氣朝元上來。

因此，在採氣灌氣過程中，要靜篤虛極，萬念俱泯，只有採灌一念，意想天地靈氣灌進了臟腑，與自己的臟腑之氣相互交感，趨於和合，暢通無阻，返璞歸真，漸漸產生溫暖怡適的感覺，進而意想身、心、靈及天地萬物無一不處在「中和」的本位，回歸無形也無我的先天狀態，於是接十字還原，復歸無極。

│第五十六式・十字還原│

【拳招釋義】

此式是太極拳的最後一式，有十字手及還歸無極狀態兩個內容。十字者，兩前臂內外交叉，狀如斜形十字，置於面前，故名十字手。還原者，即回歸預備勢的無極態

勢，還我先天原貌。

【行功口訣】

十字還原意何在，
神聚氣合無極歸。
無形無象無中有，
還我先天靈性來。

【動作分解】

1. 起身開掌

接上式。虛領頂勁，引體
上升，漸漸起立；同時，兩掌
沿胸部上提，提至近下齶時，
兩掌劃弧向上並向左右分開，
置於頭部兩側前方，手指與頭
同高；身正前視。（圖 7-3-
479）

圖 7-3-479

2. 坐身抱掌

隨即鬆腰沉身，屈膝下
坐，帶動兩掌劃弧向外、再向
下合抱於小腹前；身正前視。
（圖 7-3-480）

3. 十字向前

隨即引體上升，兩掌斜十字（宛似剪刀形）交錯，左
手在內，右手在外，隨著身體起立，十字手向前、向上掤
出，掌心均向內，掌背都朝外，置於面前，與面同高；此

時開步站立，兩手十字外掤，全身持守中定，凝視前方。
（圖 7-3-481）

圖 7-3-480

圖 7-3-481

4. 分掌下坐

隨即兩掌分開，與肩同
寬，掌心朝下，沉身下坐，帶
動雙掌向下按落，掌心向下，
按至四平狀態；身正前視。
（圖 7-3-482）

5. 灌氣收功

隨即兩掌向胸前收回，
掌心變向內，收至將近膻中穴
時，兩掌內旋，掌心變向下，
徐徐向丹田灌氣，然後雙掌分
置兩側，同時身體漸漸起立，
返回到太極起勢的態勢。（圖 7-3-483、圖 7-3-484）

圖 7-3-482

圖 7-3-483

圖 7-3-484

6. 回歸無極

隨即左腳收回右腳裡側，兩腳八字站立，歸本還原，混混沌沌，無我無他，返還先天。（圖 7-3-485）

圖 7-3-485

【呼吸行氣】

1. 一般呼吸

動作 1 為吸氣；動作 2 為呼氣；動作 3 的十字手起立，為一吸一呼；動作 4 也是一吸一呼，即分掌為吸，下坐為呼；動作 5 收功灌氣又是一吸一呼；動作 6 的回歸無極，仍是一吸一呼。

2. 拳勢呼吸

隨著拳勢招式的需要調節呼吸頻率。例如動作 3 的十字手起立，可以吸氣深長細緩一些，配合身法緩緩起立；而呼氣時相對地稍短稍快一點。

3. 臍輪調息

無論哪種呼吸，都意守臍輪，吸氣至命門，呼氣時由命門前送下丹田。

例如，上述十字手的呼吸，長吸時意想氣由臍窩吸入，一直吸至命門；呼氣時，意想氣從命門送往下丹田。練之日久，當然能臍輪調息了。

【內功心法】

十字手是武術中比較普遍的一個拳招，不過內家、外家有別，練法、用法不同而已。拳諺說：「十字手，打破天下無敵手。」這是指它的自衛功能而言。

十字手又是太極拳演練結束時的收勢動作，是修心練性、恢復先天的一個還原階段。

主要心法如下：

1. 上拎下墜

本門十字手的練法中有兩次起立、兩次下坐。起立時，要意想頭頂百會穴被拎著往上提，帶動軀體起立上升；下坐時，要意想尾閭往下墜，帶動軀體下沉，屈膝坐身。上升時吸氣，氣達於頂；下坐時呼氣，氣降於田。促使軀體中正升降，全身氣血流暢，既利內丹修練，又利內勁生長。正如歌訣說「外簡內富十字手」也。

2. 掤勁圓滿

兩臂上下左右劃弧時應含有掤的勁意，尤其在起身開掌及十字向前時更要注意，前者是向外開勁，後者是向上、向前外掤之勁。整個動作要充滿掤意。

3. 灌氣歸原

一套太極拳自始至終是形體動作與內氣流轉的結合，也是心神修練的過程。作為收勢動作的十字還原，擔負著總結歸納的任務，不可草草收場，尤其在煉氣煉神上更要注意。

灌氣收功及回歸無極，動作十分簡單，意義卻很重大。不僅是這一式的灌氣，而且隱藏著全套動作的納氣，務必緩緩地吸、徐徐地呼，默默地想著引體上升於內外氣流之中，收足站立於無形無象的無極之中，歸根還原。

這種細微的心法要靜心默察，詳為參悟，才會有所感覺，才能漸入佳境，才能「神聚氣合歸無極，還我先天靈性來」。

【實用舉例】

此式的實用價值，一是養生，二是防身，前節已作介紹，這裡僅就自衛防身的角度說一說。

十字手的功用，可以概括為「封接多變」四字。

封，即封接對方打來的拳掌。假如我鬆鬆站立，兩腳不丁不八，發覺對方來拳，迅即鬆開腰胯，丹田翻勁，兩臂十字交叉上掤，用掤勁承接來拳的腕背或尺骨，應鬆沉黏接，切不可硬頂。

變，即變勁，依據掤接時的感覺（聽勁），隨其勢而

變。由於情況因人因勢而異，可變出各種招式，無法一一
說明，僅舉四例如下：

1. 乘勢掤發

接勁後，如果感到機勢可以直接用掤勁發放，應毫不
遲疑地用雲摩彈的勁路（練熟後的條件反射）彈放而發，
除非對方反應敏捷，迅速化解，否則必將被我放出。

2. 上變穿梭

接勁的瞬間，如感到對方變勁向上攻我，我即右臂隨
其勁路而滾臂向上，化解其勁；同時右腳上步插襠，左手
螺旋形按向對方胸部或肩部，形成玉女穿梭式，對方必被
按出。

3. 中變前按

向上變化用玉女穿梭，向中部變化則可用開合的按
勢。

當接勁後感到對方勁路一變，變為雙手按我雙臂，我
即隨其勁勢，腰胯鬆沉，兩臂鬆沉外開，右腳趁勢偷進一
步，重心向後一移，兩肘帶動兩手向後一採，隨著重心快
速前移而翻腕合勁，向前按出，宛如攬雀尾中的按勢。

4. 下變摟膝

接勁後，如感到對方變勁向下，我即隨其勁路，用摟
膝拗步的斜進正出法化去其勁，摟而推之，反推其身，較
易得手。

以上三變應招僅僅舉例而已，事實上，何止所舉三
例，可謂變化多端，不得拘泥一格，即如先師常說的「學
有定式，用無定法」是也。

第四章
太極實用發勁示例

前文 56 式拳術招式中，每一式均有「實用舉例」的文字說明，限於篇幅，不可能一一用圖片表示，僅舉幾例。

第一例　太極起勢

1. 托掌吐勁

第一式「太極起勢」的實用舉例中說到「托掌吐勁」的發勁用法，即我兩掌平托，對方雙掌大力壓我兩掌，我即用踏勁、吐勁之法，可化去來力，並趁勢發勁，把對方發送出去。（圖 7-4-1～圖 7-4-3）

圖 7-4-1　　　　　　　　　圖 7-4-2

圖 7-4-3

2. 雙臂抖發

太極起勢的發勁有好幾種，這裡再介紹一種雙臂抖發。對方抓我兩臂，有所企圖，我趁勢雙臂一抖，即可將對方抖彈而出。（圖 7-4-4～圖 7-4-6）

圖 7-4-4

圖 7-4-5

圖 7-4-6

第二例　揮手掤

　　掤勁、掤法列太極八勁
之首，是各招各式的後盾，
所謂「掤勁不可丟也」。在
套路中，以「掤」命名的拳
式有好多種，這裡介紹的是
揮手上掤的一種接發勁。
（圖 7-4-7～圖 7-4-9）

圖 7-4-7

圖 7-4-8

圖 7-4-9

第三例　滾肘挒

挒勁、挒法是太極八勁八法之一。此處演示的是一種滾肘挒。（圖 7-4-10～圖 7-4-13）

圖 7-4-10　　　　　　　　　圖 7-4-11

圖 7-4-12　　　　　　　　　圖 7-4-13

第四例　加肘擠

擠勁、擠法，雙手與單手均可使用。現在介紹的加肘擠屬單手擠的一種，它是本門太極特有的一種擠法。本套

路的「雲擠手」及復勢攬雀尾中的「雲摩肘擠」，均是專
門訓練加肘擠的拳式。（圖 7-4-14、圖 7-4-15）

圖 7-4-14

圖 7-4-15

第五例　環手按

按勁、按法，是掤、捋、擠、按四正手的重要一法，
在臨陣實用中變化多端。而「環手按」則是本門太極的特
有按法。如今演示的是本套路「復勢攬雀尾」中的「環手
按」一勢。（圖 7-4-16、圖 7-4-17）

圖 7-4-16

圖 7-4-17

第六例　雙手拿

拿法,是太極拳不可或缺的勁法技法,有單手拿與雙手拿兩類。許多拳式中均含有纏腕擒拿之意,如「風輪手」「琵琶手」及「復勢攬雀尾」中的「翻腕刁拿」等皆是如此。這裡演示的是「雙峰貫耳」一式中的前期過渡動作,屬於雙手拿一類,即「雙手纏腕拿採精」。現今演示的有鎖拿對方使之下跪、使之前跌、使之右側倒、使之左

側倒四種情況。（圖 7-4-18～圖 7-4-35）

圖 7-4-18

圖 7-4-19

圖 7-4-20

圖 7-4-21

圖 7-4-22

圖 7-4-23

圖 7-4-24

圖 7-4-25

圖 7-4-26

圖 7-4-27

圖 7-4-28

圖 7-4-29

圖 7-4-30

圖 7-4-31

圖 7-4-32

圖 7-4-33

圖 7-4-34

圖 7-4-35

第七例 向前搬

搬勁、搬法，不僅在著名的「搬攔捶」一式中有它，本套路不少拳式的過渡動作中均含搬勁搬意。這裡演示的是向前搬的一種發勁法。

即對方猛抓你前臂，你可按搬勁的心法，由腰胯帶動，以肘為軸心，前臂螺旋劃弧前搬，即可化去來勁，把對方搬之前仆。（圖 7-4-36、圖 7-4-37）

圖 7-4-36

圖 7-4-37

第八篇

源流篇

第一章
武當丹派的由來

　　武當丹派武功，自始祖張三豐開山以後，綿延數百年，著稱於世。自上世紀初第十代傳人李景林（芳宸）擴大傳授範圍以來，更成為世人仰慕的武林瑰寶。

一、「丹」字的本義

　　先從「丹」字說起。丹字的本義，原指丹砂，俗稱硃砂。因古代道家用爐火燒煉藥物時多採用硃砂，煉成之物稱為「金丹」「仙丹」，以後就泛指各種精製的藥體，如丸散丹膏等。

　　再說煉丹，它有外丹與內丹之分。古代道家用鼎爐燒煉藥石成丹者稱外丹；而修練精氣神、在人體內結丹者稱作內丹，也稱金丹。修練內丹所在的丹田，是人體經絡的重要穴位，是真氣（元氣）聚結以及結丹存丹之處。因而古人說：「丹者，一炁之所結也。」它透過煉精化氣、煉氣化神、神氣相合等過程而結成內丹，能養生長壽，返老還童，甚至說能得道成仙。

　　道家內丹術的淵源，可追溯到秦漢之際，至隋唐時期日益興盛起來，到了宋金以後，發展成兩大派，即以張紫陽代表的南宗及以王重陽為代表的北宗。南宗修練主「先命後性」，北宗修練主「先性後命」，丹法日趨完整細密。

　　武當派始祖張三豐，雖出身北宗傳人，而丹法卻承接

南宗，融會貫通，且具特色，主張性命雙修，三教同流。所著《張三豐全集》是道家內丹學史上的一部名著，也是武當丹派武功行走架的指南。

二、「丹」字的成派

然後來說「丹」字之成派。當初，始祖創武當劍時曾以九字為序，立武當劍九字九派。

九字者，乃「字、住、極、符、鑑、七、釜、籌、丹」是也。並將九派分為三乘，前三字為上乘，乃偃月神術。中三字為中乘，乃匕首飛術。後三字為下乘，乃長劍舞術。總以三乘神、飛、舞三字貫於九派之中，即一生三，三生九之義也。

始祖為何將丹字丹派列在九字之最後，第九代傳人宋唯一在《武當劍譜》中作瞭解釋。他逐字說明每個字的字義以及意境，在談到最後三個字時說：

「釜者，變化萬物之器也，釜中不可無物，故又以八籌次之。籌者，物之聚也，凡物皆可為藥，藥有治症之能，故又以九丹名之。九者，究也，盡也，物為至丹，功力極矣。夫丹之功能活人，又並有飛昇之效，以明萬物之生化不盡也，故以『丹』字終也。」

可見，「丹」字的成派是由武當劍九字九派的排序開始形成的。武當丹派武功就是以道家內丹功為內功根基的、以劍術之九字九派為序列的、以武當劍及太極拳為代表的武功門派。簡言之，武當丹派，是道家內丹功用於武功的一個門派。

第二章
丹派武功的傳承

第一節 ◆ 第一代至第八代傳承

武當丹派源流，過去鮮為人知。自第九代傳人宋唯一在《武當劍譜》中詳為記載後，才多為世人所知。宋公說：「至前清同治八年，鄙人受野鶴先生教育，遂留下武當丹派八家之系譜，今原原本本詳為敘出，俾學者知武當內家劍術之源流耳。」

《武當劍譜》先記述始祖張三豐：「三豐祖師，籍遼東，姓張，名全一，又名君寶。時人因其形狀邋遢，號為邋遢張。趙宋時徽宗召之。因北方多匪，道梗不得前，祖乃以劍飛擊之，盜盡殲，故以劍術名於世。嗣後，至元順帝時，祖乃在武當山收弟子八名。嘉靖時，遊四明山，續傳張松溪一名，前後共九人，成為三乘九派也。」

然後，宋公以張君為第一劍譜，逐代詳細記述。

但為了節約篇幅，按略古詳今法則，將宋譜中關於一至八代的詳細傳承過程略去，只錄其大概。

第一代，張松溪，河南登豐人。明嘉靖年間，遊浙江四明山，遇始祖張三豐，拜師，成為丹派開傳第一人。道號丹崖子。

第二代，趙太斌，泰安縣人。明萬曆九年，拜張君為師，得真傳。道號丹雲山樵。

第三代，王九成，湖北均縣人。得趙君真傳，道號武當丹緒。

第四代，顏昔聖，湖南衡山縣人。得王君真傳，道號定丹叟。

第五代，呂十娘，女，浙江鄞縣人。康熙三十九年，入顏君門下，道號丹霞客。

第六代，李大年，陝西華陰縣人。清乾隆二年，丹霞客在華陰將其收入門下，道號金丹赤字。

第七代，陳蔭昌，安徽人。乾隆四十八年，在九華山入李君門下，道號丹雲旅者。

第八代，張野鶴，直隸曲陽縣人。清道光十二年，在安徽入陳君門下，道號還丹子。

｜第二節 ◆ 擴大傳授範圍｜

自第九代起，屬近、現代傳承，他們著書立說，擴大傳授範圍，對繼承和發展丹派武功作出重要貢獻，其代表人物是第九代傳人宋唯一及第十代傳人李景林，今分述如下。

第九代傳人宋唯一，名德厚，號飛丹九兒，遼寧北鎮人。宋公在劍譜自序中說：

「鄙人年方十五，先大母捐館，先大人結廬墓右，寢苦枕塊，拜風哭雨，三年獨處，無敢過問。一夕，有野鶴道人至廬相訪。先父見其道貌非凡，殷然禮待。適鄙人省父至廬，父命拜之。道人曰：『此人誰？』父曰：『不肖子也，性好武，不愛讀書，屢戒不俊。』道人曰：『有文

事，當有武備，似武亦不可少者。吾有空中妙舞劍法，已傳八人，再傳汝已成九數也。』鄙人欣然拜授。立志練劍，晝夜攻習，寒暑無間，一年之久，能使六尺之劍，形體飄飄，空中作舞。」

為了不使國粹埋沒，宋公著書立說，於 1922 年梅月寫成《武當劍譜》，對武當丹派武功的發展作出了承上啟下、繼往開來的重大貢獻。

第十代傳人李景林，字芳宸，河北棗強縣人，曾任張作霖部旅長、軍長及天津督軍等職。李公出身武林世家，聰穎過人。少時入宋公門下，劍、拳、掌三絕，繼承宋公衣缽，對發展丹派武功作出了重大貢獻。

李公的貢獻，主要是擴大傳授範圍及豐富丹派武功內容。其廣開門戶的過程可分為三個階段。

第一階段，1920 年至 1922 年，在天津。1920 年，李公駐軍天津小站，張榜招考武術教習，將獨占鰲頭的考生楊奎山（林甫）收為入室弟子，成為首席弟子。1922 年冬，宋公唯一計劃訓練 48 個劍俠，並親自在李景林軍中選材，有楊奎山、李倩瀾、郭憲三、林志遠、黃敬義等五人當選。奈因人數太少，訓練計劃只得擱淺。但經祖師爺挑選的五人成了李景林的五大貼身弟子（後黃敬義離去）。

第二階段，1923 年至 1926 年，在天津、上海。1924 年，李公先在天津收郝家俊為徒。1926 年，李公結束軍旅生涯，致力推廣武術。當年率楊奎山等四大弟子赴上海傳藝，將褚桂亭及姜容樵等數人收入門下。

第三階段大發展，1928 年至 1930 年，門戶廣開。先

是 1929 年在杭州，李公出任在杭州舉行的浙江省國術遊藝大會（俗稱首次全國武術打擂比武大會）評判委員長，主持全盤賽事。繼而在 1930 年春節，在上海舉行國術大賽。在這兩次大活動中，投入李公門下的達 180 多人，很多是武林成名人物。僅據《武當劍法大要》記載，就有黃元秀、萬籟聲、葉大密、孫存周、錢西樵、郭歧鳳、趙道新、陳微明、韓慶堂、章殿卿、朱國禎、朱國祿等 44 人。在杭州期間，孫祿堂命其徒弟們都拜李景林為師，其中有李玉琳等名家，李景林也命楊奎山等徒弟拜孫祿堂為師，一時傳為佳話。

第三階段後期，李公於 1930 年赴濟南創建山東國術館。原擬在館內擇優收徒，誰知僅隔半年，便不幸逝世。那是在 1931 年初春，李公奉召去廬山晉見蔣介石，在歸途中突發怪病而逝的。

在李公治療期間，楊奎山偕林志遠、李倩瀾、郭憲三等師兄弟，日夜看護榻前。李公臨終時，囑咐楊奎山等為十一代傳人，務必光大門楣。但師兄弟四人均懷疑師父是被人下毒害死的，為示抗議，李倩瀾在濟南車站臥軌殉情，隨師而去；林志遠、郭憲三憤然出走，下落不明；唯楊奎山謹遵師命，傳授武功。

雖然李公廣開門戶，先後收徒達二百餘人。但由於李公公務繁忙，無暇顧及，加上這些名家各有一方天地，不可能常隨李公左右，所以能成為十一代傳人的為數不多，僅李公的四大弟子楊奎山等人，以及郝家俊、姜容樵、褚桂亭、李玉琳、郭岐鳳、黃元秀、葉大密等十數人。

| 第三節 ◆ 當代傳承簡況 |

上述第十一代傳人各有衣缽弟子，因資料有限，故以下僅記李景林大弟子楊奎山及其一脈的情況。

第十一代傳人楊奎山，字林甫，河北霸縣人。自1920年被李公收為首席大弟子後，不久升任副官，侍衛李公左右，直至李公仙逝，親隨李公十年，盡得真傳，武功超群，人稱「武林驕子」。李公仙逝後，秉承師命，赴各地廣傳丹派武功，並在抗日軍隊中任武術教官。同時教子習武。其子楊國俠盡得真傳，可惜前幾年已作古。（參見《中華武林著名人物傳》第二卷，百花洲文藝出版社1997年出版）

第十二代傳人錢惕明、吳志泉、常明祥、沙明熙、屠洪林等，因緣機合，先後入楊奎山門下。楊奎山於1947年遷居常州，直至1977年去世，在常州30年，以傳武行醫為業。從學者數以千計，得楊師真傳者有其入室弟子錢惕明、吳志泉、常明祥、沙明熙、屠洪林、魏開明等，成為武當丹派第十二代傳人。

他們在1980年發起創建常州市武術協會，長期擔任主席、副主席、秘書長、常委等職，為發展武術運動、推廣丹派武功做出了重要貢獻。

他們還參賽全國武術觀摩交流大會，均獲優異成績，以時間先後為序：1983年吳志泉獲金牌獎；1986年錢惕明獲雄獅金獎；1988年常明祥獲優秀表演獎；1991年沙明熙獲金牌獎。1991年，錢惕明及吳志泉又同時在武當山首屆武術文化節上獲優秀大獎。錢、吳二人受聘為武當

山拳法研究會研究員（後任顧問），分別發表了大量的武術論文和武術文章。2000 年，錢惕明及沙明熙同時榮獲國家武術七段。沙明熙又於 2001 年 9 月在美國洛杉磯「世界盃」武術錦標賽上，以武當行劍榮獲金獎。他們收授入室弟子，門下菁英輩出。

2001 年錢惕明旅美，於 2002 年 1 月 4 日在西雅圖舉行收徒拜師儀式，正式收受 7 名入室弟子，他們是紀榮晃、呂美惠、張悟納（Neptali R．Chang Grimmer）、施肇國、葉宏、高靜芬、Joe Monagham。

接著於 2002 年 6 月，經華盛頓州政府註冊，成立國際武當武術協會，推廣丹派武功，撰寫文稿，已在美國《太極》雜誌上發表 3 篇論文。2005 年 2 月，美國《太極》雜誌把錢惕明的武當劍雄姿登上當期封面。

第三章
丹派武功的內容

武當丹派武功，隨著歷代傳人的悟道和衍化，武功內容有所擴充。九代傳人宋唯一不但精武當劍、太極拳，還擅長八卦掌等武功。

據先師楊公傳言，宋公 18 歲時，曾去北京相會董海川先生，以八卦掌與之切磋，這在師門傳為美談。尤其是十代傳人李景林（芳宸）穎悟過人，秉承「內修陰陽中和之氣，外採百家劍術之長」的宗旨，擴充武功內容。十一代傳人楊奎山（林甫），按李公意志，旁通諸藝，繼承發

揚。由於歷代傳人的貢獻，丹派武功的劍、拳、械、功系列更為豐富多彩。

| 第一節 ◆ 劍　術 |

有武當劍、武當八卦太極劍兩項。

武當劍又有單劍、行劍、三角對劍、活步對劍、散劍之分。

單劍是基礎性劍術，以工體為主，少有活步。行劍要體現「武當劍乃空中妙舞劍法」的意境，必須「身如游龍，毫不停滯，身與劍合，劍與神合」。對劍則是劍法十三勢的應用練習，待各式對劍練至得心應手後，方可進入隨心所欲的散劍。散劍是實戰劍術，無定式，如劍譜所言：「劍無成法，因敵變化而制勝者也。」

武當八卦太極劍，同屬武當劍範疇，由李景林把武當劍與太極八卦融為一體，成為武當劍的一朵新葩。

1929 年在首次全國打擂比武大會第六天（11 月 21日）下午，李公登台演示這套劍術，李公主宰太極，步行八卦，勁走螺旋，身如游龍，柔和環繞，綿綿不絕，被譽為「名貴絕技」。

| 第二節 ◆ 拳　術 |

拳術有太極拳（太極推手）、八卦掌以及形意拳、八極拳等。由於楊奎山在李公的安排下，先後拜在孫祿堂、尚雲祥、李書文等門下，故得兩家形意及八極拳之長，而

且楊奎山幼時曾入「大六合門」習藝，故通劈掛掌等藝。

　　至於本門太極拳有三套，一套是大架，即本書介紹的武當太極拳大架 56 式；一套是活步架，即武當活步快太極 108 式；再一套是游身架，即游身八卦太極拳。此拳熔太極、八卦、形意於一爐，別具一格。此外，先師楊奎山在常州市人民公園公開傳授的太極拳，是經過李景林稍加改進的楊式太極拳，人稱楊式李架太極拳。

| 第三節 ◆ 器　械 |

　　除劍術外，器械有六合八卦刀、武當蝴蝶行鉤、太極陰符棍、武當八卦太極槍、太極連環刀、子午鴛鴦鉞以及其他器械。

　　楊奎山於 1929 年在首次全國打擂比武大會上與李景林同台演示六合八卦刀，被贊為「名貴絕技」。

| 第四節 ◆ 內功及基礎功法 |

　　內功，是武當丹派武功的根本。《武當劍譜》指出：「昔日祖師教劍，先練內勇，次練外功，最後教以手法。」劍譜又說「內勇即內功」，是「煉精以化氣，煉氣以化神」的「內家丹字真諦」心法。通過修練，達到「一氣貫通，萬神朝元」的神妙境界。

　　至於太極拳的內功心法，李公景林繼承發揚，提出了「修陰陽中和之氣，煉天地至柔之術」的內功總訣，以及相應的大道至簡妙法——臍輪調息法修練意、氣、神、

勁、靈、丹的心理法則。

基礎功法，則有靜功與動功兩類，靜功有太極靜坐法，以及先天無極樁、太極混元樁、兩儀長勁樁、三才心意樁、陰陽開合功等樁功。

劍術基礎功，有劍學基礎十九式。即抖腕法，側足跑步法，足趾跑步法，答腳步，子午活動步，抖劍法之一、之二、雲劍法之一、之二等，以及入門劍法三十九式，刀、槍、棍、鉤的基礎功若乾式。

太極拳基礎功除上述靜功、樁功外，尚有放鬆回春功九式，身法精功五式，步法精功六式，即五行進退步、復勢貓行步、進退貓洗臉、動態虛步、八卦擺扣步、三角步等。

養生功，主要有太極混元功、養生十三式、太極易筋經以及回春功等。

　第五節　◆　個人掌握的武功

凡入室弟子，至少須掌握三項以上得心應手的武功技藝，戲稱「三絕」。每人的「三絕」既相同又有所不同。相同者，指必修課，不同者指選修課。武當劍、太極拳以及基礎功、內功心法是必修課。此外每人至少選一項或多項拳械。

歷代傳人都精於「三絕」。例如，十代傳人李景林不但武當劍獨步天下，享「劍仙」美譽，而且太極拳（太極推手）和八卦掌名冠海內，更能博通諸家。

後　記

　　《太極拳內功心法全書》終於要付梓了。此時此刻，那漫長成書過程中的種種感人情景都湧上了心頭。尤其是相關領導的鼓勵，家人的支持，同門的關心，朋友的幫助，還有國內外幾位熱心弟子的出力，都難以忘懷。當然，銘刻最深的是先師楊奎山（林甫）的教誨，但願這部拙著能告慰先師在天之靈。

　　就太極拳內功心法而言，其橫向展開，可以有不同的視角、不同的規模和不同的形式。而其縱向探求，則浩瀚如海，拙著不過是滄海一粟而已。觀其前景，相信必有更多的佳作問世，而且在大家共同努力下，終將匯合成新時代的太極拳學。

　　依照慣例，大凡太極拳著作都附錄一些拳譜拳論。本書原曾設立「拳譜篇」，全面轉錄各家（不僅僅一家）拳論拳譜，並綜合論述太極拳譜的產生、發展及存在問題，儘可能為同道研究太極拳譜提供更多訊息。後因限於篇幅，只得從略，特此說明。

　　圖文並茂，是現代拳術書刊的要求。為此，我國著名老攝影家唐錫勇、耿榮興先生及唐老的學生小蔣，精心為我拍攝了大量的優質拳功圖照。在拍攝過程中，師弟沙明熙、長子新天出力多多。再者，在美國的入室弟子紀榮晃及西雅圖的鄧煜彬先生，常為我製作宣傳圖片及拍攝有價值的照片，本書彩色插頁中就有他們的佳作在內。在此一併向所有為本書付出辛勞與智慧的先生、女士們致謝，衷

心地說一聲：謝謝!

　　儘管本人年事已高、學識淺陋，但決意在有生之年，繼續撰寫一系列拳械及養生著作，為弘揚中華武術竭盡綿力。

錢惕明 2008 年 1 月 26 日於西雅圖

大展好書　好書大展
品嘗好書　冠群可期

大展好書　好書大展
品嘗好書　冠群可期